Karl Friedrich Ameis

Anhang zu Homers Odyssee

Erläuterung zu Gesang VII bis XII

Karl Friedrich Ameis

Anhang zu Homers Odyssee
Erläuterung zu Gesang VII bis XII

ISBN/EAN: 9783742896674

Hergestellt in Europa, USA, Kanada, Australien, Japan

Cover: Foto ©Thomas Meinert / pixelio.de

Manufactured and distributed by brebook publishing software (www.brebook.com)

Karl Friedrich Ameis

Anhang zu Homers Odyssee

ANHANG

zu

HOMERS ODYSSEE

SCHULAUSGABE

von

K. F. AMEIS.

II. HEFT.

ERLÄUTERUNGEN ZU GESANG VII—XII.

DRITTE UMGEARBEITETE AUFLAGE

BESORGT VON

Prof. Dr. C. HENTZE,
OBERLEHRER AM GYMNASIUM ZU GÖTTINGEN.

LEIPZIG,
DRUCK UND VERLAG VON B. G. TEUBNER.
1889.

Kritischer und exegetischer Anhang.

η.

1. Über das Verhältnis des Anfangs von η zum Schluſs von ζ vgl. den Anhang zu ζ 331 und dazu jetzt noch Scotland im Philol. XXXIV p. 387 ff. — V. 2—7 ist La Roche in Zeitschr. f. d. österr. Gymn. 1863 p. 191 geneigt noch zum Liede 'Nausikaa' zu rechnen. Mit den Worten δαῖε δέ οἱ πῦρ V. 7 aber beginnt ihm ein späterer Zusatz, welcher 81 mit den Worten δῦνε δ' Ἐρεχθῆος πυκινὸν δόμον schliefst. Vgl. unten zu 18 ff.

5. ὑπό mit dem ablativischen Genetiv in dem Sinne 'unten hervor' noch δ 39. ε 320. ι 141. 463. χ 364. H 543. I 248. N 611. P 235. 645. T 17. Φ 56. Ψ 7. Ω 576. Ebenso in den Compositis ὑπεδύσετο zu ζ 127. ὑποδύσεαι υ 53. ὑπέφηνε ρ 409. ὑπὸ δ' ᾖρεον B 154. ὑπαΐσσειν B 310. ὑπολύειν ι 463. A 401 und in der Tmesis Ψ 513. Diesen Gebrauch von ὑπό behandeln Voss zu Hymn. an Dem. 338, G. Hermann zu Eur. Hek. 53, Jacob La Roche über den Gebrauch von ὑπό bei Homer (Wien 1861) p. 22 ff. Zu Krüger Di. 68, 43, 1.

11. Die Konstruktion von ἀνάσσειν, κρατεῖν, βασιλεύειν behandeln C. Capelle Dativi localis etc. p. 22 ff., Bekker homer. Blätter I p. 209, vgl. Ellendt drei homerische Abhandlungen II p. 37 ff.

13. Köchly de Odysseae carmm. I p. 32 verwirft den Vers nach dem Vorgange Zenodots, und vielleicht auch Aristarchs, vgl. Ludwich Aristarchs Homer. Textkritik I p. 564. — εἴσω findet sich noch in solcher Verbindung γ 427. δ 775. σ 96. φ 229. H 270. N 553. Vgl. Lehrs de Arist. p. 138, [2] 134. Beispiele der Tragiker giebt G. Wolff zu Soph. Ai. 80.

14. ἀμφὶ δ' statt des von F. A. Wolf aus den meisten Handschriften aufgenommenen αὐτάρ ist in der 4. Auflage nach dem Vorgange von W. C. Kayser als 'Aristarchische Lesart' aufgenommen.

15. Zur Verleihung dieser Unsichtbarkeit dienen ἠήρ ν 189. E 776. Θ 50. Ξ 282. Π 790. Τ 444, νεφέλη ϑ 562. E 186. 345.

O 308. Τ 150, ἀχλύς η 41. E 127. O 668. T 321, νύξ ψ 372.
E 23. 506. Nachahmung bei Verg. Aen. I 411.

18ff. V. 18—42 und 46—81, welche das Zusammentreffen und die Unterredung der Athene und des Odysseus enthalten, werden von Köchly de Od. carmm. I p. 28ff. vgl. III 15f. unter Zustimmung von Bernhardy Grundrifs d. griech. Litterat. ³ II 1, p. 178 ausgeschieden. Ebenso urteilt Bergk griech. Litteraturgesch. I p. 672, vgl. dagegen Scotland im Philol. XXXXIV p. 390 ff.

26. γαῖαν ἔχουσιν mit Bekker aus Vind. 133. 56, August. und andern bei La Roche, dem Lemma des Ambr. E, var. Harl. statt des seit Wolf gewöhnlichen ἔργα νέμονται, das sich in anderen Handschriften findet.

33. ἔλθῃ, das in der Meermannischen Handschrift, im Marc. 457. Vind. 5. Stuttgart. 5 steht, ist statt des früher gelesenen ἔλθοι mit Bekker, La Roche, Nauck in der 5. Auflage hergestellt. — 32—36 wurden von Anton im Rhein. Mus. 1863 Bd. XVIII p. 429 f. als Interpolation verworfen, weil unter sich ohne Zusammenhang, wie sie sprachlich nicht verbunden sind, und die zwei ersten, die Ungastlichkeit der Phäaken betreffend, mit der sonstigen Darstellung im Widerspruch stehend; vgl. auch Köchly de Od. carmm. III p. 16 f. und dagegen Kammer die Einheit d. Od. p. 105 f. Jetzt billigt Scotland im Philol. XXXXIV p. 604 die Athetese von 32—36 und verwirft dazu 31. — 34. Über νηυσὶ θοῇσιν mit ὠκείῃσιν vgl. Schneidewin zu Soph. Ai. 710. Dagegen bemerkt Fick die homerische Odyssee p. 94: 'Die Verbindung von θόαισι mit ὠκείαισι beweist, dafs θοός vom Schiffe gebraucht nicht schnell, sondern spitz heifst.'

36. ὡς εἰ ohne beigefügtes Verbum noch τ 39. 211. E 374. I 648. Π 59. T 17. X 150. Ω 328 und ὡς εἴ τε ξ 254. ρ 111. Δ 474. Π 192. T 366. Ψ 598. Über die Hinzufügung des Verbum bei ὡς εἰ vgl. zu ι 314. Zu der im Kommentar gegebenen Auffassung vgl. L. Lange der homer. Gebrauch der Partikel εἰ, II p. 538 ff. Zu dem Vergleiche 'so schnell wie ein Gedanke' vgl. Cic. Tusc. I 19: *nihil est animo velocius: nulla est celeritas, quae possit cum animi celeritate contendere.* Unsere Stelle hat vor Augen Gratius Cyneg. 204: *ocior adfectu mentis pinnaque cucurrit.* Dazu Theogn. 985: αἶψα γὰρ ὥς τε νόημα παρέρχεται ἀγλαὸς ἥβη, wo Welcker Thales bei Diog. L. I 35 τάχιστα νοῦς· διὰ παντὸς γὰρ τρέχει vergleicht. Aristaen. epist. I 5 θᾶττον νοήματος, vgl. Abresch lect. Arist. p. 26. Claudian de raptu Pros. II 201. Plut. Alex. 35. Heliodor IV 16. Seneca de benef. II 29. Endlich beachte man was Sonne in Kuhns Z. f. vergl. Sprachf. X S. 337 mit unserer Stelle und mit den Wolkenschiffen der Phäaken Ο 559. 562 vergleicht: 'auf beseelten Luftschiffen, auf gedankenschnellem Wagen führen die Açvin den Schützling auf dessen

Hilferuf... zum jenseitigen, himmlischen Ufer zurück.' Vgl. auch Gerland altgriech. Märchen in der Odyssee p. 14.

39—45. Gegen diese Verse erheben sich an dieser Stelle folgende Bedenken: 1) an die beiden formelhaften Verse 37. 38 schliefst sich sonst (β 405. 406. γ 29. 30. ε 192. 193) sofort ein Vers, der die Angabe des erreichten Ziels enthält. 2) auffallend ist hier die Wiederholung der Angabe, dafs Athene Odysseus in Nebel gehüllt, aus 15, da sie nochmals 140 wiederkehrt. 3) unerklärlich die nachträgliche Erwähnung des Eindrucks, den Odysseus von den beim Eintritt in die Stadt gesehenen Lokalitäten erhalten hat, denn die hier genannten (43. 44.) entsprechen durchaus nur den ζ 262—266 angegebenen und sind von Odysseus nicht, wie Ameis zu 43 bemerkte, auf seinem Wege bis zum Königspalast gesehen, sondern bei seinem Eintritt in die Stadt (18). — 39—42 sind ausgeschieden von Kirchhoff die Od. p. 205, Fick d. hom. Od. p. 58, 40—42 von Hinrichs in Faesis Odysseeausgabe; auch W. Jordan in den Neuen Jahrbb. 1873 p. 87 ff. (Homers Od. übersetzt p. 491 ff.) verwarf 39—42, aber aus nicht zutreffenden Gründen, welche Benicken im Philol. XXXIII p. 564 widerlegte. Übrigens würden V. 39. 43—45 zwischen V. 17 und 18 eingefügt an richtiger Stelle stehen, wie auch Köchly de Odyss. carm. diss. I p. 21 V. 43—45 an 17 angeschlossen hat. — 41. ἦ ῥά οἱ ἀχλύν war die Lesart Aristarchs, dagegen las Zenodot ἦ σφισιν ἀχλύν vgl. Ariston. ed. Carnuth zu η 15. 41. 140; letztere hält Naber Quaest. Hom. p. 137 f. für die ursprüngliche, da er diesen Unterschied des Gebrauchs von ἀήρ und ἀχλύς beobachtet hat: 'ἀχλύν impedire quominus conspicias, ἀέρα quominus conspiciaris.' — 44 f. Dafs man unter den bei Homer erwähnten τείχεα keine aus behauenen Steinen aufgeführte Mauern, sondern nur Erdwälle mit Fundamenten aus Baumstämmen und Steinen sich zu denken habe, macht Helbig d. hom. Epos p. 71 wahrscheinlich.

50. Die Beispiele der letzteren Art, in welchen eine nähere Bestimmung nicht beigefügt ist, bei Prosaikern aber wenigstens der individualisierende Artikel gesetzt sein würde, sind aus Homer mit transitiven und intransitiven Verben folgende: ἀγορεύειν ἀγοράς Β 788. αἰχμάζειν αἰχμάς Δ 324. βουλεύειν βουλάς ζ 61. Κ 147. 327. 415. Ψ 78. Ω 652. δαινύναι δαῖτα Ι 70. δαίνυσθαι δαίτην η 50. εἰπεῖν ἔπος θ 397. π 469. τ 98. ἐργάζεσθαι ἔργα χ 422. ἱδροῦν ἱδρῶ Δ 27. κτερεΐζειν κτέρεα zu α 291. μάχεσθαι μάχην ι 54. Μ 175. Ο 414. 673. Σ 533. νεικεῖν νείκεα Τ 251. τειχίζειν τεῖχος Η 449. φυτεύειν φυτόν ι 108. χεῖσθαι χοήν κ 518. λ 26. Hierzu kommt noch die Verbindung mit einem sinnverwandten Objekte, wie φωνεῖν ὄπα zu ω 535. Vgl. La Roche Hom. Stud. § 19 und 20, Lobeck Parall. diss. VIII p. 501 sqq. Zu Krüger Di. 46, 6, 1.

52. Die andere Lesart μάλα τηλόθεν ist aus ζ 312. η 194.

E 478 entstanden. Bekker hat den Vers ohne den Vorgang der Alten athetiert, mit Beistimmung von Köchly de Od. carmm. III p. 16, auch Düntzer, Nauck, Kirchhoff d. hom. Od. p. 205, Fick d. hom. Od. p. 58, vgl. dagegen L. Lange d. hom. Gebr. der Partikel εἰ I p. 472, Anm. 231.

54. Nach 54 vermutet Bergk griech. Litt. I p. 673, 46 den Ausfall eines Verses, worin gesagt war, daſs sie mit Recht Arete heiſse, weil die Geburt des Kindes einen lange gehegten Wunsch der Eltern erfüllte. — 56—68 werden verworfen von Kirchhoff die Komposition d. Od. p. 55, die hom. Od. p, 205. 320 f., Fick d. hom. Od. p. 307. Vgl. auch v. Wilamowitz-Möllendorff homer. Untersuch. p. 169, Köchly de Od. carmm. I p. 29 sq., H. Anton im Rh. Mus. 1863. XVIII p. 428, Bergk griech. Litteraturgesch. I 673, 46, Sittl Gesch. d. griech. Litterat. I p. 109. Vermutungen über die bei diesem Zusatz vorgenommenen Veränderungen, um denselben mit dem Vorhergehenden in Verbindung zu bringen, bei Scotland im Philol. XXXXIV p. 392 ff. Derselbe verwirft mit Anton 69—72 und 74.

64. Nauck in der Ausgabe nimmt Anstoſs an ἄκουρον unter Verweisung auf die Mélanges Gréco-Rom. Vol. 2 p. 327 ff.

65. Die Interpunktion nach νυμφίον, sodaſs nun ἐν μεγάρῳ zum Folgenden gehört, ist eine Verbesserung von Th. Bergk commentat. critic. spec. V. Marburg 1850 p. 6, die übrigens schon bei Nicanor gegeben ist: Nicanoris περὶ Ὀδ. στιγμῆς reliquiae ed. *Carnuth*, Berlin 1875 p. 49.

74. An Stelle der handschriftlichen Lesart οἷσί(ν) τ᾿ oder ἧσί(ν) τ᾿ εὖ φρονέῃσι vermutete nach Bekkers Angabe Voss ἧσί τ᾿ ἐπιφροσύνῃσι und diese Vermutung hat jetzt Cauer in seiner Odysseeausgabe Leipzig 1886 in den Text gesetzt. Übrigens beruht die Vossische Konjektur auf einer dritten alten Lesart bei Eustath. ᾗσιν ἐυφροσύνῃσι. Weck schreibt: ᾗσί τ᾿ ἐυφρονίῃσι.

79—81. Die Verse waren schon im Altertum verdächtig, vgl. Aristonic. ed. Carnuth p. 73. Von den Neueren nehmen eine attische Interpolation an Fick die hom. Odyssee p. 94, v. Wilamowitz-Möllendorff homer. Untersuchungen, Berlin 1884, p. 247 f., welcher die von Kirchhoff die hom. Od. p. 205 dagegen geltend gemachten Gründe zurückweist. Vgl. auch Scotland im Philol. XXXXIV p. 399 f., welcher gegen die Annahme einer Interpolation spricht. Jetzt hat Seeck die Quellen der Odyssee, Berlin 1887 p. 324. 335 die Stelle der Telemachie zugewiesen und als Heimat des Dichters derselben Marathon wahrscheinlich zu machen gesucht. Daſs man übrigens nicht berechtigt sei unter dem Ἐρεχθῆος πυκινὸν δόμον den Tempel des Erechtheus zu verstehen und es sich vielmehr um einen Besuch der Athene in der Burg des attischen Heros handle, hat Bader die Baukunst in der Odyssee, Eutin 1880 p. 4 f. begründet und ebenso urteilt

Helbig das hom. Epos aus den Denkmälern erläutert p. 314. —
78. γλαυκῶπις ist neuerdings von R. Hildebrandt im Philol.
XXXVI p. 201 ff. erklärt als ἡ θεὰ ἡ τῆς γλαυκῆς θαλάσσης
(vgl. Π 34) oder *ὤπης, die Göttin der hellen Meerflut. — Über
das Beiwort ἐρατεινήν in 79 vgl. Gladstone Hom. Stud. von
Schuster p. 446.

84—102, wie 103—32 werden von Sittl Gesch. d. griech.
Litt. I p. 109 verworfen. Vgl. auch Jacob die Entstehung d.
Il. u. Od. p. 401 f., Bergk griech. Litterat. I, p. 673, Lehrs de
Arist. stud. ² p. 405. — Nitzsch wollte Vers 87 streichen, weil
die Beschreibung des inneren Hauses erst mit 95 beginne, ἐς
μυχὸν ἐξ οὐδοῖο aber schon hier auf das Innere weise, während
θριγκός den Kranz der äufseren Mauer bezeichne. Er übersah
dabei, dafs die Beschreibung ausgeht von dem ersten allgemeinen
Eindruck, den der im Innern herrschende Glanz auf Odysseus
macht, dann zur genaueren Betrachtung des glänzenden Eingangs
sich wendet und dann wieder zum Innern zurückkehrt. So giebt
nach dem Zusammenhange nicht ἐς μυχὸν ἐξ οὐδοῖο Anstofs, denn
86. 87 sollen ja den Eindruck des im Innern herrschenden
Glanzes (84. 85) erklären, sondern der folgende Zusatz περὶ δέ
κτέ, da an den übrigen Stellen bei Homer und nach dem späteren
Gebrauch θριγκός von dem Kranz der äufseren Mauer steht.
Bei genauer Betrachtung der ganzen folgenden Beschreibung erhebt sich aber die Frage, ob nicht vielmehr bereits in V. 84. 85
der Grund des Anstofses zu suchen ist. Lehrs de Aristarchi
stud. ² p. 405 hat, abgesehen von den Gärten des Alkinoos (vgl.
zu 107) alle Beschreibung von den Wundern des inneren Hauses, wovon Odysseus vor der Schwelle stehend nicht betroffen
werden konnte, unvereinbar mit 133 f. gefunden, ebenso scheint es
Bergk Griech. Litteraturgesch. I 673 befremdend, dass die innere
Einrichtung des Palastes geschildert wird, während Odysseus an
der Schwelle stehend den Bau bewundert. Man vergleiche die
ähnliche Situation in ε, wo Hermes der Grotte der Kalypso naht,
sowie ρ 264 ff., um zu sehen, wie Homer bei solchen Beschreibungen, die er durch das Medium einer betrachtenden Person uns
reflektiren läfst, die durch die Situation gezogenen Grenzen sehr
wohl beobachtet. Mit solcher Weise steht nicht nur im Widerspruch, dafs Odysseus von seinem Standpunkte aus vor der Schwelle
des Hauses durch den immerhin offen zu denkenden Eingang das
Innere nicht in dem Umfange übersehen kann, wie die Beschreibung es voraussetzen läfst, sondern vor allem auch die Verallgemeinerung der Beschreibung über den Moment der Betrachtung
hinaus in ἑδριόωντο 98 pflegten sich niederzusetzen (denn
an allen homerischen Stellen hat das Verbum nur die Bedeutung
considere, vgl. Ebelings Lexikon s. v.) und φαίνοντες νύκτας
102. Scheinen danach auch V. 95—102, welche durch die Ver-

allgemeinerung der Beschreibung den Übergang machen zu der nun gar ins Praesens fallenden Beschreibung von Lokalitäten und Handlungen, die ganz aufserhalb des Gesichtskreises des Betrachtenden liegen, nicht ursprünglich, so erheben sich damit auch Zweifel gegen die Ursprünglichkeit von 84. 85 an dieser Stelle, wir lesen sie bekanntlich auch δ 45. 46, wo sie das Staunen des Telemach und seines Begleiters, als sie in Menelaos Palast eingetreten sind, erklären. Allerdings ist ja möglich, dafs Odysseus durch die offen zu denkende Thür einen allgemeinen Eindruck wunderbaren Glanzes von dem Innern des Hauses erhielte. Aber wie mangelhaft ist hier die Motivierung dieses wunderbaren Glanzes im Vergleich zu der, welche die Verse in δ 72. 73 erhalten: von allen dort genannten Kostbarkeiten findet sich hier nichts als die ehernen Wände, nicht einmal die goldenen Fackelhalter aus 100 ff. sind hier verwendet, wo sie doch zur Motivierung jenes Glanzes hätten dienen können. Beschränkte sich die Beschreibung ursprünglich auf die Stücke des Baus, welche Odysseus vor dem Eintritt übersehen konnte, so würden V. 86 im Anschlufs an 83 die Aufsenwände zu beiden Seiten des Eingangs zu verstehen sein und θριγκός V. 87 in seiner gewöhnlichen Bedeutung von dem aufsen um die Mauer sich ziehenden Gesims, es würde daran sich die Beschreibung des Einganges selbst und der vor demselben stehenden Hunde schliefsen bis 94 und das Ganze passend abgeschlossen werden mit 132. In dem Bedenken gegen 84. 85 stimmt (nach brieflicher Mitteilung) auch A. Römer mit mir überein. Derselbe bemerkt: 'V. 84. 85 stehen δ 45. 46 viel passender, denn dort geht voraus: αὐτοὺς δ' εἰσῆγον θεῖον δόμον' und weiter: 'Wer erwartet nach der Ankündigung in V. 84. 85 eine Beschreibung des Äufseren des Palastes?' Vgl. auch Sittl d. Wiederholungen p. 97 und Hinrichs bei Faesi, welcher 84 f. ausgeschieden hat. Dagegen verwirft jetzt Scotland im Philol. XXXXIV p. 592 ff. V. 86. 87, wonach in 88 δέ in μέν zu ändern ist, zieht 95. 96 in den einen Vers ἐν δὲ θρόνοι περὶ τοῖχον ἐρηρέδατ', ἐνθ' ἐνὶ πέπλοι zusammen und verwirft aufserdem 98. 99 und 102—33. — Über die Art, in welcher Lessing diese Beschreibungen coexistenter Dinge mit dem homerischen Kunstgriff der Verwandlung des Coexistenten in ein Successives vereinigte, vgl. Lessings Laokoon herausgegeben und erklärt von H. Blümner, Berlin 1880, [2] p. 614 ff.

86. Die Beschreibung des Palastes 86 bis 94 ist durch ζ 302 veranlafst. Die Form ἐληλέδατ', in guten Quellen, ist wahrscheinlich die Aristarchische Lesart, da diese Form in einem von Aristonikos herrührenden Scholion zu ν 4 erscheint: Aristonici περὶ σημείων Ὀδυσσείας Reliquiae emendatiores ed. Carnuth. Lips. 1869 p. 119, Ludwich Aristarchs Homer. Textkritik I p. 565. Die von Buttmann ausf. Spr. § 98 A. 13* empfohlene und von

W. Dindorf, Cauer, Nauck aufgenommene Form ἐληλέατ' findet sich nur in den zwei castigierten Hss.; andere Autoritäten, darunter Ven. M., bieten die regelmäfsige Bildung ἐληλάδατ' mit wurzelhaftem δ, wie ἤλασ-σα und ἠλάσθην erweisen, welche Nitzsch, La Roche, Düntzer und jetzt Hinrichs bei Faesi aufgenommen haben. Vgl. G. Curtius Etym.⁴ p. 634 f. und d. Verb. d. griech. Spr. II p. 374.

87. Unter θριγκὸς κυάνοιο versteht Bader die Baukunst in der Od. p. 27 f. einen einfachen um den oberen Rand der Mauer gelegten Metallstreifen, wie im Schatzhause des Atreus deren zwei vorhanden waren. — Über κυανός vgl. Helbig d. hom. Epos p. 79 ff., über die Metallinkrustation der Wände denselben p. 78 und 324 ff.

89. Hier ist auffallender Weise die einzige handschriftliche Lesart das metrisch unmögliche ἀργύρεοι δὲ σταθμοί, wofür allgemein die Korrektur von Barnes σταθμοὶ δ' ἀργύρεοι aufgenommen ist. Kayser in der Faesischen Ausgabe schrieb ἀργύρεοι σταθμοί und motivierte diese Schreibung mit der Notwendigkeit der nachdrücklichen Betonung der Stoffe, wie sie die sonst durchgeführte anaphorische Anordnung verlange. Hinrichs ist jetzt zu Barnes Korrektur zurückgekehrt.

91 ff. Über die goldnen und silbernen Hunde vgl. Overbeck Gesch. d. gr. Plastik I S. 39 ff. 46 und Helbig d. hom. Epos p. 288 ff., welcher bemerkt, dafs plastisch gebildete Hunde als Thürhüter sich in keiner der Kunstentwickelungen nachweisen lassen, welche zu derjenigen der homerischen Epoche in unmittelbarer oder mittelbarer Beziehung stehen. — Scotland im Philol. XXXXIV p. 600 f. glaubt, dafs sie als Wunderwerke des Hephaestos wirklich lebend gedacht seien. Dagegen hat Bekker V. 94 athetiert, worin ihm Köchly de Od. carmm. I p. 33 beistimmt, der ihn als 'versum perinepte ex ε 136 traductum' betrachtet, ebenso Kirchhoff d. hom. Od. p. 206, Fick d. hom. Od. p. 307, Hinrichs bei Faesi. Auch Nauck bemerkt: spurius? cfr. Hermann Orph. p. 824. Ferner verwirft Düntzer in d. Ausgabe 92—94, Köchly de Od. carmm. I p. 30 auch 95—99, Kirchhoff d. hom. Od. p. 206 und Fick d. hom. Od. p. 59 V. 99 als aus κ 427 unpassend übertragen.

100. Vgl. Lucret. II 24. An eine Art Fackelträger, wenn auch in einfacherer Form, ist wohl auch β 105 zu denken. Brunn die Kunst bei Homer. Münch. 1868 p. 5 und Helbig d. hom. Epos p. 290 nehmen an, dafs die Beschreibung dieser Fackelträger durch statuarische Eindrücke bedingt sei: 'da die menschliche Gestalt von der orientalischen Kunst seit uralter Zeit häufig als Stütze von Sesseln und Baldachinen und zu ähnlichen Zwecken verwendet wurde, so steht der Annahme nichts im Wege, dafs derartige Geräthe oder wenigstens Nachrichten über dieselben

schon während der homerischen Epoche in die ionischen Städte gelangt waren'.

104. μῆλοψ wird von Autenrieth im Lexikon s. v. weifsglänzend verstanden und auf μαλός albus zurückgeführt: vgl. Brugmann in G. Curtius Stud. IV p. 123 und G. Curtius Etym.⁴ p. 579. Vgl. dazu Veckenstedt Gesch. d. griech. Farbenlehre, Paderborn 1888 p. 128 f.

107. Bisher ward gewöhnlich die auch von Bekker beibehaltene Form καιροσέων gelesen, welches die Lesart Aristarchs war: Ludwich Aristarchs Homer. Textkritik I p. 566, vgl. Meinecke zu Kallim. p. 149 not. Die Form καιροσσέων bieten pr. cod. Pal., Plut. de Pyth. or. 1, Hesych. II p. 110. Et. M. p. 499, 44, wo erst Gaisford ändert. Nach der eingehenden Erörterung von Bergk im Philol. XVI S. 578 ff. habe ich mit La Roche, Nauck, Hinrichs, Cauer καιρουσσέων geschrieben (= καιροεσσέων). Lobeck Path. elem. I p. 504 dagegen und Ahrens gr. Formenl. § 23 Anm. wollten καιροεσσέων geschrieben wissen, indem sie auch οε als Synizese betrachten. — Über das zur Besprengung der Faden gebrauchte Öl vgl. Povelsen Emend. loc. Hom. p. 93 und v. Leutsch im Philol. XV S. 329, und über diese ganze Frage V. Hehn Kulturpflanzen und Haustiere p. 46 und dagegen W. Hertzberg im Philol. XXXIII p. 6 ff. mit Friedländer in Fleckeisens Jahrb. Bd. 107 p. 89, H. Blümner Technologie und Terminologie der Gewerbe und Künste bei Griechen und Römern. Leipz. 1874 I p. 126 f. und 184, Helbig d. hom. Epos aus d. Denkmäl. erl. p. 126 f., Studniczka Beiträge zur Geschichte der altgriechischen Tracht, Wien 1886 p. 45 ff. Blümner bemerkt über καῖρος: 'Dafür, dafs die Fäden der Kette nicht ineinander gerieten und in der Ordnung parallel neben einander blieben, dienten Schnüre oder Schlingen, καῖρος oder καίρωμα genannt, woher das Verfahren selbst, das Anbinden der Fäden an diese Schnur (welche vermutlich am untern Ende der Kettenfäden sich befand) καιρόω, καίρωσις hiefs.' Aus ἤμεναι 106 aber schliefst Studniczka p. 49, dafs die Mägde offenbar nicht an dem alten aufrechten Webeapparat, sondern am eigentlichen Webstuhl arbeiten. — Dafs die ganze Partie 103—132 später eingeschoben ist, hat Friedländer im Philol. VI p. 669—681 mit überzeugenden Gründen erwiesen. Demselben stimmen zu Lehrs de Aristarch.² p. 405, Düntzer, Kayser, Nauck, Bergk griech. Litteraturgesch. I p. 673, letzterer mit der Vermutung, dafs diese Partie aus einem andern epischen Gedicht entlehnt sei, in welchem Odysseus, nach Hause zurückgekehrt, über seine Schicksale und Erlebnisse bei den Phäaken und wohl auch über seine Heimkehr berichtete, ferner Kirchhoff die hom. Od. p. 206 f., Fick d. hom. Od. p. 307, Köchly de Od. carmm. I p. 33, Niese die Entwicklung d. hom. Poesie p. 179, Seeck die Quellen d. Od. p. 159, Sittl Gesch.

d. griech. Literat. I p. 77. Kirchhoff vermutet, dafs die Verse einer selbständigen, von dem Vorhergehenden unabhängigen Darstellung desselben Gegenstandes ursprünglich angehörten und der Bearbeiter sie daraus entlehnte und einlegte; Seeck, dafs sie ursprünglich einem Phäaken in den Mund gelegt waren. — Dagegen hat Plüss Vergil und die homerische Kunst, Leipzig 1884 p. 297 ff. die Verse zu rechtfertigen gesucht: 'Für die Gesamtidee der Erzählung 'wie Odysseus zu Alkinoos eingieng' ist das Bild schön und wirkungsvoll'.

110. Die gewöhnliche Lesart ἱστὸν τεχνῆσαι (als ein von ἴδριες abhängiger Infinitiv) änderte Bekker in τεχνῆσσαι, worüber Bergk im Philol. XVI S. 581 Anm. 2 mit Recht bemerkt: 'das Scholion τεχνήεσσαι, τεχνίδιες (τεχνίτιδες) bestätigt Bekkers Verbesserung: wahrscheinlich war dies die Lesart des Aristarch und Herodian, daher auch Arcadius p. 95, 6 ausdrücklich die Form τεχνῆσσα ἀπὸ τοῦ τεχνήεσσα anführt.' Zu dem Citate des Arcadius bemerkt auch Lobeck Path. elem. I p. 343 not. 26: 'hoc fortasse reperit in Od. VII 110' usw. Übrigens sind τεχνῆσσαι und τιμῆς I 605, τιμῆντα Σ 475 (vgl. J. La Roche in der Zeitschr. f. d. österr. Gymn. 1865 S. 127) von den Adjektiven auf εις die einzigen contrahierten Formen bei Homer, wozu auch 107 die Lesart καιρουσσέων gehört. Vgl. darüber Menrad de contractionis et synizeseos usu Homerico, München 1886 p. 82 ff. — Statt des Acc. ἱστὸν hat dann La Roche aus guten Quellen den Gen. ἱστῶν hergestellt, vgl. denselben in der 'Unterrichts-Zeitung für Österreich' 1864 p. 206.

112 ff. Über die Gärten des Alkinoos handeln Böttiger kl. Schrift. III p. 157 ff., Friedreich die Realien p. 271 ff., Günther der Ackerbau bei Homer, Bernburg 1866 p. 20 ff., Buchholz d. homer. Realien II, 1 p. 126 ff. — Über τετράγυος und Differenzen im Homer hinsichtlich dieser Mafsbestimmung vgl. Hultsch Metrol. [2]p. 41 f. Derselbe glaubt, dafs die γύη hier mindestens 12 Plethren gleichgesetzt werde, während sie 1579 und σ 374 etwa dem Plethron gleich sei.

114. πεφύκασι ist die alte auch von Bekker — vgl. indess Hom. Blätt. II p. 38,1 — aufgenommene Lesart, die durch Herodian περὶ διχρ. p. 367 Lehrs bestätigt wird, um von Draco de metr. 33, 14 zu schweigen. Vgl. Buttmann ausf. Spr. § 87, 8 Anm. 4*. G. Curtius Bildung der Tempora p. 182, O. Schneider zu Nic. Ther. 789. πεφύκει, dem man die Präsensbedeutung andichtet, scheint aus ε 238. 241 entstanden zu sein, steht jedoch überall nur am Versschlufs, eine Veränderung in πέφυκεν aber wäre bei Homer ohne Beispiel. — Die Schilderung von dem Garten des Alkinoos ist märchenhaft. Denn der Dichter hat alles schöne, was die Wirklichkeit an verschiedenen Gegenständen und zu verschiedenen Zeiten darbietet oder was die Phantasie in einem wundervollen Klima sich denken kann, auf diesen einzigen Gegenstand

übertragen. Daher ist es ein vergebliches Bemühen, jeden einzelnen Teil der Schilderung mit der concreten Wirklichkeit in Übereinstimmung zu bringen und den kritisierenden Verstand nach allen Seiten hin zu befriedigen. Der Zweck der ganzen Beschreibung ist die Veranschaulichung der Idee des Reichtums und des Überflusses an allem, was die Bedingungen und die Mittel zum frohen und üppigen Lebensgenufs darbietet. — 115 f. 'Erst in der Odyssee tritt der Feigenbaum auf, aber auch hier nur an Stellen, deren nachträgliche Einfügung sicher ist': V. Hehn Kulturpflanzen und Haustiere p. 41, über den Granatapfel vgl. denselben p. 155 ff., über den Ölbaum 44 ff., vgl. auch Naber Quaestt. Hom. p. 71. — 119. Über die Winde und speziell den Westwind als Beförderer der Fruchtbarkeit der Pflanzen Nachweisungen bei Roscher Hermes als Windgott, Leipzig 1878 p. 71 ff.

120 f. werden von Anton im Rhein. Mus. 1863 XVIII p. 417 f. als Interpolation verworfen, weil mit der Erwähnung der Traube hier unbegreiflicherweise in die zweite Abteilung des Gartens übergegriffen wird. Vgl. auch Nitzsch erklär. Anmerk. zur Stelle und Grashof das Fuhrwerk, p. 25 f., welcher 118—121 verwirft. — Wegen der Bedeutung des Obstes für die Tafel und den Gaumen widmet ihm der Dichter die ausführlichste Beschreibung mit acht Versen, während der Weingarten nur in fünf, der Gemüsegarten gar nur in zwei Versen beschrieben wird.

123. Nach Bekker haben Nauck, Kirchhoff, Hinrichs, Cauer statt des handschriftlich allein überlieferten $\vartheta\varepsilon\iota\lambda\delta\pi\varepsilon\delta o\nu$ aus Schol. B. Q. T. ϑ' $\varepsilon\iota\lambda\delta\pi\varepsilon\delta o\nu$ aufgenommen, wie schon Toup zu Hesych. III p. 401 wollte und Döderlein Gloss. § 115 begründet. — Alkinoos hat (darin liegt eben das märchenhafte) das ganze Jahr hindurch reife Trauben für die Tafel und für den Schmaus, und zwar in den verschiedenen Gestalten in denen man den Wein geniefst, als frische Trauben, als getrocknete Trauben (Traubenrosinen), als gekelterten Wein. Das $\tau\varepsilon\rho\sigma\varepsilon\tau\alpha\iota$ wird am besten ganz eigentlich verstanden, weil man dadurch der rein sinnlichen Anschauungsweise des Dichters treu bleibt und ein Produkt für den Gaumen und für die Tafel zur Bezeichnung des Reichtums und Überflusses mehr erhält, während nach der gewöhnlichen Erklärung 'an den Stöcken trocknen, um nachher daraus *vinum passum* zu bereiten' nur an gekelterten Wein, wenn auch in verschiedener Qualität, zu denken wäre. Die homerischen Helden trinken immer nur eine Sorte: nirgends wird eine Abwechselung der Weine erwähnt. Vgl. indes Lang Homer und die Gabe des Dionysos. Marburg 1862 p. 12.

126. $\ddot{\alpha}\nu\vartheta o\varsigma$ $\dot{\alpha}\varphi\iota\varepsilon\tilde{\iota}\sigma\alpha\iota$ 'die Blüte abstossend', d. h. indem sie die vom Fruchtboden getrennte Blumenkrone, welche wie ein Schirm die fünf Staubfäden der länglichen Beere gegen Regen und Sonnenschein schützt, abstofsen, in welchem Zeitpunkte die Her-

linge erscheinen und die Weinblüte den stärksten Wolgeruch hat. Mit der ganzen Beschreibung vgl. Plin. N. H. XVI 27. Noch jetzt trägt in Kampanien die eine Art des Weinstocks dreimal im Jahre. Vgl. K. W. Müller Bemerkungen über eine Stelle in Hom. Od. (VII 126) die Weinblüte betreffend (Rudolstadt 1853), auch Buchholz die homer. Realien I 2, p. 262, Hort vom Weine bei Homer. Straubing 1871 p. 9. Das ὑπό in ὑποπερκάζουσιν ist treue Naturzeichnung, indem kurz nach der abgestossenen Blüte die dunkle Färbung unten beginnt. Vgl. auch Achilles Tat. II 4 ἱ βότρυς ὑποπερκάζεται und Nic. Ther. 337 αἰὲν ὑποζοφόωσα μελαίνεται ἄκροθεν οὐρή. Auch πάροιθε ist aus treuer Naturbeobachtung herausgedichtet. Denn bekanntlich hängen die reifen Trauben am alten Holze, das dem Stamme näher ist, während an den vorderen Teilen der Rebe, an dem jüngern Holze die sich färbenden, noch weiter vorn die erst ansetzenden Trauben, und an den vordersten Spitzen die Blüten befindlich sind.

127. Über πρασιαί vgl. Lobeck Path. elem. I p. 244, Böttiger kl. Schr. III p. 167. Es sind eigentlich Lauchbeete, von πρασόν porrum. Der Kopf- und Schnittlauch war später eine tägliche Nahrung und vertrat die Stelle des Salats. Dafs auch die homerischen Menschen Gemüse gegessen haben, läfst sich aus dieser Stelle schliefsen sowie aus den im Vergleiche N 589 erwähnten Bohnen und Erbsen. Die Zwiebel erscheint Λ 630. τ 233. Vielleicht ist auch bei μενοεικέ' ἐδωδὴν παντοίην ζ 76. 77 mit an Gemüse zu denken. Da aber in der homerischen Mahlzeit das Gemüse für die Tafel einen untergeordneten Wert hat, so genügt es dem Dichter, nur das Vorhandensein desselben in zwei Versen kurz zu erwähnen; indes konstatiert er auch hier den Reichtum und die Fülle durch das Epitheton παντοῖαι und durch den Zusatz, dafs hier zwei Quellen entspringen.

136—138 hat Köchly de Od. carmm. I p. 30 bei seiner Konstituirung des alten Epos ausgeschieden. — 137f. Über Hermes als Schlaf- und Traumgott vgl. Roscher Hermes der Windgott p. 69 f. und über die Hermesspende Bernhardi das Trankopfer bei Homer, Leipzig 1885 p. 6.

140. ἠέρα ἔχειν ist eine sinnliche Übertragung des ἔχειν εἵματα ρ 24. 573. τ 225. Σ 538 und τεύχεα K 440. Am Schlusse von 141 will Döderlein (öffentliche Reden S. 356) ein Komma gesetzt wissen: denn „βάλε perperam divellunt ab ὄφρα." Aber wo eine derartige Partikel syntaktisch auch zum folgenden Satze gehören soll, da ist dieser sonst niemals wie hier mit δ' ἄρα, sondern stets nur mit δέ angeschlossen, abgesehen von der Anreihung τὲ oder καί oder ἰδέ. Aufserdem spricht dagegen die Erneuerung des Subjekts am Ende des Satzes 142 in Ὀδυσσεύς, dem zu Anfange des folgenden (nach den Partikeln) αὐτοῖο entsprechend eine Art chiastischer Gedankenbewegung ergiebt, wie sie zwischen Vorder- und

Nachsatz beliebt ist: vgl. 331. 332. *κ* 220. 221 und die Anmerkung zu *κ* 207.

149. Alles hierher Gehörige erörtert Haake der Besitz und sein Wert im homerischen Zeitalter. Berlin 1872. — 150. Die politische Stellung der βασιλῆες erörtert Fanta der Staat in der Il. u. Od. p. 79 ff. Derselbe sieht in dem γέρας hier, das in einer den Geronten für ihre ganze Lebensdauer (auch zu vererben) zugewiesenen Volksgabe besteht, ein τέμενος.

152. ϑᾶσσον steht so mit dem Imperativ *κ* 72. *π* 130. *υ* 154. *Δ* 64. *Π* 129. *P* 654. *T* 68; mit ἀλλά und dem adhortativen Conjunktiv *κ* 44. 192. 228. 268. ω 495. *N* 115. *T* 257; in Absichtssätzen β 307. *κ* 33. *B* 440. *Z* 143. *M* 26. *T* 429. *Ψ* 53; isoliert, aber ähnlich *o* 201.

153—166. Bergk griech. Litteraturgesch. I p. 674 hält die Stelle für überarbeitet. Vermutungen über die ursprüngliche Erzählung giebt Scotland im Philol. XXXXIV p. 602 ff. Vgl. andrerseits Kammer die Einheit d. Od. p. 110 f. und 302 f. — 153. Zwar ist Hestia bei Homer noch nicht Göttin, aber die Heiligkeit des Herdes anerkannt: vgl. Autenrieth in Naegelsbach hom. Theol. [2] p. 298, [3] p. 271 und Preuner über die erste und letzte Stelle der Hestia-Vesta. Tübingen 1862 p. 45 ff.

156. Bekker hat aus Konjektur προγενέστατος geschrieben, aber bei der Wiederkehr dieses Verses λ 343 den Komparativ unverändert gelassen. Vgl. dessen Hom. Blätter I p. 91. Nauck und Cauer sind Bekker gefolgt.

167. Gegen die Erklärung von ἱερός 'kräftig' oder 'rüstig' spricht v. Wilamowitz-Möllendorff hom. Untersuch. p. 106, 17 und erklärt: 'die Menschenkraft oder Menschenseele, die einem unbestimmten Gotte zugethan scheint, ist ἱερὸν μένος' [?].

174. Aristonicus bei Carnuth p. 74: ἀϑετεῖται τὸ ἔπος ὡς ἀσύμφωνον τῇ τοῦ Ὁμήρου συνηϑείᾳ. οὐ γὰρ ποιεῖ τὰς τραπέζας ἀφαιρουμένας παρόντων τῶν δαιτυμόνων, ἀλλὰ μετὰ τὴν ἀπαλλαγήν. *Phaeaces nondum cubitum iverunt, itaque Laodamas, cujus sellam Ulixes occupavit, mensam habet.*

182. Naber Quaestt. Hom. p. 84 und Nauck vermuten als ursprüngliche Lesart ἐκίρνη statt des überlieferten ἐκίρνα. — 183. ἐπάρχεσϑαι δεπάεσσιν erklärt Bornhardi das Trankopfer bei Homer, Leipzig 1885 p. 18ff.: das Erste auf den Altar oder das Herdfeuer weihen mit Bechern, indem das Oberste des Mischkrugs in Becher gegossen und aus diesen auf das Feuer libiert wurde, oder 'für die Becher', also gewissermafsen zu Gunsten der Becher, damit aus diesen nicht ebenfalls auf die Feuer libiert zu werden brauchte, sondern vom Platze aus die Weinspende ausgegossen werden konnte.

185—232 werden von Kirchhoff d. hom. Od. p. 208 dem Redaktor zugewiesen, ebenso von Fick d. hom. Od. p. 302 f.; Bergk griech. Litterat. I p. 675 verwirft 185—228. Vgl. auch Steinthal in d. Zeitschr. f. Völkerpsychol. u. Sprachwiss. VII p. 38, welcher Kirchhoff beistimmt, Köchly de Od. carmm. I p. 30, welcher 148—232 ausscheidet, Düntzer Kirchhoff, Köchly und die Od. p. 40, welcher 194—225 verwirft; Scotland im Philol. XXXXIV p. 605 f. empfiehlt die Streichung von 190 f., Anton im Rhein. Mus. Bd. 18 p. 431 verwirft im Zusammenhange mit 32—36 auch 195—198 und ebenda p. 419 ff. V. 207—225. Vgl. auch Seeck die Quellen d. Odyssee p. 161 f.

194. Den zweiten Versfufs bildet καρπαλίμως hier und ζ 312 so wie noch μ 166. E 904, aber an den übrigen achtunddreifsig Stellen steht es im Versanfang, und zwar teils wie hier am Schlufs des Gedankens β 406. γ 30. ε 193. η 38. ξ 500. ο 497. Λ 435. Θ 506. 546. Κ 346. Τ 190. Χ 159. Ψ 408, teils im Anfange des Gedankens, teils in der Mitte desselben.

196. Die gegen den sonstigen Gebrauch verstofsende Erneuerung des Subjekts bei πρίν in τόν erklärt Bekker Homer. Blätter II p. 7 aus der Einwirkung von α 210 πρίν γε τὸν ἐς Τροίην ἀναβήμεναι, wenn nicht zu lesen sei γε Ϝεῆς statt τὸν ἧς. van Herwerden im Hermes XVI (p. 351—79) vermutet ebenfalls πρίν γε ἑῆς oder πρίν γ' ἔτι Ϝῆς. Auch Nauck nimmt Anstofs, anders R. Förster in Miscellan. philol. libellus. Vratislav. 1863. p. 18 f. Vgl. auch den Anhang zu B 356.

197. Der Aorist νήσαντο, wie auch Τ 128. Ω 49, und metaphorisch von den Göttern überhaupt α 17. γ 208. δ 208. ϑ 579. λ 139. π 64. υ 196. Ω 525: weil die 'Spinnerinnen' das Geschäft, den Lebensfaden der Geschicke zu spinnen, mit der Geburtsstunde des Menschen abschliefsen. H. Usener im Rhein. Mus. 1868 Bd. XXIII p. 372 Anmerk. 159 vergleicht τέκε. — Statt κατὰ steht sonst nur ἐπὶ 'zuspinnen'. Nauck vermutet κακά. Über κατὰ κλῶθες in Vergleich zu der frühern Lesart κατακλῶθες vgl. Buttmann Mythol. 1 p. 293*. Als stark verdächtig bezeichnet diese Stelle Nägelsbach nachhom. Theol. III 6 p. 150. Übrigens erscheinen die Schicksalsgöttinnen in der Dreizahl und als Töchter der Nacht erst bei den Späteren.

204. Solche Aoristformen sind ξύμβλητο ζ 54. Ξ 39. 231. ξύμβλητο κ 105. Ξ 27. Ω 709. ξυμβλήτην φ 15. ξυμβλήμενος λ 127. ο 441. ψ 274. ω 260. ξυμβλήμεναι Φ 578. Bekker ist der Accentuation ξυμβλῆται gefolgt. Aber nach den besten Zeugnissen der Alten ist der mediale Aorist nicht als Perispomenon zu schreiben, wie hier auch der Schol. P ausdrücklich bemerkt: ξύμβληται· ἐντύχῃ. προπαροξύτονον. Vgl. H. Rumpf de formis quibusdam verborum (Giefsen 1851) p. 15.

208. La Roche und Nauck lesen nach der Mehrzahl der Handschriften μοι μελέτω, nur Marc. 613 hat τοι μελέτω.

213. καὶ μᾶλλον wie β 334. δ 819. ϑ 154. ο 198. σ 22. 216.

Θ 470. N 638. T 200. X 235. πολὺ μᾶλλον I 700. ἔτι καὶ πολὺ μᾶλλον Ψ 386. 429. Bekker ist zu der vor Wolf gewöhnlichen Lesart καὶ πλεῖον' zurückgekehrt, die in wenigen Handschriften zweiten Ranges steht. 216. Der böse Ruf des Magens erscheint auch ο 344. ρ 286. 473. σ 53. Vgl. auch Athen. X 19 p. 422 und Artemidor I 76. — Übrigens können 215—221 in dem Zusammenhange nicht bestehen. Ist die Aufforderung 215 an sich ganz unmotiviert, da Niemand an ihn das Verlangen gerichtet hat von seinen Leiden zu erzählen, so widerspricht sie andrerseits durchaus dem 177 Erzählten, zumal auch in den Formen der Aoriste δορπῆσαι ἐάσατε, die von dem Gestatten einer Fortsetzung des schon begonnenen Mahles nicht verstanden werden können. Dafs Odysseus aber seine Mahlzeit 177 bereits beendigt hat, zeigt deutlich die weitere Erzählung: von einer Fortsetzung des Essens ist nicht weiter die Rede, konnte auch nach der Schlufslibation 228 kaum mehr die Rede sein, vielmehr wird 232 sofort abgeräumt. Jetzt hat Scotland im Philol. XXXXIV p. 606 f. vorgeschlagen δορπῆσαι 215 in κοιμῆσαι zu ändern und 216—221 zu streichen.

221. ἐνιπλησθῆναι hat der Vrat. des Michael Apostolius und Athen. X p. 412; und dies, nicht ἐμπλησθῆναι, ist wohl Aristarchs Lesart: vgl. Ludwich Aristarchs hom. Textkritik I p. 566, die hier objektiver und concinner ist als das auch von Bekker, Nauck gebilligte ἐνιπλήσασθαι. Auch bei ἐμπλησθῆναι könnte das in der Thesis gedehnte καί vor nicht digammierten Vokalen durch β 230. 232. ε 8. 10. Ω 641 geschützt werden und aufserdem durch die Analogie in η 70. ϑ 468. ι 360. κ 337. 574 (mit der Note). μ 75. ο 425. χ 386. Λ 554. Ο 522. Ψ 431, wo überall der Hiatus regelmäfsig ist. — 'καὶ ἐνιπλησθῆναι ἀνώγει, vgl. μάλ' αἰεὶ κέλεται 219 f. und ἐκέλευσε ἀνάγκῃ (217): das ist gleichsam der ewige Refrain des unverschämten Magens'. G. Autenrieth.

222. ὀτρύνεσθαι ist die Lesart des Aristarch. Bekker hat aus Vind. 133, Vind. 56 und andern bei La Roche ὀτρύνεσθε aufgenommen, was nach Aristonikos (Aristonic. ed. Carnuth p. 75 vgl. Ludwich Aristarchs Homer. Textkritik I p. 566, J. La Roche Didymus p. 24) Zenodot geschrieben haben soll. Indes bemerkt J. La Roche über den Hiatus und die Elision (Wien 1860) p. 17 zu dem Scholion: 'diese Angabe ist entschieden falsch, denn Zenodot schrieb ὀτρύνεσθον, oder er ist nicht konsequent geblieben, was wir nicht berechtigt sind anzunehmen'. Vgl. Düntzer de Zenod. p. 80.

225. Dieser schon den Scholien mifsfallende Vers fügt dem Gedanken nicht nur ein überflüssiges, sondern auch überaus lähmendes Anhängsel an. Das adversativ zu παθόντα mit Nachdruck vorangestellte ἰδόντα erhält vermöge dieser Stellung die natürliche Beziehung auf πάτρης 223, welches sich von selbst dazu als Objekt

bietet, und nur wer diese Beziehung verkannte, konnte den τ 526. T 333 wiederkehrenden Vers einfügen, um ἰδόντα das scheinbar fehlende Objekt zu geben — eine Interpolation der gleichen Art, wie ψ 48. Ebenso urteilen Nitzsch und Düntzer. Vgl. auch Kirchhoff d. hom. Od. p. 209. — Nach Cobets (Mnemos. neue Folge II p. 165) Annahme war πατρίδ᾽ ἐμὴν ἄλοχόν τε die von Aristophanes gewünschte Lesart, vgl. indes Ludwich Arist. Hom. Textkritik I 567; W. Jordan Homers Od. übersetzt p. 493 bemerkt, dafs hier Odysseus noch nicht von Weib und Kind reden durfte, um nicht die Äufserung des Alkinoos 311—15 unmöglich zu machen.

230—334. Als ein Einschub aus der Erzählung vom Nostos des Odysseus wird diese Partie von La Roche in d. Zeitschr. f. d. österr. Gymn. 1863 p. 191 ausgeschieden, ebenso von Niese die Entwicklung d. homer. Poesie p. 183.

235. 'Mit dem ursprünglichen Import des Linnens und der Zurückgebliebenheit der Nähterei stimmt es, dafs nur an einer Stelle (η 234 f.) von der Anfertigung eines Chitons die Rede ist und zwar im Phaiekenschlofs, welches auch sonst fortgeschrittene Kultur zeigt': Studniczka Beiträge zur Gesch. d. altgriech. Tracht p. 57, 4.

239. Andere lesen φῄς als Präsens, aber dann würde man nicht die Negation, sondern etwa ἦ δὴ φῄς oder πῶς δὴ φῄς erwarten. Die Imperfektform φῆς findet sich noch ξ 117 und E 473. Vgl. J. La Roche in der Zeitschr. f. d. österr. Gymn. 1865 p. 106 und Hom. Textkritik p. 374.

241. Über διηνεκέως vgl. Lobeck Path. prol. p. 145 und 320, auch Döderlein Hom. Gloss. § 2092, G. Curtius Etym. ^{4}p. 309. Mit diesem und dem folgenden Verse, die in Beziehung auf 239 gesagt sind, umgeht Odysseus für jetzt die Nennung seines Namens und will mit dem Singular τοῦτο 243 nur auf den einen Punkt, auf die Hauptfrage nach dem Empfange der Kleider eingehen. Als die Hauptfrage aber charakterisiert sich dieser Punkt schon durch die Gestaltung von 238, weil hier der formelhafte Anfang nicht auf gewöhnliche Weise zu Ende geführt ist, sondern gerade durch den Anschlufs dieser Frage im zweiten Hemistichion unterbrochen wird. Denn diese Abweichung von der vollständigen Formel mufs hier wie Φ 150 ihren tieferen Grund haben. Dagegen sucht hier Kirchhoff 'eine Lücke' zu erweisen, welche entstand, indem Odysseus' Bericht über Namen und Herkunft sowie der gröfsere Teil der Erzählung seiner Abenteuer ausgehoben und an eine spätere Stelle versetzt wurden, und welche der Bearbeiter durch die V. 243—251 ausfüllte; vgl. denselben im Monatsbericht der Berliner Akad. 1861 p. 563 bis 579 = Kirchhoff die Komposition der Odyssee. Berlin 1869 p. 68 ff. = Kirchhoff d. hom. Od. p. 209 und 277 ff., welchem Fick d. hom. Od. p. 302 f. zustimmt.

Rothe de vetere quem ex Odyssea Kirchhoffius eruit νόστῳ, Berlin 1882 p. 18 ff. will zwischen η 242 und 243 ι 16—28 einfügen, dann nach η 248 259—97, darauf ι 37 f. folgen lassen. Gegen Kirchhoffs Annahme und über die Auffassung der ganzen Stelle vgl. besonders K. Lehrs de Aristarch. ²p. 438, auch Susemihl in Fleckeisens Jahrbb. 1868, Bd. 97 p. 102 ff., Düntzer Kirchhoff, Köchly etc. p. 41 ff., Kammer die Einheit der Odyssee, p. 303 ff., dem ich in der Auffassung der Frage 238 gefolgt bin, Schmidt über Kirchhoffs Odysseestudien, Kempten 1879 p. 4 ff., Sittl Gesch. d. griech. Literat. I p. 106, v. Wilamowitz-Möllendorff homer. Untersuch. p. 131 ff. — Zur Interpunktion, Komma nach ἀγορεῦσαι, vgl. Bekker Hom. Blätter I p. 230 und andrerseits v. Wilamowitz-Möllendorff p. 133.

242. Über Οὐρανίωνες, worunter nur die Olympier zu verstehen sind, vgl. Lehrs de Arist. ²p. 191, Lobeck zu Buttmann II p. 437, Nägelsbach hom. Theol. II 3, ³p. 79. 396, Düntzer die hom. Beiw. p. 16, G. Curtius Etym. I No. 509, ⁴p. 351. Ein Patronymikon Οὐρανίωνες 'Abkömmlinge des Uranos' harmoniert nicht mit Ξ 201. 302. Übrigens will W. Jordan in Fleckeisens Jahrbb. Bd. 107 p. 73 und Homers Odyssee übersetzt p. 494 ff. diesen Vers entfernt wissen.

243 = ο 402. ι 171. Γ 177. Auch sonst sind im zweiten Hemistichion die Verba ἀνείρεσθαι und μεταλλᾶν nach epischer Sitte formelhaft verbunden: α 231. γ 69. 243. ξ 378. ο 362. 390. π 465. ψ 99. ω 478. Α 550. 553.

250. Nauck und Cauer schreiben hier und ε 132 mit Zenodot (vgl. Düntzer Zenod. p. 133) und der Mehrzahl der Handschriften ἐλάσας statt des sonst gelesenen ἔλσας, welches ε 132 und wohl auch hier Aristarchs Lesart war, vgl. Ludwich Arist. hom. Textkritik I 567. Auch Cobet Miscell. crit. p. 271 empfiehlt ἐλάσας: 'Jupiter navim fulmine ictam diffidit'. Vgl. Aristonic. ed. Carnuth p. 75, Nitzsch zu ε 132 und Buttmann Lexilogus ²II p. 127. 131.

251. Hier bemerkt Aristonikos (Aristonic. ed. Carnuth p. 75 f.) in den Scholien H. P. über Aristarch: ἀθετοῦνται δὲ στίχοι η, womit 251 bis 258 gemeint sind, weil denselben in der Venediger Handschrift M der Obelos beigesetzt ist. Es stehen hier offenbar zwei verschiedene Erzählungen aus zwei Rezensionen neben einander. Vgl. Friedländer im Philol. IV p. 588, Köchly de Od. carmm. I p. 34, v. Wilamowitz hom. Untersuch. p. 131 ff., auch Seeck die Quellen der Odyssee p. 163. Anders urteilen H. Anton im Rh. Mus. XVIII p. 426, Lehrs de Arist. ²p. 438, der nur an 254. 255 Anstoſs nimmt und da er das Übrige nicht entbehren möchte, vermutet: νῆσον ἐς 'Ωγυγίην πέλασαν θεοί· ἡ δὲ λαβοῦσα..., zustimmend Kammer die Einheit 291 ff. W. Jordan Homers Od. übersetzt p. 497 f. will nur 255 tilgen und 256 lesen: ἐνδυκέως

μ' ἐφίλει κτέ. Scotland im Philol. XXXIV p. 608 ff. dagegen verwirft 244—250, indem er den Zusammenhang zwischen 243 und 251 herstellt: τοῦτο δέ τοι ἐρέω· μέσσῳ ἐνὶ οἴνοπι πόντῳ | Ζεύς μοι νῆα κέασσε θοὴν ἀργῆτι κεραυνῷ· — Anders Kirchhoff die Komposition d. Od. p. 76 ff. = d. hom. Od. p. 210 und 281 ff., vgl. Rothe a. a. O. p. 23 und Schmidt über Kirchhoffs Odysseestudien p. 9 ff.

253. Dieselbe Verbindung auch ι 82. κ 28. μ 447. ξ 314. Α 53. Ζ 174. Ω 610. 664. 784. Ohne ein nachfolgendes δεκάτῃ nur Μ 25. Ω 107. Vgl. La Roche Hom. Studien § 6, 2. Anspielung auf unsere Stelle bei Cassius Dio XLVIII 50.

256. Fick vgl. Wörterb. [2]p. 91 unter dåkvas von dåk gefällig, hold, stellt zusammen: ἀδευκής unholdig, Πολυδεύκης vielhuldig, ἐνδυκέως colenter.: anders [3] I p. 625. — Über den nächsten Gedanken bemerkt L. Feuerbach Theogonie (Leipzig 1857) p. 405 gegen die Erklärung in den Scholien mit Recht folgendes: 'Was die Kalypso verspricht, das sagt nur die Poesie des Affekts, das hat nur die Bedeutung einer, poetisch als ein Faktum vorgestellten, hyperbolischen Annahme. Aber gleichwohl ist der Vorzug, der hier dem sterblichen, aber heimischen Leben vor dem unsterblichen, aber auswärtigen, von den geliebten Gegenständen losgerissenen Leben gegeben wird, voller Ernst und ganz im Geiste der griechischen Denkart und Mythologie.'

261. Statt ὄγδοον hat Dindorf aus Konjektur ὀγδόατον geschrieben und ihm bin ich mit Bekker, Nauck, Hinrichs, Cauer gefolgt. Diese Form findet sich noch γ 306. δ 82. Τ 246, und die Synizese des δή wie μ 399. Vgl. Lobeck Elem. II p. 63. Zur Etymologie von περιπλόμενος und ἐπιπλόμενος vgl. Kuhns Zeitschr. Bd. XXIII p. 2 ff.

267—269. Als Zusatz eines Rhapsoden werden diese Verse im Zusammenhange mit ε 278—281, 345, 358f., ζ 170—174 behandelt von Kammer die Einheit p. 245 ff. — eine für diese Stelle jedenfalls sehr bedenkliche Athetese, da δυσμόρῳ mit der erläuternden Erklärung 270 in höchst wirksamem Gegensatz zu γήθησε δέ μοι φίλον ἦτορ steht, dagegen an 266 sich gar nicht passend anschliefst. Vgl. auch die Gegenbemerkungen von Bischoff gegen Kammer im Philol. XXXVII p. 164 ff., und zur Chronologie Bergk griech. Literat. I p. 658, welcher annimmt, dafs Odysseus ursprünglich 7 Tage auf der Meerfahrt zubrachte, der Diaskeuast aber hier und ε 278 daraus 17 Tage gemacht habe.

272. Der Singular κέλευθον, aus vier Hss., steht wie β 213. 429. 434. Der auch von Bekker und Nauck gebilligte Plural κέλευθα ist, wie es scheint, aus κ 20 und κελεύθους aus ε 383 hierher gekommen. Beistimmend J. E. Ellendt Drei Hom. Abhandl. (Leipzig 1864) S. 41: 'Der Singular κέλευθος bezeichnet überall einen bestimmten, vorgezeichneten Pfad, Weg,' was dann

auch für die Form κέλευθοι erwiesen wird; wo aber 'ein solcher fester Weg nicht existiert, nämlich durch Luft und Meer, da findet das Neutrum κέλευθα seine Verwendung in der Bedeutung Strich, Bahn'. — 273 schreibt Cauer nach Nitzsch οὐδ' ἔτι statt der Überlieferung οὐδέ τι (οὐδέ με).

283. Düntzer zur Stelle nimmt eine Lücke an, da θυμηγερέων wieder zu sich kommend nicht zu ἐκ δ' ἔπεσον passe. Vergleicht man ε 458 καὶ ἐς φρένα θυμὸς ἀγέρθη, dessen Sinn doch θυμηγερέων wieder zu geben scheint, so pafst dieser Ausdruck allerdings nicht zu der mit ἐκ δ' ἔπεσον bezeichneten Situation, man würde vielmehr ὀλιγηπελέων (ε 457) erwarten, wie Nauck wirklich vermutet. Treffend ist die jetzt von mir aufgenommene Vermutung von Kraus im Rhein. Mus. XXXII p. 323 ἐκ δὲ πεσὼν θυμηγέρεον statt der Überlieferung ἐκ δ' ἔπεσον θυμηγερέων, gebilligt von Wackernagel in Bezzenbergers Beiträg. IV p. 275 und Autenrieth im Wörterb. s. ἐκπίπτειν.

289. δείλετο ist die Lesart des Aristarch: vgl. Ludwich Aristarchs homer. Textkritik I p. 567, statt des gewöhnlichen δύσετο, das aber mit ζ 321 vgl. 117 im Widerspruch steht; vgl. δειελιήσας ρ 599; und ρ 606. J. La Roche in der Z. f. d. österr. Gymn. 1859 p. 220 (vgl. denselben ebenda 1863 p. 191) bemerkt dazu: 'die Lesart δύσετο war gewifs die ursprüngliche; die Änderung erfolgte erst, als man den Widerspruch entdeckte.' Und andere, wie W. Hartel in der Zeitschr. f. d. österr. Gymn. 1865 p. 339, Cauer, Hinrichs, nennen δείλετο geradezu eine 'Konjektur'. Vgl. auch Merkel in den Prolegg. zu Apollonii Argonautica p. CXXXV und Cobet Miscell. crit. p. 422, Seeck die Quellen der Od. p. 164, Anm. 1 und andrerseits Ludwich Aristarchs hom. Textkritik II p. 102. Zur Etymologie vgl. Brugman in G. Curtius Stud. V p. 221 ff., welcher dieselbe an δύομαι, δύνω anknüpft.

294. Bekker hat den Vers athetiert, ohne an der dann entstehenden Knappheit des Gedankens Anstofs zu nehmen, ebenso Kirchhoff d. hom. Od. p. 210. Auch Nauck bemerkt: spurius?

297. Schmidt über Kirchhoffs Odysseestudien p. 10 verwirft den Vers als nach dem 296 gegebenen Abschlufs (καί μοι τάδε εἵματ' ἔδωκεν) überflüssig nachhinkend, vgl. dagegen Rothe de vetere... νόστῳ p. 20.

298—347 werden von Kirchhoff die hom. Od. p. 210 dem Redaktor zugeteilt unter Zustimmung von Fick d. hom. Od. p. 302 f., Rothe de vetere, quem ex Od. Kirchhoffius eruit νόστῳ p. 22.

300 f. Über den Wechsel der Präpositionen μετά und σύν hier und 304 vgl. Mommsen Entwicklung einiger Gesetze in dem Gebrauch der griech. Präpositionen. Frankfurt a. M. 1874 p. 32.

— 301 habe ich mit Classen Beobachtungen p. 24 statt des üblichen Kolon nach ἡμέτερον Komma gesetzt und dadurch eine engere Verbindung zwischen dem folgenden Satze und dem vorhergehenden von οὕνεκα abhängigen hergestellt. Während man an mancher der dort von Classen behandelten Stellen über das syntaktische Verhältnis der verbundenen Gedanken zweifeln kann, giebt es für eine Reihe von Stellen ein sicheres Kriterium, welches die enge Zusammengehörigkeit zweier Gedanken erweist. Es ist dies die dem griechischen Ohr sofort verständliche, für uns erst durch aufmerksame Beobachtung zu entdeckende, anaphorische Verbindung, wodurch vielfach ein scheinbar selbständiger Gedanke an einen vorhergehenden von einer Konjunktion abhängigen oder Relativsatz gebunden ist: so Δ 60. 61 οὕνεκα σὴ παράκοιτις κέκλημαι, σὺ δὲ πᾶσι μετ᾽ ἀθανάτοισιν ἀνάσσεις. Ο 181. 182 ἐπεὶ σέο φησὶ βίῃ πολὺ φέρτερος εἶναι καὶ γενεῇ πρότερος, σὸν δ᾽ οὐκ ὄθεται φίλον ἦτορ κτέ. ο 200. 201 μή μ᾽ ὁ γέρων ἀέκοντα κατάσχῃ ᾧ ἐνὶ οἴκῳ ἱέμενος φιλέειν, ἐμὲ δὲ χρεὼ θᾶσσον ἱκέσθαι. σ 231. 232 ἐκ γάρ με πλήσσουσι παρήμενοι ἄλλοθεν ἄλλος οἵδε κακὰ φρονέοντες, ἐμοὶ δ᾽ οὐκ εἰσὶν ἀρωγοί. Β 201 οἳ σέο φέρτεροί εἰσι, σὺ δ᾽ ἀπτόλεμος καὶ ἄναλκις. Π 539. 540 οἳ σέθεν εἵνεκα τῆλε φίλων καὶ πατρίδος αἴης θυμὸν ἀποφθινύθουσι, σὺ δ᾽ οὐκ ἐθέλεις ἐπαμύνειν. Vgl. auch die ähnlichen anaphorischen Verbindungen in unabhängiger Parataxe π 418—420 σέ φασιν—σὺ δ᾽ οὐκ, Θ 102. 103. Ι 437. 438. Ν 631 f. Ε 809 ff. Ζ 55 f. 328. Ρ 443. ι 349. δ 634. 745. ζ 26. 303 ff. Zur Erklärung des Widerspruchs dieser Stelle mit ζ vgl. Seeck die Quellen d. Od. p. 158 und andrerseits Kirchhoff d. hom. Od. p. 210. — 305. Den Unterschied von αἰσχύνη und αἰδώς erörtert L. Schmidt die Ethik der alten Griechen I, Berlin 1882 p. 168 ff. 210.

311. Zur Erklärung des Infinitivs nach αἴ γάρ vgl. L. Lange der homer. Gebrauch der Partikel εἰ. II p. 523 ff. — Aristarch sprach 311—316 Homer ab, vgl. Aristonic. ed. Carnuth p. 76: εἰ δὲ καὶ Ὁμηρικοί (h. e. etiamsi nihil continent, quod a consuetudine sermonis et antiquitatis Homericae abhorreat) εἰκότως αὐτοὺς περιαιρεθῆναί φησι. πῶς γὰρ ἀγνοῶν τὸν ἄνδρα μνηστεύεται αὐτῷ τὴν θυγατέρα καὶ οὐ προτρεπόμενος, ἀλλὰ λιπαρῶν; vgl. darüber Köchly de Od. carmm I p. 34, Kirchhoff d. hom. Od. 210, H. Anton im Rh. Mus. 1863, XVIII p. 416 f., Kammer die Einheit p. 447 ff., Seeck die Quellen d. Od. p. 164 f., W. Jordan Hom. Od. übersetzt p. 498 f. Scotland im Philol. XXXXIV p. 611 ff. verwirft 313 und will 314 αὖθι μένειν statt αὖθι μένων schreiben.

314. Bekker, La Roche, Nauck, Hinrichs, Kirchhoff, Cauer geben nach Marc. 613 statt des sonst überlieferten τ᾽: κ᾽, was vielleicht auch in κἀγώ der einen Breslauer Hs. steckt, indem Apostolius κ᾽ ἐγώ verschrieben hat; die andere Breslauer giebt κ᾽ ἐμόν.

317. An Stelle der Überlieferung πομπὴν δ᾽ ἐς τόδ᾽ vermutet van Herwerden in der Revue de philol. 1878 II (p. 195 ff.) πομπὴν δή τοι. Scotland im Philol. XXXXIV p. 613 ff., welcher die Ankündigung vermifst, dafs Odysseus in der Nacht entsendet

werden soll, schlägt vor δ'ἐς τόδ' ἐγώ zu streichen und dafür δ'ἐννυχίην zu schreiben. — In diesem und den folgenden Versen nimmt Kammer die Einheit p. 444 ff. eine Interpolation an, welche mit ὄφρ' εὖ εἰδῇς beginne und sich bis γαλήνην 319 erstrecke, indem er daran anstöfst, dafs Alkinoos dem Odysseus voraus verkündige, dafs er während der Fahrt in tiefem Schlaf liegen werde, da er diesen nicht als einen durch die Schiffe selbst gewirkten Zauberschlaf anerkennen kann. — Indes läfst die Schilderung dieses Schlafes v 79. 80 doch kaum eine andere Auffassung zu, und jedenfalls kann der nach Ausscheidung des dazwischen Liegenden entstehende Gedankenzusammenhang nicht befriedigen. Vgl. auch Bischoff im Philol. XXXVII p. 162 ff. und Seeck die Quellen d. Od. p. 164 f.

325. Über die Partikelverbindung καί μέν vgl. Mutzbauer d. hom. Gebrauch d. Partikel μέν I Köln 1884 p. 14 ff., welcher erklärt: und sicherlich.

344 f. werden von La Roche in Zeitschr. f. d. österr. Gymn. 1863 p. 191 verworfen, 347 von Bergk griech. Literat. I p. 672 Anm. 45 wegen δέσποινα, das einem ionischen Dichter durchaus fremd auf Sparta weise (wie γ 403. η 53).

ϑ.

7—15 werden von Sittl Gesch. d. griech. Lit. I p. 109 als unpassender Zusatz verworfen.

12. Die Erklärung von ἰέναι als imperativischer Inf. bei δεῦτε 'auf!' nach der Analogie von 145. 205. 424. μ 184. χ 233. 395. Γ 130. 162. 390. H 75. Λ 314. N 481. X 450, auch mit dem imperativischen Konjunktiv, worüber zu β 410.

14. In πόντον ἐπιπλαγχϑείς ist die Präposition mit dem Verbum verbunden, wie in den analogen Beispielen γ 15. ε 50. 284. ι 227. Γ 47. 196. Z 291. Dagegen empfiehlt W. Pökel Bemerkungen zur Odyssee (Prenzlau 1861) p. 9 πόντον ἔπι πλαγχϑείς, wie übrigens zwei Handschriften bei La Roche haben, ebenso schon Hagena im Philol. VIII p. 293. Der Versschlufs wie γ 468. ψ 163.

15. Dieser formelhafte Abschlufs und Übergangsvers findet sich in der Odyssee nur hier, aber zehnmal in der Ilias: E 470. 792. Z 72. Λ 291. N 155. O 500. 514. 667. Π 210. 275. Bekker hat den Schlufs mit Bentley unter Vergleichung von Θ 358 aus Konjektur in μένος ϑυμόν τε Ϝεκάστου umgeändert, um in ἕκαστος das Digamma herzustellen, welches durch eine lokrische Inschrift gesichert ist, vgl. Allen in Curtius Stud. III p. 248, auch W. Hartel homer. Studien. Wien 1874. III p. 60. Gegen Bekkers Veränderung spricht H. Rumpf in d. Jahrbb. f. Philol. 1860 p. 677 f.

17. ἄρ' ἐϑηήσαντο, statt ἄρα ϑηήσαντο, aus Harl. und Vind. 5, auch August. und Venet. 457 bei La Roche, auch Bekker. Denn

derartige zweisilbige Wörtchen opfern ihren Endvokal dem Augment. Vgl. Koës specimen observ. in Od. crit. (Kopenhagen 1806) p. 19 und K. Grashof Zur Kritik des homer. Textes (Düsseldorf 1852) p. 22.
20. Köchly de Od. carmm. I p. 35 scheidet den Vers, weil nach ζ 230 unerträglich, aus.
23. Über den Beziehungs-Accusativ bei πειρᾶσθαι vgl. J. La Roche Hom. Stud. § 16, 12 und § 86, 1. — Schon Zenodot (vgl. Düntzer de Zenodot. p. 191) nahm an der Stelle Anstofs und wahrscheinlich auch Aristarch vgl. Ludwich Aristarchs homer. Textkritik I p. 568, und Nitzsch, Düntzer, Bergk griech. Literaturgesch. I p. 676, Anmerk. 55, Köchly de Od. carmm. I p. 35, Scotland im Philol. XXXXIV p. 615 sehen in 22. 23 einen späteren Zusatz. Nauck hat 23 eingeklammert. W. Jordan Homers Od. übersetzt p. 499 streicht 23 und will 22 ἄεθλον statt ἀέθλους lesen, Fick d. hom. Od. p. 318 hat 23 ausgeschieden; vgl. auch Kirchhoff d. hom. Od. p. 212. Auffallend ist auch der Anschlufs von δεινός τ' αἰδοῖός τε nach dem vorhergehenden φίλος.
29. Andere betrachten οὐκ οἶδ' ὅς τις wie das lateinische *nescio quis* nur als bedeutungslose Umschreibung des indefiniten Pronomens (vgl. Menke zu Luc. Charon c. 6) und schreiben hier ἠέ und ἤ als einfache Disjunction; aber dann dürfte das bedeutungsvolle ὅδε nicht vorausgehen. Zu Grunde liegt offenbar die Formel τίς, πόθεν εἰς ἀνδρῶν. Das πόθεν wird hier durch die indirekte Doppelfrage spezialisiert. Übrigens wird der Gesichtskreis bei Homer gewöhnlich in Morgen und Abend eingeteilt: ι 26. κ 190. ν 240. Μ 239. Vgl. Völcker Hom. Geogr. § 27.
31—33 werden verworfen von Scotland im Philol. XXXXIV p. 616. — ὡς τὸ πάρος περ steht hier und τ 340 in der Mitte; sonst bildet es den Versschlufs: β 305. κ 240. ν 358. υ 167. Ε 806. Η 370. Κ 309. 396. Χ 250. Vgl. auch zu δ 627 und ε 82.
34. Statt der Überlieferung νῆα μέλαιναν vermutet van Herwerden im Hermes XVI (p. 351—79) νῆα μὲν αἶψα.
36. In Λ 825 und Π 23 dagegen lautet diese Schlufsformel ὅσοι πάρος ἦσαν ἄριστοι. Und auch hier wird ἦσαν im Vind. 56, August., Vrat., cod. Gonzagae, auch Marc. 613 La Roche, gefunden. Sodann ist hier und β 51. Ρ 513 das εἰσίν ausdrücklich hinzugefügt; aber in den übrigen zahlreichen Stellen findet man bei der Verbindung eines Relativ mit ἄριστος die nötige Form von εἰμί nicht ausgedrückt; vgl. F. Otto Beiträge zur Lehre vom Relativum bei Homer T. I p. 7 Anm. 21.
48. Der Dual hat hier und 35 wegen der zuerst genannten δύω den Vorzug erhalten. Gladstone Studies on Homer and the Homeric age III p. 135 Anm. r. (bei Alb. Schuster p. 455f.) erinnert an die 50 Schiffe des Achilleus, deren Bemannung Π 170 auf je 50 Mann angegeben wird. Dasselbe findet hier statt; die hier noch besonders hinzukommenden δύω sind die zwei Haupt-

personen der Bemannung, nämlich *the commander* und *the steersman*. Übrigens hat Bekker synthetisch δυωκαιπεντήκοντα geschrieben.

49. Fr. Schöll in den Acta Societ. Philol. Lips. ed. Ritschl IV p. 325 ff. stellt ἀτρύγετος zusammen mit τηλύγετος und Ταΰγετος und führt den ersten Bestandteil des Wortes auf die W. tru (in lat. *trux*) mit der Grundbedeutung finster zurück. Das so gewonnene finstergeboren sei Beiwort des Meeres und des Äthers in der antik-mythologischen Vorstellung vom Ursprung der Dinge aus Nacht und Dunkel, vgl. Hesiod. Theog. 123 ff. Vgl. über das Wort sonst Clemm in G. Curtius Stud. VIII p. 87 f. und jetzt besonders Dahms Philol. Studien zur Wortbedeutung bei Homer, Berlin 1884 p. 19 ff.

52. Breusing in d. Jahrbb. f. Philol. 1885 p. 93 verwirft diesen Vers, 'der schon deshalb nicht zu ϑ 34—38 pafst, weil Alkinoos nur ein Ruderschiff im Auge hat und weder Mast noch Segel erwähnt. Es konnte ja auch gerade in diesem Falle das Schiff keine Segel gebrauchen, weil Alkinoos η 319 ausdrücklich sagt, dafs Odysseus bei Wind- und Meeresstille heim gebracht werden solle.'

54. Die Athetese des Verses ist begründet von Kammer die Einheit p. 169 f. Vgl. auch Scotland im Philol. XXXXIV p. 617.

58. Der Vers fehlt in der Handschrift des Eustathius und in andern Quellen. Er ist aus ϑ 17 und δ 720 zusammengesetzt.

63. Zur Erklärung vgl. Grumme Homer. Miscellen, Gera 1879 p. 7. — 65 f. In diesen beiden Versen glaubt Kirchhoff d. hom. Od. p. 212 einen Zusatz des Bearbeiters zu erkennen, Fick d. hom. Od. p. 219 hat dieselben ausgeschieden.

68. Wie hier vor ὑπέρ, so steht das adverbiale αὐτοῦ vor ἐν oder ἐνί β 317. κ 271. μ 256. ξ 275. ο 306. σ 190. 266. φ 40. χ 96. Β 237. Ε 886. Σ 330. Τ 330; vor παρά mit dem Dativ π 74. φ 239. 385. Ο 656; vor ἐπί mit dem Dativ κ 96. 511; vor πρός mit dem Dativ φ 138; vor μετά mit dem Dativ ι 96; vor κατά δώματα υ 159; vor πρόσϑε ποδῶν χ 4. Π 742; vor προπάροιϑε π 344. Τ 441. Zu Krüger Di. 66, 3, 3. Vgl. auch zu ι 29.

74. Über οἴμη vgl. Welcker Ep. Cycl. p. 349 und H. Anton im Rhein. Mus. 1864, XIX p. 420 ff., der die verschiedenen Auffassungen der Alten wie der Neueren zusammenstellt, auch Bergk griech. Lit. I p. 745; Steinthal in d. Zeitschr. f. Völkerpsychol. und Sprachwiss. VII p. 77: 'ein epischer Kreis d. h. ein Kreis möglicher epischer Lieder, vielleicht weil jeder seine besondere Weise hatte.' In der Verbindung οἴμης τῆς nahm Ameis mit Bekker homer. Blätter I, 314 eine *Attractio inversa* an unter Vergleichung von φ 13. Z 118. 396. K 416. Ξ 75. 371. X 341 und erklärte: *cujus cantilenae*, von welcher Gesangesweise. Ich bin zu der Welckerschen Auffassung zurückgekehrt, weil sie mir einfacher und natürlicher scheint. So erklärt auch Nicanor ed Carnuth p. 52:

ἀπὸ οἴμης ἐκείνης, ἧς εὐρὺ τὸ κλέος ἦν. Zur Auslassung des demonstrativen Pronomens vor dem relativen vgl. οὐλήν, τήν τ 219, ebenfalls im Versanfang. — 75. Über den Inhalt der folgenden Verse vgl. Welcker Ep. Cycl. p. 288 f., Nitzsch Beiträge p. 192 und 199 ff., Bergk griech. Literat. I p. 676 f. In dem Liede des Demodokos sieht Niese die Entwicklung d. hom. Poesie p. 48 f. 245 eine die Ilias nachahmende Neudichtung, 'ein Seitenstück zu dem berühmteren Zwist des Achill und Agamemnon', ebenso Seeck die Quellen d. Od. p. 288 ff. eine neue Version der μῆνις Ἀχιλλέως: 'Wenn in unserer Ilias der Beste an Kraft mit dem Besten an Herrschgewalt hadert, so war dort an die Stelle des letzteren der Beste an Schlauheit getreten.' Über die von den Alten (Aristarch? vgl. Ludwich Arist. hom. Textkritik I p. 569) über 81. 82 ausgesprochene Athetese vgl. denselben p. 289 und Christ in d. Jahrbb. f. Philol. 1881 p. 444; Köchly de Od. carmm. I p. 35 hat dieselben mit Nitzsch erklär. Anmerk. II p. 178 verworfen, auch 79. 80 eingeklammert, Fick d. hom. Od. p. 219 81. 82 ausgeschieden. Dagegen vermutet Scotland im Philol. XXXXV p. 4 f. in 81 f. den vermifsten Inhalt des Orakels und will schreiben: τότε γάρ ῥα Διὸς μεγάλου διὰ βουλὰς Τρωσὶ κυλίνδεσθαι Δαναῶν ἄπο πήματος ἀρχήν.

85. Nachahmung unserer Stelle in Schillers Graf von Habsburg: 'Und verbirgt der Thränen stürzenden Quell In des Mantels purpurnen Falten.'

87—92. Diese Verse werden von Anton Rhein. Mus. XIX p. 432 verworfen. Ihm stimmen zu Düntzer die homer. Fragen p. 167 f., Scotland im Philol. XXXXV p. 6, Kammer die Einheit p. 448 ff., welcher die Verschiedenheit der hier vorliegenden Situation von der 521 ff. erörtert und die an die scheinbare Wiederholung derselben Situation geknüpften Bedenken und Vermutungen bei Nitzsch Anmerk. zur Odyssee II p. XLVIII, Hartel in Zeitschr. f. öst. Gymn. 1865 p. 340, Bergk griech. Literaturgesch. I p. 678, Kirchhoff d. hom. Od. p. 212, welcher 83—96 für einen Zusatz des Redaktors hält, Bernhardy Grundrifs der griech. Lit. ³II, 1 p. 178, zurückweist. Nur scheint demselben V. 95 aus 534 fälschlich herübergenommen: 'denn da es hier wirklich seine Absicht ist, nicht bemerkt zu werden, so kann er hier nicht ein βαρὺ στενάχων sein'. Auch Nauck bemerkt zu 95: *spurius?* Vgl. dagegen Scotland im Philol. XXXXV p. 6. Fick d. hom. Od. p. 220 hat 93—95 ausgeschieden. Dagegen hält Niese die Entwicklung d. hom. Poesie p. 180 die Erzählung hier für ursprünglich, weil sie sich hier am besten aus der Handlung entwickele: 'denn in dem zweiten (Stück) fordert Odysseus selber den Sänger auf, von sich zu singen; er führt also die Rührung selber herbei. Vermutlich ist etwa V. 92 mit V. 532 zu verbinden und fehlte das Dazwischenliegende ursprünglich'. Ähnlich Sittl Gesch d. griech. Lit. I p. 109.

93. λανθάνω mit dem Partizip noch ϑ 532. N 721, und das Partizip bei λήθω δ 527. μ 17. 182. 220. ν 270. π 156. τ 88. 91. χ 198. K 279. N 273. 560. P 1. 89. 676. T 112. X 191. Ψ 388. Ω 13. 331. 477. Über λαϑών neben dem Verbum finitum zu ρ 305. Vgl. Classen Beobachtungen p. 86.
99. Vgl. Schol. zu Pind. Nem. 9, 18. Val. Flaccus III 159. ϑάλεια pflegt sonst von der nach dem Opfer stattfindenden δαίς gebraucht zu werden, was hier keine Anwendung leidet; daher haben nach Eustathius einige hier ἑταίρη gelesen wie ρ 271, welche Lesart Nitzsch Sagenpoesie p. 177 vorzieht.
111—119 werden von La Roche in Zeitschr. f. österr. Gymn. 1863 p. 192 verworfen. Fick d. hom. Od. p. 315 beseitigt die 'ionisch und gründlich verkehrt gebildeten Namen Ἀκρόνεως und Ἀναβησίνεως' als spätere Zusätze. — 116. Ναυβολίδης ist 'Sohn des in die See stechenden': vgl. δ 359. Bekker hat das ϑ' nach diesem Namen, welches sich auch in dem guten Marc. 613 nicht findet, getilgt nach der Konjektur von K. Grashof (über das Schiff bei Homer und Hesiod, Düsseldorf 1834, p. 3). Vgl. auch H. Anton im Rhein. Mus. 1864 p. 234, La Roche homer. Untersuchungen p. 225 f.; auch Nauck, Fick und Cauer haben dasselbe beseitigt.
— εἶδός τε δέμας τε bildet regelmäfsig den Versschlufs: λ 469. σ 251. τ 124. ω 17, während in der Mitte des Verses δέμας καὶ εἶδος ε 213. ξ 177, und im Versanfang οὐ δέμας οὐδὲ φυήν ε 212. η 210. A 115 gesagt wird. Über den Begriff vgl. auch zu ι 508.
124. Die von Ameis für οὖρον angenommene Bedeutung 'Vorsprung', an sich aus dem Stamme ὀρ schwer zu entwickeln, ist mit δίσκουρα und Ψ 431, wovon man doch das Wort hier und K 351 nicht wird trennen wollen, unvereinbar. Wir können also nur mit Leskien de digammo p. 21 von der Bedeutung spatium per quod quid moveatur ausgehen, welche Nitzsch für K 351 bestimmt als eine Strecke Feldes, wie man sie einem Gespann Maultiere zumutet in derselben Zeit, da die Rinder weniger vor sich bringen, Zehlicke über das homerische Epitheton des Nestor οὖρος Ἀχαιῶν, Parchim 1839 p. 26 ff. als die Strecke vom Anfang des Brachfeldes bis zur ersten Wendung, A. Thaer im Philolog. XXIX p. 592 als 'die Zeit des Ziehens ohne Anhalten, denn darin steht der Ochs dem Maultier nach, in sofern pflügende Ochsen öfter pausieren müssen'. Für eine Beziehung auf K 351 an unserer Stelle fehlt es an jedem Anhalt.
125. ὑπεκπροθέειν bildet als ῥῆμα τετραπλοῦν (wie es bei den alten Grammatikern genannt wird) hier eine vollständig malerische Bezeichnung, wie I 506. Φ 604. Ähnliche Komposition mit drei Präpositionen vgl. zu ζ 87. 88. μ 113. B 267. Beispiele dieser Art (von ῥῆμα τριπλοῦν) giebt Chr. Bähr zu Herod. IV 120. VIII 4.
136. Statt der Überlieferung μέγα τε σθένος vermutet van Herwerden im Hermes XVI (p. 351—79) μέγα δὲ σθένος mit vor-

hergehendem Komma; diese Vermutung hatte schon Schütz Opusc. philol. et philos., Halae 1830, p. 12 ausgesprochen; es genügt auf T 361 χερσίν τε ποσίν τε καὶ σθένει zu verweisen.

140. Kammer die Einheit p. 453 findet zwischen 141 (vgl. mit 135. 136) und 159. 160 einen Widerspruch und vermutet, dafs hier Ἀμφίαλος statt Εὐρύαλος zu lesen sei.

141. Die Endung Λαοδάμα gab Aristarch, wie Didymus zu M 231 bemerkt: Πουλυδάμα. αἱ Ἀριστάρχου χωρὶς τοῦ ν, παρὰ τὴν ἀναλογίαν· Ζηνόδοτος δὲ καὶ Χαμαιλέων σὺν τῷ ν, Πουλυδάμαν. Und im Schol. A zu Σ 285: τοιοῦτο δὲ καὶ τὸ Λαοδάμα, παρὰ τὸν ὀρθὸν λόγον. Bekker dagegen hat hier und 153 Λαόδαμαν und M 231. N 751. Ξ 470. Σ 285 Πουλύδαμαν geschrieben, der Analogie wegen: vgl. Bekker Hom. Blätt. I p. 158. Auch Aristarch las A 86 Κάλχαν, N 68 und anderwärts Αἶαν, N 222 Θόαν, während Zenodot Κάλχα gab, wie Aristonikos zu allen drei Stellen berichtet. Vgl. La Roche hom. Textkritik p. 293. Man sieht daraus, dafs starre Konsequenz in der Declination der Namen keine Eigenschaft der Alten war. Über den Vokativ auf α, der den scenischen Dichtern noch unbekannt ist, vgl. Bekker Anecd. p. 1183, Eustath. p. 299, 20, Schol. zu Aesch. Prom. 428, Buttmann ausf. Spr. § 45, 3 Anm. 1, Lobeck Elem. II p. 278 sq. Von μάλα bis ἔειπες, wie O 206; ohne μάλα φ 278. Über den häufigen Versschlufs vgl. den Anhang zu σ 170.

142. „οὔτε Ἀρίσταρχος οὔτε Ἀριστοφάνης οὔτε Ζηνόδοτος ἐπίστανται τοῦτον τὸν στίχον." H. Ebendaselbst sagt Didymus: οὗτος ὁ στίχος ἐν ταῖς Ἀρισταρχείοις οὐ φέρεται. Von den Neuern haben den Vers ausgeschieden Bekker, Köchly de Od. carmm. III p. 17, Kirchhoff, Fick. Sonst folgt bei Homer auf die kräftige Versicherung 141 entweder eine längere Begründung, wie δ 267. π 70. ψ 184. Γ 205. K 170. Ψ 627, oder ein Einwand mit ἀλλά, wie ν 38. A 287. Θ 147. O 208, oder eine Aufforderung mit ἀλλά σ 171. P 717 und ἀλλ' ἄγε: β 252. ν 386. χ 487. I 60. Ω 380. Daher sollte man hier den Anfang mit ἀλλ' ἄγε νῦν erwarten. Denn man mufs zugeben, dafs Vers 141, für sich allein stehend, immer eine auffällige Antwort bleibt. — 143. Statt ἄκουσ' ἀγαθός vermutet Nauck in d. Mélanges Gréco-Rom. V, 2 p. 123 ἄκουσεν ἐύς.

146. J. La Roche über den Hiatus p. 12 vermutet als ursprüngliche Lesart ἔϝοικέ σε ϝίδμεν ἀέθλους. Das εἴ τινά που als Versanfang wie ι 418. I 371. O 571; ähnlich ζ 278. H 39. N 456; abweichend nur K 206. Nauck bezeichnet den Vers als verdächtig und Fick d. hom. Od. p. 315 hat denselben gestrichen.

147f. werden von Scotland im Philol. XXXXIV p. 617 f. verworfen als ungeschickt und den Zusammenhang störend.

159. Zur Erklärung von γάρ an dieser und ähnlichen Stellen vgl. Capelle im Philol. XXXVI p. 707. — 160. Zur zweisilbigen Form ἆθλον vgl. ἀθλητήρ ϑ 164, ἀθλεύων Ω 734, ἀθλήσαντες H 453,

ἀθλήσαντα O 30, ἀθλοφόρος I 124. 266. Λ 699. Über die Ableitung dieser Wörter vgl. G. Curtius Etym. I No 301, [4] p. 249, Leo Meyer in Kuhns Zeitschr. XIV p. 94, Fick vgl. Wörterb. [2] p. 396.

161. Über ἅμα vgl. T. Mommsen Entwicklung einiger Gesetze für den Gebrauch der griech. Präpositionen p. 44 ff.

162. Cobet Nov. Lectt. p. 392 bestreitet die Möglichkeit, dafs πρηκτῆρες Handelsleute bedeute, und will πρητῆρες gelesen wissen, was er durch eine Änderung des Schol. zu Soph. Ant. 1034 herausbringt. Vgl. indes γ 72 ἤ τι κατὰ πρῆξιν — ἀλάλησθε und J. Bekker im Berliner Monatsbericht 1865 p. 556 ff. = hom. Blätter II p. 50 ff., Büchsenschütz Besitz und Erwerb p. 359. — Dagegen will Riedenauer Handwerk und Handwerker in den hom. Zeiten p. 169, 74 hier πρηκτῆρες im Gegensatz zu dem ἀρχὸς μνήμων — καὶ ἐπίσκοπος, der blofs Spekulant, der scheinbar Unthätige sei, als die Handlanger verstanden wissen, welche schaffen und arbeiten.

163. ἧσιν ist die bestbeglaubigte und älteste Schreibweise, welche Eustathius, Harl. M. Vrat. Vindd. 133 und 50 u. andere bei La Roche, Herodian zu K 38 darbieten. Bekker, Nauck, Cauer haben dafür aus Harl. marg., Vindd. 5. 56 εἷσιν aufgenommen. ἧσιν ist durch T 202 gestützt.

167 ff. Die folgende Gedankenreihe, welche sich in den beliebten Formen der Verallgemeinerung eines besonderen Falles und wiederum der Anwendung des allgemeinen auf den besondern Fall bewegt, leidet an mehr als einem Anstofs. Die zwischen beiden in der Mitte stehende Exemplifikation des allgemeinen Gedankens, 169—175, stellt körperliche Schönheit und Anmut der Rede und zwar letztere als Volksrede gedacht in ihrer Wirkung auf die Gemüter der Hörer, einander gegenüber und zeigt, dafs beide gewöhnlich nicht in demselben Subjekt vereinigt sind. Diese Ausführung steht aber weder mit dem an die Spitze gestellten allgemeinen Gedanken 167 in Einklang, noch findet sie eine passende Anwendung auf den besondern Fall 176. Um von dieser letzten Differenz auszugehen, so macht Odysseus dem Euryalos nicht das Äufsere seiner Worte zum Vorwurf, sondern nur den Inhalt, daher νόον ἀποφώλιος 177, wie 466 οὐ καλόν — ἀτασθάλῳ und 179 οὐ κατὰ κόσμον, während jene das Allgemeine exemplificierende Ausführung von der Charis der Rede spricht, welche doch, wie auch Nitzsch bemerkt, mit der Verständigkeit der Rede keineswegs zusammenfällt. Andrerseits konstatiert jene Exemplifikation das Vorhandensein der einen Charis bei Fehlen der andern, während der vorangestellte allgemeine Gedanke 167 sagt, dafs manchem Gaben der Anmut überhaupt fehlen. Man hat mit Recht 167 einen Gedanken des Inhalts verlangt: nicht allen verleihen die Götter alle Gaben der Anmut, einen Gedanken etwa, wie

Δ 320 ἀλλ' οὔ πως ἅμα πάντα θεοὶ δόσαν ἀνθρώποισιν, ähnlich N 729 ἀλλ' οὔ πως ἅμα πάντα δυνήσεαι αὐτὸς ἑλέσθαι und in dem Epigramm Anthol. XII 96 (ὡς) οὐ πάντα θεοὶ πᾶσιν ἔδωκαν ἔχειν, vgl. Bergk Analecta lyrica, Part. II, Marburg 1852 p. IV, Poet. lyr. gr. ³p. 1324, No 10. Endlich hat auch der Anschluſs von 168 an den vorhergehenden Gedanken seine besonderen Schwierigkeiten. Nach Nitzsch müſste χαρίεντα adjektivisch gelten und auf jeden der nachfolgenden verneinten Begriffe bezogen werden: 'so giebt die Gottheit nicht allen Menschen schön (richtiger: 'mit Anmut begabt') weder den Körper, noch den Geist, noch die Rede.' Aber weder so, noch wenn wir χαρίεντα substantivisch = anmutige Gaben fassen und diesen Begriff durch die folgende Disjunktion spezialisiert denken, erhalten wir einen befriedigenden und für die folgende Ausführung passenden Gedanken; auffallend bleibt die Aufführung der φρένες unter den χαρίεντα, auffallend auch nach πάντεσσι der nachträgliche Zusatz von ἄνδρασι an betonter Versstelle, während derselbe keinerlei Bedeutung beanspruchen kann. Der ganze Vers scheint nach der bekannten Gegenüberstellung οὐ δέμας οὔτε φυήν, οὔτ' ἂρ φρένας οὔτε τι ἔργα umgebildet, um den Anschluſs der folgenden Exemplifizierung an den allgemeinen Gedanken 167 zu vermitteln. — Von diesen Bedenken ist vorzugsweise nur das an 167 unmittelbar sich knüpfende beachtet: man hat teils durch Interpretation, teils durch Konjektur den für das Folgende erforderlichen Gedanken zu gewinnen gesucht. So wollte Düntzer πάντα zu χαρίεντα hinzudenken, lieber aber lesen: οὕτως οὐχ ἅμα πάντα θεοί (vgl. N 729), ähnlich bemerkte Ameis früher, daſs πάντεσσι auf den Begriff des χαρίεντα ebenfalls einwirke, so Doederlein; dagegen will Adam in den Blätt. f. d. bayersch. Gymnasialschulw. 1871, VII p. 126 f. entweder lesen: οὕτως οὐ πάντεσσι θεοὶ ἅμα πάντα διδοῦσιν oder οὕτως οὐκ ἄρα πάντα θεοὶ πάντεσσι διδοῦσιν. Nauck bemerkt zu 167: vix integer; quid requiratur, docet Δ 320, und bezeichnet überdies 168 und 173 als verdächtig. Jede Interpretation, die für 167 den mit Rücksicht auf das Folgende notwendigen Gedanken ergeben soll, ist unmöglich, für eine Konjektur fehlt es bei der einstimmigen Überlieferung des an sich verständlichen Verses an dem rechten Anhalt und selbst bei Anwendung einer Konjektur bleibt die Schwierigkeit des Anschlusses von 168, sowie weiter die Differenz zwischen der exemplifizierenden Ausführung 169—175 und der folgenden Anwendung 176 f. Erwägt man ferner, wie wenig es der erregten Stimmung des Zürnenden entspricht sich in soweit ausgesponnenen allgemeinen Betrachtungen zu ergehen, sowie, daſs diese ganze Partie mehrere auffallende Worte zeigt, auch in 171—173 Reminiscenzen aus Hesiod. Theog. 86 und 91 f. zu enthalten scheint, so dürfte der Verdacht einer gröſseren Interpolation nicht unbegründet sein. An der Ursprünglichkeit von

176. 177 ist kein Grund zu zweifeln: die Gegenüberstellung der äufseren Schönheit und der inneren Nichtigkeit in diesen Versen konnte zu der Einschiebung der scheinbar entsprechenden Ausführung 169—175 Anlaſs geben, zumal da αἰδοῖ μειλιχίη 172 so recht im Gegensatz zu Euryalos an der Stelle zu sein schien. War 167 ursprünglich, so ist der Vers infolge der Interpolation von 169—175 verändert, indem wahrscheinlich der Begriff χαρίεντα im Hinblick auf χάρις 175 an die Stelle eines allgemeineren (wie πάντα) gesetzt ist, während der Zusatz von 168 den in der folgenden Exemplifikation durchgeführten Gegensatz vorbereiten sollte. — 169—73 citiert Galenus Protrept. 8.

168. Die mit ἀγορητύς analogen Wörter bei Geppert Ursprung der hom. Ges. II p. 87, Lobeck Parall. p. 439 sq. Alle diese Wörter stehen entweder als Genetiv im vierten Fuſse vor der bukolischen Cäsur: vgl. Bekker Hom. Blätter I p. 145, 36; oder als Nominativ und Akkusativ im sechsten Fuſse.

173. H. Anton bemerkt im Rhein. Mus. 1864 Bd. XIX p. 437: ʽder Vers 173 stört die Kongruenz der Rede, sofern ohne ihn auf jeden Abschnitt 4 Verse kommen. Wir halten ihn deshalb für eingeschoben und für eine Reminiscenz aus Hesiod. Theog. 91.ʼ — Zur Verbindung und Erklärung der Worte vgl. Ph. Mayer Studien zu Homer etc. p. 59.

175. Da bei der synthetischen Schreibweise ἀμφιπεριστέφεται hier wie noch Ψ 159 bei ἀμφιπονησόμεθ᾿ die Cäsur im dritten und vierten Fuſse zugleich fehlen würde, jeder Hexameter aber entweder nach der dritten Länge oder nach der darauf folgenden Kürze oder nach der vierten Länge ein Wortende haben muſs: so hat man mit K. Lehrs in Fleckeisens Jahrb. 1860 p. 513, de Aristarch.[2] p. 395, an beiden Stellen das ἀμφί getrennt zu schreiben.

177. ʽBei ἀποφώλιος hat man wohl eher [als mit Döderlein Hom. Gloss. § 1097 an ἀπαφίσθαι] an φώς von φύω zu denken, gleichsam verwachsen, ausgewachsen, schief.ʼ G. Autenrieth, welcher im Wörterbuch[4] s. v. hier erklärt: schändlich.

182. Aus dem von Miller verglichenen Florentiner Kodex des Etym. Magn. ergiebt sich, daſs man an dieser Stelle ehemals ἄχομαι statt ἔχομαι las: Philol. XXXV p. 728 (nach Naucks Bericht über E. Millers Mélanges de littérature Grecque).

186. Über die Verbindung von αὐτός mit dem Dativ als *sociativem Instrumentalis* vgl. B. Delbrück Ablativ, Localis, Instrumentalis, Berlin 1867 p. 52 und T. Mommsen Entwicklung einiger Gesetze für den Gebrauch der griech. Präpositionen p. 40 ff. Den von Krüger Di. 48, 15, 16 angegebenen Stellen ist hinzuzufügen Ψ 8.

192. πάντων, statt des gewöhnlichen πάντα, bieten hier Vindd.

133 und 56 und andere bei La Roche. Es ist die Aristarchische Lesart; vgl. W. C. Kayser de vers. aliquot Od. disp. alt. p. 14. 193—200 werden von Scotland im Philol. XXXXIV p. 618 ff. verworfen. — 197. θάρσει hat nur hier einen Akkusativ des Bezuges bei sich (Krüger Di. 46, 11) und findet sich nur hier in der Mitte des Verses, sonst steht es überall absolut im Versanfang und zwar entweder mit nachfolgendem Vokativ und dann explikativem Asyndeton, wie τ 546. Θ 39. X 183; oder ohne Vokativ mit nachfolgendem Asyndeton O 254; oder mit dem Vokativ und ἐπεί β 372; oder ohne Vokativ mit ἐπεί χ 372; oder mit nachfolgendem Imperativ: vgl. die Stellen zu δ 825 und ν 362. — 198. τόδε γ' ist die Lesart des Aristarch: vgl. Ludwich Arist. hom. Textkritik I p. 570; die andere früher gewöhnliche Lesart, die Bekker und Nauck beibehalten haben, ist τόν γ', nämlich λίθον oder δίσκον. — 200. ἐνηής erklärt Fick Vgl. Wörterb.³ I p. 25 aus avas Gunst, Beistand von av sich sättigen, erfreuen, beachten, begünstigen, helfen.

201. Der Ausdruck κουφότερον 'erinnert an κουφονόων τε φῦλον ὀρνίθων bei Soph. Antig. 343, nur sind da nicht mit Schol. und Schneidewin die leichtbeschwingten Gäste zu verstehen, sondern die leichtsinnigen, sorgenlosen, wie Ev. Matth. 6, 26.' G. Autenrieth. Dagegen will A. Nauck Mélanges Gréco-Romains III p. 21 das κουφότερον aus Konjektur in κουροτέροις geändert wissen mit der Begründung 'dafs Odysseus an die jüngeren Phäaken sich wendet, ist ganz in der Ordnung und ausdrücklich bezeugt durch den folgenden Vers τοῦτον νῦν ἀφίκεσθε νέοι.' Auch Scotland im Philol. XXXXIV p. 619 nimmt an κουφότερον Anstofs und vermutet nach Ausscheidung von 193—200 dafür γηθήσας. — 202 schreibt Nauck nach Schol. u. Eust. und einigen Handschriften τούτον νῦν ἐφίκεσθε.

206 ist nach dem Vorgange von Hennings die Telemachie p. 143 von Köchly de Od. carmm. III p. 17, weil im Widerspruch mit 230, verworfen.

212 ff. Die folgenden Verse bis 233 sind nach dem Urteil von Anton im Rhein. Mus. XIX p. 438 f. von einem Sänger zugedichtet, der gern seinen Helden als in allen Kampfarten ausgezeichnet darstellen wollte und daher nachholte, was vorher vergessen schien. 207—33 verwirft Scotland im Philol. XXXXIV p. 620 f., 214—233 Bernhardy Grundrifs d. griech. Lit. ³ II, p. 178, 215—229 Hennings die Telem. p. 143 und Köchly de Od. carmm. III p. 17, 216—28 Kirchhoff die hom. Od. p. 213, 219—28 La Roche in Zeitschr. f. d. österr. Gymn. 1863 p. 192, Fick d. hom. Od. p. 223, Lehrs Arist. ²p. 405 und Kayser bei Faesi. Da Odysseus es bis dahin gerade geflissentlich gemieden hat Näheres über seine Person zu verraten, so würde die hier enthaltene Andeutung, dafs er einer der Helden vor Troja

gewesen, der späteren Erkennungsscene in unpassender Weise vorgreifen, überdies bleibt dieselbe in den diese vorbereitenden Fragen des Alkinoos 577—586 ganz unberücksichtigt. Somit ist die Athetese jedenfalls von 219—228 begründet. Christ in d. Jahrbb. f. Philol. 1881 p. 439 f. führt die Interpolation auf den Einfluſs des epischen Kyklos zurück, 'einesteils auf die kleine Ilias, in der der Bogen des Philoktetes eine groſse Rolle spielte, und andernteils auf die Οἰχαλίας ἅλωσις, in der Herakles und Eurytos die Hauptpersonen waren.' — Wenn die Scholien es auffallend finden, daſs den Herakles, der doch dasselbe that, wie Eurytos, nicht die gleiche Strafe traf: so ist doch in dem speziell von Eurytos gesagten προκαλίζετο ein besonderer Akt der Überhebung zu sehen, während in ἐρίζεσκον 225 nur ein sich gleichstellen in Gedanken zu liegen braucht.

215. Über den häufigen Hiatus in der trochäischen Cäsur des dritten Fuſses vgl. Spitzner de versu Graecorum heroico IV § 11 p. 142 sqq., Ahrens im Philol. VI p. 12 ff., J. La Roche über den Hiatus p. 1 ff.

232. 233. Bekker hat aus beiden Versen einen gebildet: κύμασιν ἐν πολλοῖς· τῷ μοι φίλα γυῖα λέλυνται. So schon Nitzsch, mit Beistimmung von Köchly de Od. carmm. III p. 18, auch Kayser bei Faesi. Vgl. dagegen jetzt Hinrichs bei Faesi und Adam in d. Blätt. f. d. bayersch. Gymnasialschulw. 1871, VII p. 129. Einen passenderen Gedanken würden die schwierigen Worte ergeben, wenn man sie mit Suhle im Wörterbuch s. v. κομιδή faſste: denn keineswegs fand ein beständiger Transport zu Schiffe statt, als Erklärung des vorhergehenden κύμασιν ἐν πολλοῖς; aber diese Bedeutung von κομιδή ist unhomerisch und nach der Parallele 451—453 unwahrscheinlich.

239. Eine andere Erklärung von ὡς giebt Lehrs Aristarch. ²p. 159.

240. Die Entlehnung des Verses aus Ξ 92 scheint nach Sittl die Wiederholungen in d. Od. p. 40 f. sich dadurch zu verraten, daſs τις sowohl im Hauptsatze als beim Relativ steht, wovon derselbe nur noch ein einziges Beispiel und zwar in einem jüngeren Stücke kennt, σ 334 ff.

243. Man könnte zwar ζευγνύμεν Π 145 vergleichen; indes ist dies doch etwas verschieden: vgl. Lobeck zu Buttmann II p. 8 und Path. Elem. I p. 268. Vielleicht war hier δαινύεαι das ursprüngliche.

248 f. H. Anton im Rh. Mus. 1864 Bd. XIX p. 440 möchte 'die Verse 248—249 nach 253 stellen, wo Alkinoos durch καὶ ὀρχηστυῖ καὶ ἀοιδῇ fröhlich gestimmt und seiner Rede freien Lauf lassend in den Wortlaut dieser Verse fallen konnte.' Aber an dieser Stelle würden die beiden Verse, weil an die Tänzer gerichtet und den Zusammenhang der für den folgenden Tanz zu

treffenden Anordnungen unterbrechend, noch weniger begreiflich sein, als da, wo sie stehen. Hier aber hat Alkinoos soeben von den Leistungen (ἔργα), von denen der Fremdling daheim erzählen soll, gesprochen; die in diesen Versen aufgezählten Neigungen eines behaglichen Lebensgenusses aber lassen sich weder in der Weise in dem Zusammenhang rechtfertigen, daſs sie etwa die Wahl der vorhergenannten Fertigkeiten (Lauf und Schifffahrt) erläuterten, noch so daſs sie den Übergang zu der folgenden an die Tänzer gerichteten Aufforderung passend vermittelten. So scheinen 248 und 249 mit Kammer die Einheit d. Od. p. 457 verworfen werden zu müssen. Hennings die Telemachie p. 143 und Fick die hom. Od. p. 223 verwerfen nur 249, wodurch allerdings wenigstens ein leidlicher Übergang zum Folgenden gewonnen wird. Neue Bedenken erheben sich bei Vergleichung von 241 bis 247 mit 250 bis 253. Friedländer im Philol. IV p. 590 fand die Übereinstimmung beider Stellen so auffallend, daſs er daraus auf eine doppelte Bearbeitung schloſs, zumal da das erste Stück, wo Alkinoos den Phäaken die Fertigkeit in Faust- und Ringkampf abspricht, im Widerspruch stehe mit 102. 103, wo er gerade die Vorzüglichkeit der Phäaken darin hervorhebt; und weil die Phäaken Ring- und Faustkämpfe ausgeführt haben und nicht, wie im Diskoswurf, von Odysseus übertroffen worden sind, kein Grund für Alkinoos ersichtlich sei seine frühere Behauptung zurückzunehmen. Auf Grund dieser Beobachtung hat dann Köchly de Odyss. carmm. diss. III p. 17 f. 241—249 verworfen. Dagegen begnügen sich Lehrs bei Kammer p. 772 und La Roche in Zeitschr. f. d. österr. Gymn. 1863 p. 192 mit der Athetese von 246—249; Düntzer Kirchhoff, Köchly etc. p. 121 will V. 241 mit ὅττι κεν εἴπω schlieſsen, die 4 folgenden Verse streichen und 246 οὐ δή lesen, im Folgenden aber 253 entfernen. Endlich verwirft Kammer a. O. p. 458 f. mit 248 zugleich die ganze folgende Tanzpartie, sodaſs ursprünglich an 247 sich sofort 387 und 389 ff. in der Form: ἀλλ' ἄγε, Φαιήκων ἡγήτορες ἠδὲ μέδοντες, ξείνῳ νῦν δῶμεν ξεινήϊον geschlossen hätte. — Von diesen verschiedenen Versuchen die Schwierigkeiten der Stelle zu beseitigen, kann der von Lehrs schon deshalb nicht befriedigen, weil nach Ausscheidung von 246—249 der Ankündigung 241 ἐμέθεν ξυνίει ἔπος die entsprechende Ausführung fehlen würde. 246. 247 sind von Kammer als notwendig, um Odysseus für die widerfahrene Beleidigung Genugthuung zu geben, treffend gerechtfertigt. Die Ausscheidung von 241—249 ferner ist von Düntzer mit Recht zurückgewiesen, da 'unmöglich auf die Anrede ξεῖν' nebst dem anakoluthischen Satze mit ἐπεί unmittelbar das ἀλλ' ἄγε an die Tänzer sich anschlieſsen kann.' Düntzers eigner Vorschlag 242—45 (und weiterhin 253) zu streichen, um die Wiederholung des fast gleichen Gedankens zu beseitigen, könnte annehmbar erscheinen, wenn nicht gerade innerhalb der ausgeschiedenen Verse Gedanken enthalten wären, die teils mit den vorhergehenden in enger Beziehung zu stehen scheinen, teils ihrem Inhalt nach für die Situation sehr angemessen sind. So hat ἡμετέρης ἀρετῆς eine unzweifelhafte Beziehung auf σὴν ἀρετήν 239 und noch deutlicher zeigt die folgende Ausführung οἷα καὶ ἡμῖν etc., vgl. mit 239, dafs der ganzen anakoluthisch gestörten Entwicklung der Gedanke zu Grunde liegt, dafs eine neidlose gegenseitige Anerkennung der Vorzüge des andern geeignet sei den störenden Zwischenfall zwischen Gastgeber und Gast zu beseitigen. Andrerseits hat die geflissentliche Hervorhebung σοῖς ἐν μεγάροισιν παρὰ σῇ τ' ἀλόχῳ καὶ σοῖσι τέκεσσιν den Zweck dem Gast jeden Zweifel an der auch nach dem Zwischenfall erfolgenden Heimsendung zu benehmen. Ich möchte darum diese Verse nicht missen. Dagegen empfiehlt sich mit Düntzer V. 253, der nicht blofs wegen der Wiederholung störend ist, sondern den ungehörigen Gedanken ergiebt, als könne die Vortrefflichkeit der Tänzer auch erweisen, dafs die Phäaken in der Schifffahrt, im Laufen und im Gesange andere Völker übertreffen, zu entfernen.

258. Über die Äsymneten vgl. Fanta der Staat in d. Il. u. Od. p. 95, welcher annimmt, dafs sie vom Könige oder den Geronten ernannt wurden. — 259. Als einen zur Erklärung des Wortes αἰσυμνῆται beigefügten Zusatz verwirft den Vers Fick d. hom. Od. p. 315.

264. Dieser Tanz war auf dem amykläischen Thron abgebildet nach Paus. III 18, 7, der trotz seiner Kürze doch Φαιάκων χορός und ᾄδων ὁ Δημόδοκος ausdrücklich getrennt hat. — Vs. 265. μαρμαρυγάς hatte Livius Andronicus mit *nexus dubios* übersetzt.

266 ff. Westphal in d. Verhandl. d. Breslauer Philologenversamml. p. 54 fand hier 'ein vollständig ausgemaltes Bild eines vor Kampfrichtern gehaltenen musischen Agon, ganz in der Weise, wie an den spartanischen Gymnopädien agonistische Hyporcheme zur Aufführung kamen.' — Ameis bemerkte: 'Der Gesang wird nach dem Präludium dann begleitet mit pantomimischer Darstellung durch die phäakischen Kunstspringer (250. 383, angeführt von Strabo X p. 473), die hier zum Einzelballet 371 den Gegensatz bilden. Diesen Gegenstand hat aufser andern auch Kotzebue benutzt in dem Lustspiel 'Der Vielwisser' III 6, wo er den Peregrinus sagen läfst: 'Es gab einen Tänzer, der sogar ohne Musik die Liebesgeschichte des Mars und der Venus so trefflich darstellte, dafs der Cyniker Demetrius ausrief: ich höre dich, das spricht mit den Händen.' Eben so dienen 'die epischen Lieder der Ditmarsen als Tanzmusik, wie die Ballade durch ihren Namen den Zusammenhang zwischen epischem Gesang und mimischem Tanz verrät, und noch heute in römischen und neapolitanischen Tabernen zur Tarantella dergleichen Balladen unter dem Schall des Tamburin oder des Puttipu gesungen werden.' O. Ribbek im N. Schweiz.

Mus. I (Bern 1861) p. 216. — Gegen die Annahme einer pantomimischen Darstellung sprechen Nitzsch Sagenpoesie p. 130, Jacob die Entstehung der Il. u. Od. p. 415 f., Guhrauer Musikgeschichtliches aus Homer I Lauban 1886 p. 19, und A. Römer bemerkte in brieflicher Mitteilung Folgendes: '1) wenn der Dichter an eine mimische Darstellung dachte, so hätte er, wie Σ 571 solches angegeben; 2) wenn es eine mimische Darstellung war, so darf sich der Dichter nicht ausdrücken μαρμαρυγὰς ϑηεῖτο ποδῶν, ohne ein weiteres aufklärendes Wort beizufügen. Mit diesen Worten wird eben nur der Eindruck, welchen der Reigentanz auf Odysseus machte, geschildert und damit ist diese Scene abgeschlossen. Es folgt ein Lied des Demodokos ἀνεβάλλετο καλὸν ἀείδειν, der Eindruck ist 367 ff. geschildert, und somit auch diese Scene vollständig für sich abgeschlossen.' Diese Bedenken sind wohl begründet. In der That ist in der Darstellung nirgend klar von einem Zusammenwirken des Sängers mit den Tänzern die Rede, beider Thätigkeit wird als nach einander folgend, jede für sich in ihrem Eindruck auf Odysseus dargestellt. Es bleibt einzig die Möglichkeit der Annahme mit Bergk griech. Literaturgesch. I p. 679, dafs nur die ungeschickte unklare Darstellung des Dichters das Zusammenwirken des Sängers mit den Tänzern verdunkelt habe, da die Anordnung der Scene 262 f. ein solches erwarten läfst. Freilich könnte sich dies, wie Römer annimmt, darauf beschränkt haben, dafs Demodokos auf seinem Instrumente den Tänzern nur den Takt angab. Vgl. auch Scotland im Philol. XXXXV p. 2 f. Indes wurde das ganze Lied von Ares und Aphrodite bereits von alten Kritikern athetiert: Carnuth Aristonic. p. 82, Ludwich Aristarchs hom. Textkrit. I p. 570 und von Neueren behandeln den Abschnitt als einen unächten, kürzer Bergk griech. Lit. I p. 679, Köchly de Od. carminibus III p. 17, Niese die Entwicklung d. hom. Poesie p. 180, Bernhardy Grundrifs d. gr. Lit.³ II, 1 p. 178, Fick d. hom. Od. p. 315, ausführlicher H. Anton im Rhein. Mus. 1864 Bd. XIX p. 430 ff., Thiersch die Urgestalt d. Od. p. 63 ff. Dagegen bewundert das Stück als eine unschuldige Götterkomödie Welcker Rhein. Mus. I p. 254 ff. = Kleine Schrift. II p. 32 und W. Jordan Homers Od. übersetzt p. 503 f. sucht es als wesentlichen Bestandteil im Plane der Odyssee zu erweisen. Vgl. auch Kirchhoff d. hom. Od. p. 213. Eine eigentümliche Ansicht über ἀναβάλλεσθαι bei Bergk a. O. p. 433 Anm. 28, vgl. dagegen Düntzer die homerischen Fragen p. 158.

283. εἴσατ' ἴμεν erklärte Bekker Hom. Blätt. I p. 155 Anmerk. 35 *fingit iter, il fit semblant d'aller*. Gegen diese Erklärung, wie gegen die andere = ἔδοξε, *putatus est* macht Ahrens Beiträge zur griech. und lat. Etym. I p. 112 ff. aufser anderem geltend, dafs aus 301 ersichtlich sei, dafs Hephästos wirklich nach Lemnos wollte und nur durch die von Helios er-

haltene Kunde veranlafst wurde unterwegs umzukehren. Er selbst führt aber den Aor. εἰσάμην nicht auf εἶμι zurück, sondern auf einen ganz verschiedenen digammierten Stamm ϝει, Wurzel ϝι in der Bedeutung des intransitiven ὁρμᾶν, ὁρμᾶσϑαι, wozu auch das Präs. ἵεμαι mit dem Kennzeichen des Digamma und langem ῑ gezogen wird.

285. Mit La Roche und Nauck habe ich nach Vindob. 56 und dem Venetus *A* an den betreffenden Iliasstellen ἀλαὸς σκοπιήν geschrieben, welches wahrscheinlich die Lesart des Aristarch (vgl. La Roche homer. Textkritik p. 184, Ludwich Arist. hom. Textkritik I p. 322 zu *K* 515) ist, während Zenodot ἀλαὸν σκοπιήν schrieb. Die einfache Wendung σκοπιὴν ἔχειν findet sich ϑ 302. Aristarchs Lesart empfiehlt sich dadurch, dafs so der Begriff οὐδ᾽ ἀλαός, der Komposition entnommen, selbständiger hervor- und dem ἴδεν schärfer gegenübertritt, welches hier nur das Eintreten des Gegenstandes in den Gesichtskreis des Betrachtenden bezeichnet. Dagegen will Ahrens im Philol. XXVII p. 255, indem er die Zurückführung des ersten Bestandteils in dem Kompositum auf ἀλαὸς = τυφλός erkünstelt fand, ἀλαός als eine Nebenform von ἀλεός = ἠλεός gefafst wissen — vergebliche, erfolglose Wacht. Nauck vermutet ἄλιον σκοπιήν, Cauer ἀλαοῦ σκοπιήν. — χρυσήνιος wird sonst gedeutet: goldene Zügel führend, mit Bezug auf den Schlachtwagen des Ares: so von Welcker griech. Götterl. I p. 395, vgl. dagegen Schuster Untersuchungen über die homerischen stabilen Beiwörter I, Stade 1866 p. 18. — 'Der Dichter der Götterkomödie scheint ἀλαοσκοπίην in abgeschwächter Bedeutung anzuwenden, weil er im folgenden Verse wieder die Worte ὡς ἴδεν gebraucht': Sittl die Wiederholungen p. 39, wo derselbe auch bemerkt, dafs in V. 275 (= *N* 37) wir weder vollkommen verstehen, für wen Hephaistos die Fesseln bestimmt, noch besonders, welchen Ort der Gott bei αὖϑι im Auge hat.

288. Für ἰσχανάω sucht G. Hermann zu Aesch. Hik. 816 die Schreibart ἰχανάω zu begründen.

292. Dieselbe Metathesis wie in τραπείομεν haben wir in ἔπραϑον, ἔδρακον, ἔδραϑον, ἤμβροτον. W. Christ Gr. Lautl. p. 126. Kr. Di. 6, 2, 1. Das λέκτρονδε giebt hier zu 278. 279. 282 eine sinnlichere Plastik als das für *Γ* 441. *Ξ* 314 geeignete φιλότητι. Ähnlich sagt Musäus 248: δεῦρό μοι εἰς φιλότητα. Daher in Bekker Anecd. I p. 88: δεῦρο ἀντὶ τοῦ ἔρχου. So bisweilen auch in Prosa. Vgl. Stallbaum und Cron zu Plat. Apol. c. 12. Die Verbindung dieses λέκτρονδε mit dem prägnant gesagten δεῦρο, welche durch Cäsur und Sinn geboten ist, wurde als notwendig erkannt zuerst von Povelsen Emendd. p. 14 und ist mit Ausnahme von La Roche und Nauck von den neueren Herausgebern angenommen.

300. ἀμφιγυήεις, nur von Hephästos am Versschluſs gesagt, findet sich Ξ 239 in der Verbindung ἐμὸς πάις ἀμφιγυήεις, in Σ 614 mit vorhergehendem κλυτός, an den übrigen Stellen mit περικλυτός ϑ 300. 349. 357. Α 607. Σ 383. 393. 462. 587. 590. Früher wurde das Wort nach dem Vorgange der Alten von γυιόω oder γυιός abgeleitet und durch *utroque pede claudus* 'lahm' oder 'an beiden Seiten gelähmt' erklärt. Aber dies paſst weder zu dem im Anhang zu τ 33 erwähnten Gesetze noch in den Zusammenhang der bezüglichen Stellen. Die andere Deutung 'der gliedergewandte' oder 'der armkräftige' Künstler oder kurz Werkmeister, von der Beweglichkeit der γυῖα ausgehend, harmoniert mit den Ausdrücken κλυτοτέχνης ϑ 286. Α 571. Σ 143. 391 und κλυτοεργός ϑ 345. Diese Erklärung ist zuerst von Kanne aufgestellt worden, der 'gliederstark' oder 'handstark' deutete, gebilligt von Klopfer im Mythol. Wörterbuch unter Vulcanus Bd. II p. 628, genau begründet von Anton Göbel De epith. Homericis in εις desinent. p. 20 sq., adoptiert von Pott Etym. Forsch. I p. 583 (der 2. Aufl.), Döderlein in der Ausgabe zu Α 607, Hugo Weber im Philol. XVI p. 700, vgl. auch K. Lehrs de Arist. ²p. 112, G. Autenrieth: 'Das Wort ἀμφιγυήεις geht auf die Hände, denn daſs diese hauptsächlich und zunächst unter γυῖα verstanden werden, beweist ἐγγυαλίζω einhändigen und ἐγγύη Faustpfand.'

303. Der Vers fehlt in den besten Quellen, im Byzantinus des Eustathius pr., Vind. 133 pr., Harl. und andern. Es ist offenbar ein aus β 298 entlehnter matter Zusatz. Nauck scheint auch 302 verdächtig. — 304. Das zweite Hemistichion wie Δ 23. Θ 460.

307. Wolf (1794), Nauck, Kirchhoff, Düntzer, Hinrichs, Cauer schreiben gegen die Handschriften, nach einigen alten Zeugnissen ἔργ' ἀγέλαστα, was neben οὐκ ἐπιεικτά und wegen der folgenden Ausführung 308—314 sich vor ἔργα γελαστά zu empfehlen scheint. Vgl. indes Nitzsch Anmerk. zur Stelle.

315. Statt des überlieferten ἔτ' ἔολπα empfiehlt Cobet Miscell. crit. p. 373 τι ΈἐΊολπα.

320. ἐχέθυμος wird von Autenrieth im Wörterb. s. v. gedeutet *cohibens cupiditatem*, vgl. auch Schaper quae genera compositorum ap. Hom. Cöslin 1873, p. 12. — Autenrieth, der früher 'Herz habend, gefühlvoll' und mit der Negation 'herzlos' deutete, bemerkte dabei: 'Dagegen scheint mir 322 γαιήοχος etwas anderes zu bezeichnen, als Länder umfassend, da ἔχειν ja nicht umfassen oder gar zusammenhalten heiſst. Da nämlich γαῖα dem οὐρανός gegenübersteht, wie auch dem Τάρταρος, so könnte vielleicht in γαιήοχος der Gegensatz zu dem αἰθέρι ναίων und ἐνέροισι ἀνάσσων liegen und demnach γαιήοχος (vgl. das spätere πολιοῦχοι u. ähnliches) den Besitzer oder Herrn der Erde be-

zeichnen. In anderer Auffassung freilich bewohnt er das Meer, wie Aides ζόφον und Zeus οὐρανόν O 190 ff.'

321. Über χαλκοβατής vgl. Helbig d. hom. Epos aus d. Denkmälern erläutert p. 75. 78, ²108. 117.

325. Vgl. Lehrs Q. E. p. 66 sqq. Bekker ist zu den Formen ἐῆος und ἑάων mit dem Spiritus lenis zurückgekehrt, der Analogie wegen. Vgl. Hom. Blätter I p. 78. Ebenso Spitzner epist. ad G. Herm. p. 20. Die δωτῆρες ἑάων erwähnt Lucian Prom. s. Cauc. 18.

328. πλησίος als Substantiv in diesem formelhaften Verbindungsverse noch κ 37. ν 167. σ 72. 400. φ 396. B 271. Δ 81. X 372. Über andere Substantivierungen des adjektivischen Maskulinums vgl. zu o 373. Über andere Versausgänge zu dem formelhaften ὧδε δέ τις εἴπεσκε vgl. zu β 324. — 329. Renner über das Formelwesen im griech. Epos p. 26 vergleicht Theognis 329. 330.

332. Das τό 'in dieser Beziehung, deshalb' steht ebenso Γ 176. H 239. M 9. P 404. T 213. Ψ 547. Vgl. J. La Roche Hom. Stud. § 41, 12. Krüger Di. 46, 4, 2. Über ὀφέλλει vgl. zu γ 367.

333 = δ 620. η 334. ξ 409. ο 493. π 321. ρ 166. 290. σ 243. υ 172. 240. χ 160. ψ 288. ω 98. 203. 383. E 274. 431. H 464. Θ 212. N 81. Π 101. Σ 368. Φ 514. Einen Zusatz hat dieser Formelvers ω 204. N 82. Das Nachfolgende ist jedesmal mit δέ angeschlossen oder δ' ἄρα π 322, oder mit τόφρα δέ N 83, τόφρα δ' ἄρα ψ 289, einmal mit αὐτάρ Φ 515. Das Verbum ist dem erwähnten δέ vorausgesetzt η 335. o 494. χ 161. H 465. Eine ähnliche mit unserm Formelverse vergleichbare Redewendung vgl. zu ν 165. — 333—342: ἐν ἐνίοις ἀντιγράφοις οἱ δέκα στίχοι οὐ φέρονται διὰ τὸ ἀπρέπειαν ἐμφαίνειν. νεωτερικὸν γὰρ τὸ φρόνημα H: vgl. Carnuth Aristonic. p. 83 Note. Ludwich Aristarchs homer. Textkritik I p. 571 hält es für mehr als wahrscheinlich, dafs Aristarch ebenfalls an diesen Versen Anstofs nahm; vgl. Lehrs Arist. ²p. 339.

335. Zum Beiwort des Hermes δώτωρ ἑάων vgl. Roscher Hermes der Windgott p. 75 ff.

340. Den Vers zitiert Plutarch de Is. et Os. 36 p. 365ᵈ. Zu der Auffassung der Optative in diesen Versen vgl. B. Delbrück der Gebrauch des Konjunktivs und Optativs p. 199 und L. Lange der hom. Gebr. d. Part. εἰ I p. 336, der zu dem Anschlufs derselben an einen vorhergehenden Wunschsatz mit αἲ γάρ passend σ 368 vergleicht. Ähnlich verhalten sich die Optative η 314. Z 480. Eine so enge Verbindung mit dem vorhergehenden Wunsch freilich, wie Lange sie durch Komma nach Ἀπόλλον herstellen möchte, scheint mir nicht gerechtfertigt. An allen diesen Stellen enthalten die dem Wunschsatze sich anschliefsenden Optative eine

weitere Ausführung des Wunsches, teils indem sie die nötigen Voraussetzungen dafür angeben, teils die Vorstellungsreihe, die durch den Wunsch angeregt ist, weiter verfolgen. Ich kann diese Optative daher nicht auf gleiche Stufe mit dem Wunschsatz selbst stellen, betrachte sie vielmehr als reine Optative der Vorstellung ohne wünschenden Charakter, wie zweifellos η 314 das Verhältnis des Gedankens ergiebt.

351. ἐγγύαι und ἐγγυάασθαι sind ἅπαξ εἰρημένα. Letzteres heifst hier 'sich etwas verbürgen lassen, Bürgschaft annehmen', als nähere Erklärung zum vorhergehenden. „ἐγγυᾷ μὲν ὁ διδούς, ἐγγυᾶται δὲ ὁ λαμβάνων" bemerkt hier Eustathius nach Isäus III 29. 37 f. Vgl. die abweichende Auffassung der Stelle bei W. Jordan Homers Od. übersetzt p. 502 f.

352. Aristarchs πῶς ἄν εὐθύνοιμι, woraus Barnes durch die Änderung πῶς ἄν σ' εὐθύνοιμι eine Lesart Aristarchs machte, ist nur seine Erklärung von δέοιμι: vgl. Ludwich Arist. hom. Textkritik I p. 571. Dagegen wollte Ameis die Variante πῶς ἄν ἐγὼ σέ, φέριστε, μετ' ἀθανάτοισι δέοιμι auf Aristarch zurückführen. Indes verdient die gewöhnliche Lesart den Vorzug wegen der gewifs nicht zufälligen Wiederholung von μετ' ἀθανάτοισι θεοῖσιν aus Poseidons Worten 348. Wenn der Sinn dieser Worte in Poseidons Munde ist, dafs er die rechtliche Erledigung der Sühne unter die Garantie der Götterversammlung stellen will, so dafs vor ihnen als Zeugen dieselbe vorgehen soll, vgl. T 172 ff. 249. T 314, so liegt in der Wiederholung der Worte in Hephästos Munde ein wirksamer Spott: jene Garantie der Götter hilft mir nichts, wenn der Elende sich davon macht.

353. Über die von La Roche homer. Unters. p. 41 verlangte Schreibung χρέως, welches einsilbig zu sprechen sei, vgl. Hartel hom. Stud. I p. 64 und Ludwich Arist. hom. Textkritik II p. 357.

359. δεσμόν ist die frühere gutbeglaubigte Lesart, die Bekker mit Recht zurückgeführt hat, nachdem Wolf dafür aus Eustathius, 9 Codd. bei La Roche, δεσμῶν aufgenommen hatte, welches auch Cobet Mnemos. N. S. IV p. 271 u. Miscell. crit. p. 424 und Wackernagel in Bezzenbergers Beiträg. IV. p. 272 empfehlen. Aber der Genetiv ist eine unnötige prosodische Verbesserung und hat folgende Bedenken gegen sich: 1) ἀνίημι ist sonst nirgends mit einem derartigen Genetiv verbunden und die Auslassung des Objekts, das nun gerade den Hauptbegriff enthält, ist auffällig; 2) δεσμῶν verletzt die Symmetrie mit δεσμόν 353 und ἐκ δεσμοῖο 360, da der Dichter in derselben Umgebung nicht willkürlich zu wechseln pflegt; 3) mit Recht sagt Nitzsch: 'δεσμῶν ἀνίει mit ausgelassenem αὐτούς ist hier besonders seltsam, weil man beim Fortsprechen nun geneigt sein muss, μένος, was doch zum folgenden Genetiv gehört, dorthin zu beziehen.' δεσμόν war auch

die Aristarchische Lesart: Ludwich Arist. hom. Textkrit. I p. 571.
Vgl. auch Soutendam Observationes in Homerum et Scenicos.
Lugd. Bat. 1855 p. 10 ff.

363. Paphos auf Kypros war ein Lieblingsort der Aphrodite, der von ihr häufig besucht und bewohnt wurde, was schwerlich geschehen sein würde, wenn sich daselbst kein Tempel befunden hätte. Hierzu kommt das Zeugnis des Herodot I 105, der das dort befindliche Heiligtum der Aphrodite als ihr πάντων ἀρχαιότατον ἱρῶν bezeichnet. Vgl. Gies Quaestionum de re sacerdotali Graecorum Part. I (Hanau 1850) p. 18 sq. — ἔνθα τε, statt des überlieferten ἔνθα δέ, empfahl Hermann zu hymn. in Ven. 59. Vgl. aber W. C. Kayser im Philol. XXII p. 523. ἔνθα τε steht λ 475. ν 107. ϱ 331. τ 178. ω 14. B 594. Δ 247. E 305. Ξ 215. Υ 329, ἔνθα δέ aber Θ 48. Ν 21. X 147. M. Axt will hier und Θ 48 ἐνθάδε geschrieben wissen. — Über die Bildung von θυήεις vgl. zu τ 33.

365. Die Formen ἐπ ἐν-ήνοθε, κατ-εν-ήνοθε und παρ-εν-ήνοθε sind gleichsam starke Perfekta zu ἐπ-εν-ἀνθέω etc., wie γέγηθα zu γηθέω: G. Curtius Etym. [4] p. 250; dies billigt Autenrieth im Lexic. unter der Annahme, dafs das Wort an unserer Stelle als transitiv wie von θέω mifsverstanden gebraucht sei, gleichsam überläuft, umstrahlt. Anders A. Göbel in Z. f. d. österr. Gymn. 1858 p. 792 und in 'Homerica', Münster 1861, p. 9: von einem obsoleten ἀνέθω, zur W. ἀν im Sinne von 'glänzen'.

368. Dieses objektive Verhältnis des Particips zeigt sich vorzugsweise bei Ausdrücken der Freude, vgl. J. Classen Beobachtungen III p. 13 f., Gesamtausg. p. 92 f. So bei τέρπομαι α 26. 369. δ 47. 194. 372. 597. 626. ϑ 429. κ 181. π 26. τ 513. ψ 301. 308. Α 474. B 774. Δ 9. E 760. I 336. Λ 643. Ω 633; bei χαίρω ξ 377. Γ 76; γηθέω Η 214. Κ 190; bei ἥδομαι ι 354. Vgl. auch zu φ 150.

371. G. Autenrieth: 'μουνάξ, εὐράξ, ὀδάξ scheinen aus alten Instrumentalen auf — ακ — ις gebildet; nur möchte nicht mit L. Meyer vgl. Gr. II 508 und in Kuhns Zeitschr. XIV 92 f. auch die Endung auf — εξ, Skt — anc zu vergleichen sein. Ein vorhomerisches μουνακός liegt von dem aristotelischen μοναχός nur der Zeit nach fern. Diese Bemerkung habe ich zu Terminus in Quem p. 30 nachzutragen.' — 'ἔριζεν certabat, gewöhnlich, nicht also überhaupt nicht.' Derselbe.

374. Die überlieferte Lesart ῥίπτασκε als eine Unform verwerfend schreibt Fick d. hom. Od. p. 224 ϝρίψασκε, daneben p. 231 ῥίπτεσκε als möglich hinstellend. Schon Kirchhoff schrieb ῥίψασκε und so jetzt Cauer.

377. In der Auffassung dieser Stelle bin ich Adam in d. Blätt. f. bayersch. Gymnasialschulw. 1871, VII p. 131 ff. gefolgt, welcher über die Verschiedenheit der beiden Produktionen bemerkt:

"Wir haben also bei dieser Solopartie (μουνάξ ὀρχήσασϑαι) des Halios und Laodamas zwei Arten der Produktion, nämlich Luftsprünge mit dem Balle, wobei besonders ihre Behendigkeit und Geschicklichkeit den Ball zu werfen und im Sprunge wieder aufzufangen zur Geltung kam und vielleicht etwas ruhigere nach dem Rhythmus der Musik ausgeführte Bewegungen in oft wechselnden Stellungen, die nicht blofs Gelenkigkeit der Beine, sondern auch Biegsamkeit des Oberkörpers, sowie rhythmische Bewegung der Arme in sich schlossen (vgl. Guhl und Koner das Leben der Griechen und Römer I p. 299)."

378. χϑονὶ πουλυβοτείρῃ, stabiler Versschlufs, gewöhnlich mit vorhergehendem ἐπί, wie μ 191. Γ 89. 195. Θ 73. M 158. Φ 426; nur hier mit ποτί (vgl. zu λ 423), nur Z 213 mit ἐνί, wie Bekker statt des handschriftlichen ἐπί verbessert hat, der blofse Dativ mit πέλασε χϑονὶ π. Θ 277. M 194. Π 418. Einmal getrennt in dem Ausgange χϑονὶ πίλνατο πουλυβοτείρῃ Ψ 368. Ebenso am Versende ἐπὶ χϑόνα πουλυβότειραν Γ 265. Λ 619; mit ἀνά τ 408. einmal der blofse Akkusativ Ξ 272.

380. Diese Schreibart εω als Spondeus im ersten Fufs und ωο mit daktylischer Messung im zweiten Fufs ist durch die bessere Überlieferung sichergestellt, wie durch Didymus zu Ω 701 und durch den Harl. zu χ 130. ψ 46. ω 204. Vgl. La Roche Hom. Textkritik p. 262. Bekker hat diese Schreibart überall eingeführt: denn die Abweichungen, die sich bei ihm ϑ 380. λ 583. B 320. M 336. 367. N 293. P 355. T 79 im Text oder in der annotatio vorfinden, beruhen auf Druckfehlern oder Versehen; vgl. H. Rumpf in Fleckeisens Jahrb. 1860 p. 583.

384. G. Curtius Etym. [2] p. 337, [4] p. 379 bemerkt: 'Auch ἑτοῖμο-ς wird wie ἔτυ-μο-ς ursprünglich wirklich, vorhanden bedeuten.' Das findet durch unsere Stelle eine Bestätigung.

388. Die Auffassung des Verses ist gegeben nach Lehrs bei Kammer die Einheit p. 772.

390. Über die Zwölfzahl dieser Unterkönige vgl. H. Leo Lehrb. der Universalgesch. I[3] p. 267. Die Sache erinnert an die aristokratische Verfassung in Attika vor Theseus, wo über den zwölf Dynasten der zwölf Distrikte der König stand, ferner an den von zwölf gotischen Fürsten umgebenen Odin.

393. Über den Begriff von τάλαντον vgl. aufser H. Weissenborn Hellen (Jena 1844) p. 67 not. 250, Böckh Metrol. Unters. p. 33, Naber quaestt. Hom. p. 62, jetzt besonders Fr. Hultsch Metrol. p. 104,[2] p. 128.

394. ἀολλέα, statt des früher gewöhnlichen ἀολλέες, schreiben auch Düntzer, La Roche, Nauck, Hinrichs, Cauer nach den meisten Handschriften. Das Neutrum ist das einfachere, weil es sogleich wieder bei ἐνὶ χερσὶν ἔχων als Objekt vorschwebt. — Das ἐνὶ χερσίν steht hier wie noch φ 399 am Versschlufs, sonst

findet sich überall nur *ἐν χερσί*. Diese Bemerkung mit Bezug auf Meineke zu Theokr. 3, 40.

396. Statt der überlieferten Lesart *ἓ αὐτόν* haben Düntzer, Cauer und Nauck die Konjektur *ἓ αὐτός*, die von H. J. Heller im Philol. XI p. 585 vorgetragen, aber schon von Stephan Bergler gemacht und von G. Hermann Opusc. I p. 315 behandelt worden ist, sich angeeignet und in den Text gesetzt. Mifslich bleibt die von Ameis und Kayser gegebene Erklärung von *αὐτόν* allerdings, da der das betonte *αὐτόν* erklärende Gedanke: ohne auch uns, den durch die Verletzung des Gastes gleichfalls beleidigten, Genugthuung geben zu müssen — doch schwerlich so ohne weiteres im Sinne des Sprechenden liegend angenommen werden kann. Eher läfst sich *ἓ αὐτόν* im Gegensatz zu der vorhergehenden Aufforderung ihm als *ξεῖνος* Geschenke zu geben, fassen: ihn persönlich versöhnen, sofern ein freundliches Wort der Abbitte den Sprechenden jedenfalls in eine unmittelbarere Beziehung zu der Person setzt als die Gastgeschenke.

403. Über das Verhältnis dieser ganzen Scene zu *Ψ* 537. 560 ff. vgl. Gemoll im Hermes XVIII p. 85 f., welcher der Iliasstelle die Priorität erteilt.

404. Vgl. zu *σ* 196. Sil. Ital. XVI 207. Bei Pausanias I 12, 4 wird erzählt, dafs man vor den Zügen Alexanders des Grofsen keinen Elephanten in Europa gesehen habe, so dafs ihn auch Homer nicht erwähne, ungeachtet das Elfenbein durch den Handelsverkehr der Phöniker schon seit den ältesten Zeiten bekannt gewesen sei. Das Elfenbein wird im Homer erwähnt: *δ* 73. *τ* 56. 564. *φ* 7. *ψ* 200. *Δ* 141. *E* 583, vgl. Helbig d. hom. Epos [2]p. 110 f. 425. — Statt *νεοπρίστου* vermutet Nauck in d. Mélanges Gréco-Rom. V 2 p. 115 *ἐυπρίστου*.

408. *πατήρ* statt des überlieferten Vokativ *πάτερ* empfehlen Naber Quaestt. Hom. p. 135, Hartel in d. Wiener Sitzungsber. 68 p. 456 und Wackernagel in Bezzenbergers Beiträg. IV p. 281, *χαῖρε πάτερ μοι ξεῖνε* Nauck in d. Mélanges Gréco-Rom. V 2, p. 123. — Über die dem *εἴ περ* mit Emphase vorgesetzten Wörter vgl. *λ* 113. *μ* 140. *ν* 143. *ρ* 14. *K* 225. *Λ* 116. *Π* 263. 847. *X* 191. Vgl. auch zu *ρ* 223 und zu *τ* 567. *υ* 47. *φ* 254. *ω* 507. Krüger Di. 54, 17, 12.

409. Vgl. *Δ* 363. Apoll. Rh. I 1334. Horat. carm. I 26, 2 mit der Note von C. W. Nauck.

414. Die gewöhnliche Erklärung, die auch Ameis gab: 'Mögest du nie in eine bedrängte Lage kommen, in der du dies Schwert vermissen könntest', leidet an mehr als einem Bedenken. Euryalos hat den hohen Wert des reich geschmückten Schwertes hervorgehoben, nicht dafs es ihm gleichsam als sein Kampfschwert besonders lieb sei: daher der Gedanke an eine bedrängte Lage durchaus fern liegt. Sodann bleibt bei dieser Erklärung die Be-

ziehung von μετόπισθε zu δή, von ποθή zu δῶκας aufser Acht, überhaupt kommt der ganze nachdrückliche Zusatz zu ξίφεος in 415 nicht zu seinem Recht, er könnte eben so gut fehlen. Aus diesen Erwägungen ist die gegebene Erklärung hervorgegangen.

417. Scotland im Philol. XXXXV p. 1 verwirft den Vers und will 418 im Eingange δῶρα δ' ἐς statt καὶ τά γ' ἐς schreiben.

418. Die Formen ἀγανόν, ἀγανοί, ἀγανούς stehen überall am Versschlufs, die übrigen Formen stets in der bukolischen Cäsur.

425. αὐτή statt des handschriftlichen αὐτῇ empfahl Povelsen Emendatt. p. 12 nach den Schol. B. Q.: καὶ αὐτὴ δὲ πρόσφερε τὸ φᾶρος καὶ τὸν χιτῶνα. Dann hat Bekker hier wie 441 αὐτή geschrieben und darüber im Berliner Monatsbericht 1861 p. 585 (Hom. Blätter I p. 273) bemerkt: 'selber d. h. deinerseits, als deinen Beitrag zu dem Gesamtgeschenk. Ebenso 441. αὐτῇ war überflüssig, weil es sich von selbst verstand, gerade wie αὐτῷ sich 436 zu beiden Präpositionen versteht: beide sind als Adverbien zu fassen.' Ihm sind Faesi, Nauck, Cauer gefolgt. Ameis hielt αὐτῇ fest, aber wie 441 die handschriftliche Lesart αὐτή durch den Gegensatz zu τά οἱ Φαίηκες ἔδωκαν 440 gerechtfertigt ist, so ist auch hier, da unmittelbar vorher die Geschenke der Phäaken der Königin übergeben sind, der persönliche Gegensatz der natürlichste, natürlicher als der bei αὐτῇ von Ameis gedachte: in dieselbe Truhe, in welche nämlich die Geschenke der andern kamen, — der 441 nach dem Vorhergehenden τίθει δ' ἐνὶ κάλλιμα δῶρα allerdings auch möglich wäre. Darf man auf die sonst im Epos übliche Übereinstimmung in den Angaben über Anordnung und Ausführung einer Sache Gewicht legen, so empfiehlt sich jedenfalls eher 425 nach 441 αὐτή zu schreiben, als umgekehrt mit Ameis 441 αὐτῇ zu korrigieren nach 425.

429. Nauck schreibt ohne handschriftliche Auktorität, aber gestützt auf die gut beglaubigte Lesart οἶμος im hymn. Herm. 451 οἶμον statt des handschriftlichen ὕμνον. Vgl. desselben Mélanges Gréco-Romains III p. 21 f. Die Ableitung des letzteren, nur hier bei Homer vorkommenden Wortes von W. ὑφ weben (G. Curtius Etym.[4] p. 297), welche hier die ansprechende Deutung 'Gewebe des Gesanges' (vgl. Γ 212 μύθους καὶ μήδεα ὑφαίνειν) ergeben würde, ist zweifelhaft: vgl. Fick Vergl. Wörterb. [3] I p. 230 unt. sumna, Christ Lautlehre p. 135. Neuere Deutungen: Brugmann in G. Curtius Stud. IX p. 256 von W. siv siu nähen vgl. aind. sjū-man Land, Streifen, so dafs ὕμνος und ῥαψῳδία sich decken; H. D. Müller d. indogermanische Sprachbau I, Göttingen 1879 p. 318 aus (einer Weiterbildung der W. sa) sam, sim, sum vgl. mhd. nhd. summe tönen für συμνός Lied, Gesang.

435. πυρὶ κηλέῳ als Versschlufs wie ι 328. Θ 235. Σ 346. Χ 374. 512; nur Θ 217 steht es in der bukolischen Cäsur. Zur

Ableitung des Wortes von κῆλον (wie μήλειος von μῆλον) bemerkt Döderlein Hom. Gloss. § 2105: 'mit Feuer aus Brennholz, im Gegensatz des θεῖον πῦρ, des Blitzes und ähnlicher Naturerscheinungen.' Richtiger aber wird es wohl von καίειν κῆαι abgeleitet; vgl. Lobeck Rhem. p. 286 und Path. Elem. I p. 418. Dagegen über das nicht mit καίειν zusammenhängende κῆλον 'Geschoss' vgl. G. Curtius Etym. I No. 55, [4] p. 148. — 436. Wegen der umgebenden Imperfekta hält Cobet Miscell. crit. p. 419 ἔχεον statt ἔχεαν für notwendig und so hat Cauer jetzt geschrieben.

443. Die Art der Umschlingung dieses Knotens zeigen uns die Abbildungen der *cistae mysticae* auf den Kistophoren. Dieselbe Sitte bei Herod. III 123: καταδήσας δὲ τὰς λάρνακας εἶχε ἑτοίμας, mit der Note von Bähr. Auch Plinius N. H. XXX 1, 4 berührt die *conditas arcis vestis et eas conligatas nodi, non amuli nota*, wo das am Schlusse negierte *non amuli nota* mit Bezug auf die spätere Sitte des Versiegelns gesagt ist. Man lehrte jene künstliche Verknotung als eine Art geheimer Tradition, wie nach 448 Kirke den Odysseus. Sprichwörtlich waren später zur Bezeichnung einer unauflöslichen Schwierigkeit der Knoten des Odysseus, der Heraklesknoten, der Gordische Knoten, den Plutarch Alex. 18 ebenfalls δεσμός nennt.

444. H. Köchly Verhandl. der Philologen-Vers. zu Augsburg p. 49 und de Odysseae carmm. I p. 31, H. Anton im Rh. Mus. 1864 Bd. XIX p. 441, W. Hartel in der Zeitschr. f. d. österr. Gymn. 1865 p. 337, Bergk griech. Litteraturgesch. I p. 680 und Kammer die Einheit p. 461 ff. finden in diesem αὖτε eine anmutige Anspielung auf das Unglück mit dem Windschlauche κ 28 ff. und urteilen demnach, jeder nach seinem Prinzip, über die Interpolation unserer Stelle. Dagegen hat Düntzer hom. Abhandlungen p. 579 ff. durch sprachliche Erörterung von αὖτε, welchem er demonstrative Bedeutung, etwa die unseres da, beilegt und die Bedeutung wieder abspricht, sowie in der Schrift Kirchhoff, Köchly etc. p. 102 den angeblichen Widerspruch als auf einer sprachwidrigen Erklärung beruhend zurückgewiesen. Wie es mit jener von Düntzer angenommenen Grundbedeutung auch stehen mag, dafs αὖτε hier jedenfalls nicht eine Wiederholung zu bezeichnen braucht, erweisen deutlich folgende Stellen, wo mit αὖτε einfach eine zukünftige Handlung einer gegenwärtigen Situation gegenübergestellt wird: Α 340. Η 335. 459. I 135. vgl. auch Θ 142. Τ 127. Liegt aber in αὖτε nicht die Andeutung der Wiederholung einer bereits früher stattgefundenen Handlung und denkt Arete bei den Worten an den von Alkinoos η 318 angekündigten Schlaf, der regelmäfsig die auf einem Phäakenschiff Fahrenden befällt, so ist kein Grund mehr in den Worten eine Anspielung auf das Unglück mit dem Windschlauch zu finden. Auch Schmidt über Kirchhoffs Odysseestudien Kempten 1879

p. 10 f. weist die Ansicht von Köchly zurück, indem er bemerkt, dafs bei dieser Deutung αὖτε (= wiederum) bei δηλήσεται stehen müsse, und erklärt selbst αὖτε wieder einmal, wie du wohl schon früher hie und da gethan haben wirst [?], unter Verweis auf μ 279. κ 281. Α 338—42. Vgl. auch Seeck die Quellen d. Od. p. 174, 1. Auffallend ist in den Versen jedenfalls die Verdächtigung der eignen Leute im Munde der Königin, seltsam im Folgenden die Verbindung μιν δέδαε φρεσί 448, worüber Fulda Untersuchungen über die Sprache der homer. Gedichte p. 315 spricht — so dafs der Verdacht einer Interpolation nahe liegt. Jetzt hat Scotland im Philol. XXXXV p. 1 dem zugestimmt. Derselbe schlägt vor nach Tilgung von 442—48 im Anfang von 449 zu schreiben ξεῖνον δ' αὐτόδιον statt αὐτόδιον δ' ἄρα μιν. — 445. Statt der Überlieferung ἰὼν ἐν νηὶ μελαίνῃ hat Düntzer in Fleckeisens Jahrb. 1864 Bd. 89 p. 682 σὺν νηὶ μελαίνῃ vermutet. Aber das ἐν dürfte durch μ 264 und Τ 160 (verglichen mit ο 416) hinlänglich gestützt sein.

450. ἀσπάσιος Ϝίδε statt der Überlieferung ἀσπασίως ἴδε empfiehlt Cobet Misc. crit. p. 295.

452 f. sind nach Kirchhoff d. hom. Od. p. 213 eine Einlage des Bearbeiters, Fick hat die Verse aus seinem Texte ausgeschieden.

456—68. Dafs diese Abschiedsscene ursprünglich für den Eingang des 13. Gesanges bestimmt gewesen sei, nimmt Bergk griech. Lit. I p. 679 f. an und Köchly de Od. carmm. II p. 19 hat sie nach ν 63 eingesetzt. Fick d. hom. Od. p. 302 hat sie als Zusatz des Redaktors ausgeschieden, vgl. Kirchhoff d. hom. Od. p. 213. Vgl. auch die von Düntzer Kirchhoff, Köchly und die Odyssee p. 121 geäufserten Bedenken und dagegen Kammer die Einheit p. 125 ff., auch Frey Homer, Bern 1881 p. 32 f. und Scotland im Philol. XXXXV p. 2. — 461. Schwierigkeiten in dem Gebrauch von ἵνα findet hier Keil de particularum finalium Graec. vi principali et usu Hom. Halle 1880 p. 22 f., welche neben anderen Anstöfsen denselben dazu führen in 457—68 eine Interpolation anzunehmen. Auch Weber Entwicklungsgeschichte d. Absichtssätze I, Würzburg 1884 p. 22 bemerkt, dafs hier ἵνα zu einer äufseren Verbindungspartikel herabgesunken sei, da zwischen χαῖρε und μνήσῃ ἐμεῦ kein Gedankenverhältnis bestehe. [?]

469—531. In dieser Erzählung sieht Niese die Entwicklung d. hom. Poesie p. 180 eine nachträgliche Wiederholung des 62 ff. ursprünglichen Motivs. Nach Bergk griech. Lit. I p. 678 war dies vom Nachdichter verfafste Stück ursprünglich bestimmt sich an das erste Lied des Demodokos V. 62—68 anzuschliefsen, wurde aber durch weitere Nachdichtungen aus seiner Stelle verdrängt. Köchly de Od. carmm. III p. 18 verwirft 469—83 als Interpolation und versetzt 486—521 in die Rhapsodie 'Ὀδυσσέως ἀπόπλους'. Vgl. auch Nitzsch erklär. Anmerk. II p. XLVIII, Hartel in Zeitschr. f. d. österr. Gymn. 1865 p. 340 und dagegen Kammer die Einheit d. Od. p. 449 ff. und Scotland im Philol. XXXXV p. 5 ff.

487. Welcker Ep. Cycl.[1] p. 295 vgl. p. 347 vermutet unter dem poetischen Namen Demodokos eine wirkliche Person und zwar den blinden Dichter von Chios, in dessen Namen der Hymnus in Delos gesungen wird, das Haupt der Homeriden von Chios.

488. Hiermit harmoniert auch Hesiod. Theog. 94 bis 97. Der Sinn ist: dich können nicht menschliche Lehrer, sondern nur Gottheiten unterwiesen haben. Auf das Vorhandensein menschlicher Lehrer für den Heldengesang läſst auch χ 347 das αὐτοδίδακτος δ᾽ εἰμί schlieſsen, weil bereits ein besonderer Sängerstand sich ausgebildet hatte. Vgl. A. Jacob über die Entst. der Il. und Od. p. 10 f. Daſs Apollon hier als der inspirierende Gott der Weissagung zu denken sei, nimmt Nägelsbach Hom. Theol. II 25 p. 114 der Ausg. von Autenrieth an. Vgl. dagegen Bergk griech. Literaturgesch. I p. 428, Anm. 10, Nitzsch Beiträge zur Gesch. d. ep. Poesie p. 30, Welcker episch. Cyclus p. 356. Das accentuierte σέ γε ist soviel als σὲ τὸν τοιόνδε ἐόντα. Vgl. Bekker im Berliner Monatsbericht 1861 p. 847 (Hom. Blätter I p. 284).

489. Die Formel κατὰ κόσμον findet sich nur hier mit einem durch γάρ getrennten λίην, sonst geht unmittelbar vorher entweder εὖ K 472. Δ 48. M 85. Ω 622, oder οὐ B 214. E 759. Θ 12. P 205. γ 138. ϑ 179. ξ 363. υ 181.

490. Bekker hat den Vers athetiert, auch H. Anton im Rh. Mus. 1864 Bd. XIX p. 417 sieht darin den Zusatz eines Interpolators, der eine ausführliche Erklärung vom οἶτος Ἀχαιῶν geben wollte. Ebenso urteilen Kirchhoff d. hom. Od. p. 214, Fick d. hom. Od. p. 316, Köchly de Od. carmm. II p. 19. Nauck scheint auch 491 verdächtig.

492. Gegen Ameis' Auffassung von μετάβηϑι (Übergang von dem erheiternden Gesange (368) wieder zu einem ernsteren) ist von Anton im Rhein. Mus. 1864, XIX p. 429 f. mit Recht bemerkt, daſs es nicht einfach sei μετάβηϑι seiner Beziehung nach an V. 488, statt an 489. 490 anzuknüpfen und solche Verbindung nur möglich sei, wenn man den zweiten Gesang des Demodokos für ebenso ursprünglich als diesen dritten halte. Der Zusammenhang 488—491 führt ungezwungen nur auf die in der Anmerkung gegebene Auffassung. Vgl. auch Nitzsch Beiträge zur Gesch. d. ep. Poesie p. 197.

494. Den Akkusativ δόλον bieten alle Hss.; nur eine Variante im Vind. 133 giebt δόλῳ, das hier teils prosaisch teils weniger bezeichnend ist, wiewohl es im Schol. H. als Lesart des Aristophanes und Aristarch aufgeführt wird. Auch Vergilius

Aen. II 264 hat in der Nachahmung *ipse doli fabricator Epeos* das δόλον wiedergegeben. Über die Ableitung bemerkt G. Curtius gr. Etym. I p. 203,⁴ p. 236: 'für die Verwandtschaft von δόλος und δέλεαρ ist μ 252 beweisend.' Übrigens wird der δούρειος ἵππος bei Plutarch Them. 5 sprichwörtlich erwähnt.

495. οἵ ῥ', was hier vorzüglich pafst, statt des gewöhnlichen οἵ, aus Harl. und andern Hss. Bekker giebt wegen des eingeführten Digamma οἳ Fίλιον. Köchly de Od. carmm. II p. 19 betrachtet 494 und 495 als unpassende Kompilation.

499. Eine durchaus abweichende Erklärung des Verses bei Bergk griech. Literaturgesch. I p. 434 Anm. 31, mit Recht zurückgewiesen von Düntzer die homer. Fragen p. 159. — φαίνω und φημί hängen aufs engste zusammen, da beide zur Wurzel φα gehören, die sich in die beiden Hauptbedeutungen **sprechen** und **leuchten** (scheinen) teilt. Vgl. A. Göbel in Mützells Z. f. d. GW. 1860 p. 421 und 'Homerica' p. 5, Fick Vgl. Wörterb. ²p. 1035.

500. ἔνθεν ἑλών will Bergk Rhein. Mus. 1864 Bd. XIX p. 602 und griech. Literaturgesch. I, 389 in ἔνθεν ἑλῶν verbessert wissen. Vgl. dagegen Nitzsch Beiträge zur Gesch. d. ep. Poes. p. 200 f. — Diese Stelle hat vor Augen Heliodor V 16 f. Vgl. auch Köchly zu Quintus Sm. IV 148. — 502. Über ἤδη vgl. besonders Bäumlein Griech. Part. p. 141 ff.

508. Nach dieser Stelle hat man die Burg an einer Seite unzugänglich und abschüssig zu denken, so dafs das Rofs seitwärts an den Rand gezogen und **von den Felswänden hinabgestürzt** werden konnte. Arktinos hat nach Proklos Bericht κατακρημνίσαι, und Tryph. 253 δολιχοῖσιν ἐπὶ κρημνοῖσιν ἀράξαι. Dagegen hat Vergilius Aen. II 36 nach andern Quellen die Sache verändert. Hinsichtlich der Frage nach der Lage Trojas vgl. Hasper Beiträge zur Topographie der hom. Ilias, Brandenburg 1867, u. dagegen Christ in d. Sitzungsber. d. Kön. Bayer. Akad. philos.-philol. Kl. 1874 p. 216, Anm. 18.

509. Über die Etymologie und Grundbedeutung von ἐάω vgl. L. Kraushaar in G. Curtius Stud. II p. 429 ff. und dazu Bugge in Fleckeisens Jahrbb. 1872 p. 95, über die Entwicklung der Konstruktion des Akk. c. Inf. bei diesem Verbum Hentze in der Zeitschr. für d. Gymnasialwesen XX p. 728 f.

520. Die Zusammenstellung von τολμήσαντα νικῆσαι hat ihre Parallele in ὑποσχόμενος τελέσειεν Κ 303, ἐφορμηθεῖσα κίχησιν μ 122, λοχησάμενος λελαβέσθαι δ 388 u. a., sofern korrespondierende Handlungen oder korrespondierende Momente derselben Handlung mit Vorliebe unmittelbar zusammengerückt werden. Dies hat öfter zur Folge, dafs Objekte oder adverbiale Bestimmungen des Hauptverbums durch das Partizip von diesem getrennt werden, wie μ 388

τυτθὰ βαλὼν κεάσαιμι, ω 90 μάλιστα ἰδὼν θηήσαο, λ 423 ποτὶ γαίῃ χεῖρας ἀείρων βάλλον. Die Verteilung beider Verba auf den Schlufs des ersten und den Anfang des zweiten Verses, wodurch die korrespondierenden Begriffe einen besondern Nachdruck erhalten, findet sich ebenso, wie hier: λ 423. 424 ἀείρων βάλλον, ξ 214. 215 εἰσορόωντα γιγνώσκειν, β 314 315 ἀκούων πυνθάνομαι, ähnlich ν 29. 30 παμφανόωντα δῦναι. Durch diese Einflüsse ist die Stellung von καὶ ἔπειτα (vgl. θ 510) nach νικῆσαι im Wesentlichen bestimmt. — διά eigentlich 'durch', dann vermittelst, zufolge, nach, wie 82. λ 276. 437. ν 121. τ 154. 523. ψ 67. Α 72. Vgl. Sintenis zu Plut. Themist. c. 18 in der lat. Ausgabe von 1832. Zu Krüger Di. 68, 23. Nie findet sich in diesem Sinne bei Homer διά mit dem Genetiv. Der Versschlufs διὰ μεγάθυμον Ἀθήνην noch ν 121. Sonst wird das Beiwort μεγάθυμος nirgends bei Homer einer Gottheit beigelegt.

523. ὡς δὲ γυνὴ κλαίῃσι. 'Der Konjunktiv in solchen Fällen ist bedingt durch das Modusgesetz und den damit zusammenhängenden Mangel eines Artikels. ὡς δὲ γυνὴ κλαίει würde ein Faktum, einen bestimmten Fall und also eine bestimmte Frau bezeichnen; es hiefse nun den Hörer zum besten haben, wenn er aus dem Folgenden entnehmen müfste, dafs im gedachten Vergleich gar keine bestimmte Frau gemeint sei, auf deren Nennung er eben gewartet, d. h. wenn dieselbe Ausdrucksweise durch Indikativ zugleich auch den blofs gedachten Fall sollte andeuten können. Dafs die Scheidung durch die Modi aber dann einen blofsen (attischen) Artikel unnötig macht, leuchtet ein. Interessant ist es aber, dafs durch das längere Verweilen bei dieser nur gedachten Scene dieselbe im weitern Verlauf für den Griechen solche Lebendigkeit gewinnt (schon 526 ἡ μὲν τόν), dafs das Bild gleichsam wirkliches Leben wird, daher nachher besonders in dem Hauptmoment desselben der Modus der Bestimmtheit κωκύει (527) εἰσανάγουσι (529) hervortritt. Es ist für das Gemüt des Hörers sehr ansprechend, dafs nicht die anfängliche Reflexion das Feld behauptet, sondern der kalte Verstand dasselbe dem teilnehmenden Herzen räumen mufs.' G. Autenrieth. Es ist dies zugleich eine grammatische Begründung der sachlichen Erklärung von Lessing Laokoon XVI.

529. Über εἴρερος vgl. Döderlein Reden und Aufs. II p. 118, Lobeck Path. Elem. I p. 176 not. 43, G. Curtius gr. Etym. I No. 518, [4] p. 355, auch Fritzsche in G. Curtius Stud. VI p. 319. Für dies ἅπαξ εἰρημένον scheint der Begriff einer konkreten Lokalität am nächsten zu liegen, was auch in der Glosse des Schol. P. mit dem spätgriechischen Worte ἢ κούσπον angedeutet ist. Dafs die 'Gefangenschaft' oder das 'Gefängnis' auf der Burg zu denken ist, scheint das ἀνά in εἰσανάγουσι zu beweisen, wenn man dies Kompositum nicht von der Schifffahrt

versteht wie β 172. Übrigens findet sich die geschilderte Grausamkeit nur hier, aber ähnliche Beispiele der Barbarei vgl. zu σ 339. Nitzsch Beitr. zur Gesch. der ep. Poesie p. 328 not. 39 behauptet, dafs hier 'das Einsperren' als 'ein der Sitte widerstreitender Zug eingeführt' sei, weshalb er p. 338 not. 54 'in den Versen 526—529 ein Einschiebsel, eine übertreibende Ausmalung der Scene' erkennen will. Auch Nauck bezeichnet 526—530 als suspecti, und Kammer die Einheit p. 448 Anm. stimmt Nitzsch bei. Vgl. auch Köchly de Od. carmm. III p. 18. Der Versschlufs wie N 2.

531. Vgl. Bernhardy Synt. p. 58. Über den Wechsel und die Ableitung der Verba εἴβειν und λείβειν Lobeck Path. Elem. I p. 108 sq. Über den ganzen Zusammenhang, in welchem das Lied des Demodokos mit der nachfolgenden Erzählung des Odysseus steht, macht Wilhelm Hartel in der Zeitschr. f. d. österr. Gymn. 1865 p. 340 folgende gute Bemerkung: 'Es giebt kein natürlicheres und mehr poetisches Motiv, Odysseus' Selbsterzählung einzuleiten, als das Lied des Demodokos. Dafs der edle Dulder bei der Erinnerung an das, was er im Verein mit edlen Helden gethan und gelitten, in Thränen ausbricht, ist eben so wahr gedacht, als dafs Alkinoos, der allein diese Thränen bemerkt, von ungewisser Ahnung ergriffen nach des Gastes Herkunft fragt.' Dazu fügte Ameis: 'Um aber zu zeigen, dafs der Wechsel der dazwischen liegenden Scenen keine Änderung in der Sachlage und Stimmung des Odysseus herbeigeführt habe, hat die altertümliche 'Breite' der homerischen Dichtungsweise eine Wiederkehr derselben Situation mit Wiederholung des 'poetischen' und 'wahr gedachten' Motives eintreten lassen. Auch G. Hermann De Iteratis apud Homerum p. 6 findet die Wiederholung der Verse 93 bis 97 in 532 bis 536 notwendig und natürlich.' Dagegen bemerkte A. Römer in brieflicher Mitteilung: '532 ff. scheint mir hier unerklärlich, wenn man nicht etwa annimmt, dafs die übrigen Phäaken mit Blindheit geschlagen waren. Das wichtigste Moment V. 84. 85 κάλυψε δὲ καλὰ πρόσωπα vgl. 92 ist hier übergangen.' Nach Kammers Ausführungen p. 450 ist diese auffallende Verschiedenheit von der ähnlichen Situation 84 ff. daraus zu erklären, dafs Odysseus hier durch den selbst gewünschten Gesang vom hölzernen Pferde die folgende Erkennungsscene herbeiführen will. 'Er kann und will nicht seine Rührung bemeistern, er verhüllt sich nicht mit dem Mantel: so sitzt er da in Wonne und Schmerz aufgelöst und hätte von allen Phäaken bemerkt werden können, wenn diese nicht ihre ganze Aufmerksamkeit dem Sänger bis dahin geschenkt hätten: nur Alkinoos, der diesmal neben dem Fremden sitzt [V. 95 scheint ihm aus 534 ungehörig übertragen] — es ist das hier ausdrücklich gesagt 469 — hört den βαρὺ στενάχοντος.' Indes hat Scotland im Philol. XXXXV p. 7 ff. gegen

Kammers Erklärung begründete Bedenken erhoben und die Ansicht ausgesprochen, dafs 532—534 zu Unrecht aus 93—95 entlehnt seien und 535 (= 96) ursprünglich gelautet haben möge: αἶψα δ᾽ ἄρ᾽ Ἀλκίνοος τότε Φαιήκεσσι μετηύδα.
536—586. In dieser Rede findet Seeck die Quellen d. Od. p. 180 einen klaffenden Rifs zwischen dem ersten Abschnitt 536 —571 und dem zweiten 572—86, indem die zusammengehörigen Fragen von einander getrennt seien, und weist die beiden Abschnitte verschiedenen Quellen zu; vgl. denselben auch p. 172 f. Köchly de Od. carmm. I p. 35 f. hat aus der Rede 551—553. 556—572. 575 f. 578—86 ausgeschieden, W. C. Kayser bei Faesi zu V. 550 sieht in 550—577 das Stück eines spätern Bearbeiters, der die Ἀλκίνου ἀπόλογοι in das vorliegende Gefüge des Epos zu verweben hatte. Kirchhoff d. hom. Od. p. 215 verwirft 572—586 als Zusatz des Bearbeiters. Vgl. aufserdem unten zu 546 und 564.

538. οὐ γάρ πως haben fast alle Handschriften: vgl. darüber und über den Gebrauch von οὐ γάρ πω La Roche in der Adnotatio critica.

540. Da nämlich die Präposition und der dazu gehörige Kasus des Nomen gleichsam in einen Begriff verschmelzen, so ist es gleich, ob die Partikeln δέ und τέ der Präp. oder dem dazu gehörigen Nomen nachgesetzt werden. Die Stellung der Partikeln gleich hinter der Präp. ist zwar das regelmäfsige, doch findet sich auch häufig die Anfügung hinter dem Kasus des Nomen, so dafs also die Partikel an dritter Stelle steht. So δέ α 212. γ 458. ϑ 540. κ 518. ξ 120. σ 253. φ 299. Α 461. Β 194. 424. 808. Δ 96. Η 248. Θ 492. 505. 545. Κ 430. 474. Λ 151. 273. 513. Ν 7. 497. 657. 779. Ξ 229. Ο 69. 313. Π 293. Ρ 607. Ψ 254. 338. Ω 274. 275. 459. Und τέ κ 68. π 140. Krüger Di. 68, 5, 1. Ebenso steht δέ und τέ an dritter Stelle, wo statt der Präposition mit ihrem Nomen zwei andere Worte einen Totalbegriff bilden oder wenigstens als eng zusammengehörig betrachtet werden, wie δέ ζ 155. κ 29. ρ 14. τ 202. 500. Α 54. Β 329. Ο 72. 244. 743. Ρ 170. Ω 665. Und τέ in Ε 442. Ψ 295. Ω 250. Vgl. Bekker Hom. Blätter I p. 286. Dieselbe Stellung gilt von γάρ, worüber zu ρ 317. Analog hiermit ist der Umstand, dafs τέ überhaupt bei einem Wörterkomplex in freierer Stellung erscheint, besonders wo die Beziehung auf ein folgendes καί stattfindet: α 385. β 232. ζ 191. ξ 403. σ 276. τ 368. χ 324. Α 417. Β 136. Ε 878. Ζ 317. Ρ 316. Σ 473. 514. Φ 569. Ψ 146. Ω 36. 632. Vgl. Franz Schnorr v. Carolsfeld Verborum collocatio Homerica p. 30 sqq., Bäumlein Gr. Part. p. 212. Aus den Spätern geben zahlreiche Beispiele die in Matthiä Gram. § 626 p. 1503 der 3n Ausg. unter s. t. u. angeführten Gewährsmänner.

Übrigens folgt hier das δέ im Nachsatz zu dem vorhergehenden ἐξ οὗ, wie N 779. Dies zu Krüger Di. 65, 9, 2.

545. 'πομπὴ καὶ φίλα δῶρα κτλ. habe ich eigentlich nie recht verstanden; ich nahm immer das τάδε 544 allein von dem Mahle und dem Liede des Sängers, welches mir allein in diesem Zusammenhang richtig zu sein schien, zudem es ja Odysseus war, der zu dem Liede des Demodokos aufgefordert hatte. Soll sich wohl πομπή, als Zurüstung zur Entsendung, auf die beim Mahle anwesenden Ruderer beziehen?' A. Römer. — Diese begründeten Bedenken sind von den zum folgenden Verse genannten Gelehrten im Zusammenhange mit andern behandelt.

546. Über ἀντί mit εἶναι handelt Lehrs de Arist. p. 120, [2] 114. Zum Gedanken vgl. Ps. 35, 14. Das Verhältnis zwischen Brüdern wird oft als der Mafsstab für die Wertschätzung anderer Menschen angenommen. Vgl. Xen. Kyr. VIII 7, 14. Apomn. II 3, Nägelsbach nachhom. Theol. V 2, 50, und jetzt besonders L. Schmidt die Ethik d. alten Griechen II p. 157. Übrigens ist Friedländer Anal. Hom. in Fleckeisens Jahrb. Suppl. III 472 geneigt die Stelle 542 bis 549 als interpoliert zu betrachten, indem er an τάδε 544, an dem gleichen Versausgange 544 und 546, an τῷ 548, endlich an dem Asyndeton 546 Anstofs nimmt. Um das letztere zu entfernen, hat M. Axt wiederholt ἀντὶ κασιγνήτου δ' ἱκέτης ξεῖνός τε vorgeschlagen. Gegen 545 und 546 f. spricht auch Köchly de Od. carmm. I p. 35 unter Zustimmung von Düntzer Kirchhoff, Köchly etc. p. 102, welcher auch 544 entfernen will und die ganze Partie bis 572 verdächtigt. Nauck bezeichnet 546 und 547 als verdächtig. Kirchhoff d. hom. Od. p. 214, Fick und Hinrichs bei Faesi haben 545—547 als Interpolation ausgeschieden. Nach Bergk griech. Litterat. I p. 681 ist 545 eingeschoben, um auf die Gastgeschenke und die betreffende Scene, welche der Ordner vorher eingeschaltet hatte, hinzuweisen.

551. Bekker hat οἵ hier in οἱ verwandelt und dadurch die Substantivierung mit dem vermeintlichen Artikel in bedenklicher Weise erweitert. Vgl. auch Σ 49 und ν 208. ω 84.

560. Statt πόλιας hat Bekker an den angeführten Stellen aus Konjektur die Form πόλις eingeführt. Auch statt des überlieferten πόλει hat er 569 und an andern Stellen πόλι gegeben. — 'πόλιας scheint πόλις nicht πόλjας (wie πόλjος B 811) gesprochen worden zu sein, d. h. die ursprüngliche Länge des ι hätte sich hier behauptet, wie auch die Endungen — ηος, ηι, ηες, ηας (über welche Delbrück in G. Curtius Stud. II, 1 zu vergleichen ist) bezeugen; aufserdem wäre auch nicht recht begreiflich, wie das Neuionische zu der Form πόλῑς (wie πόλῑσι) gelangt sein sollte.' G. Autenrieth.

564. Bekker giebt das relative ὥς ποτε und hat 564 bis 571 athetiert, weil Schol. Q zu ν 173, wo Aristonikos spricht,

bemerkt hat: μετάκεινται εἰς τὰ κατ' ἀρχὴν πρὸς Ὀδυσσέα ὑπὸ Ἀλκινόου λεγόμενα. Carnuth Aristonic. p. 85: ἀθετοῦνται· οἰκειότερον γὰρ ἐν τοῖς ἑξῆς (ν 172 seq.) ὅταν ἴδωσι τὴν ναῦν ἀπολελιθωμένην ὑπὸ τοῦ Ποσειδῶνος [ὥστε ἀναμιμνήσκονται] unter Vergleichung von κ 330, etc. Vgl. auch Ludwich Aristarchs hom. Textkritik I p. 572. Auch Nitzsch Sagenpoesie p. 155, Scotland im Philol. XXXXV p. 9f., La Roche in Zeitschr. f. d. österr. Gymn. 1863 p. 192 verwerfen 564—71, Fick hat 564—76 ausgeschieden, vgl. Kirchhoff d. hom. Od. p. 214. — Dafs 565 Aristarch ἀγάασθαι gelesen habe statt ἀγάσασθαι, ist eine Vermutung von La Roche Didymus p. 25. Dagegen vermutet Naber Quaestt. Hom. p. 103 als ursprüngliche Lesart ἀγάσεσθαι und so hat Cauer geschrieben. Vgl. Ludwich Arist. hom. Textkritik I p. 600 zu ν 173. Zur Sache vgl. Doerries über den Neid der Götter bei Homer p. 28 ff.

571. Ansprechend ist hier die von Barnes und Povelsen (Emendd. p. 12 sq.) nach den Winken der Scholien gegebene Konjektur εἰῷ statt εἴη.

578. Bekker giebt hier aus Konjektur ἡρώων Δαναῶν mit einem 'cf. Θ 353' und καὶ Φίλλου. W. C. Kayser zur Stelle vermutet νείκεα Ἀργείων, sodafs in den beiden Gliedern die Gegenstände der beiden Lieder 75—83 und 500—521 angegeben waren. Nauck vermutet statt Ἀργείων — ἀχρεῖον oder wie Bekker ἡρώων. Fick d. hom. Od. p. 231 schreibt Ἀργείων τε νάων καὶ Φίλλω οἶτον ἀκούων nach ι 15, van Herwerden im Hermes XVI (p. 351—79) vermutet: Ἀργείων τε δόλον καὶ Φίλλου. Vgl. dagegen Hinrichs bei Faesi. Gladstone Hom. Studien von Schuster p. 78 will Δαναῶν adjektivisch verstanden wissen mit der Begründung: 'denn Homer, der ein achäisches, pelasgisches und iasisches Argos hat, konnte auch von Danaer-Argivern sprechen mit dem Hintergedanken, dafs es auch aufserhalb Griechenlands Bewohner von Niederungen gab. Dagegen gab es, so viel wir wissen, keine andern Danaer als eine einzige griechische Dynastie. Auch gebraucht Homer in anderen Stellen Δαναοί als Beiwort von ἥρωες und αἰχμηταί (B 110. 256. O 733. M 419), nicht aber Ἀργεῖοι. Es scheint, als ob dem Worte Ἀργεῖοι noch etwas von der alten Bedeutung eines *colonus* anklebte. Als Beiwort von Helena und Hera hat es aber rein lokale Bedeutung.' Bergk griech. Litterat. I p. 681 weist 578—80 dem Ordner zu.

580. ἵν' ἕησι statt der Überlieferung ἵνα ᾖσι verlangt die homerische Sprache: Ahrens Beiträge zur griech. u. lat. Etymol. I p. 130. Ebenso urteilen Leo Meyer in Kuhns Zeitschr. IX p. 378 und Cobet Misc. crit. p. 424 und Kirchhoff hat so geschrieben.

583. Bergk im Ind. lectt. Marburg 1850: commentatt. crit.

spec. V p. 6 nimmt Anstofs an αὐτῶν und vermutet αὖ τῶν: secundum liberos et rursus illorum liberos (nepotes).

585. Hier führen handschriftliche Spuren auf ἐπεὶ οὐ μέν τοί τι κασιγνήτοιο, so dafs dann ἐπεὶ οὐ wie anderwärts Synizese bildet. Zum Gedanken vgl. Sprüchw. Sal. 18, 24.

ι.

1—38. Zu dieser Einleitung vgl. Kayser hom. Abhandl. p. 8. 30 f., welcher in derselben ein jüngeres Stück erkennt, bestimmt zwischen ursprünglich selbständigen Liedern eine Verbindung herzustellen, und dies aus zahlreichen Entlehnungen und eigentümlichem Sprachgebrauch zu erweisen sucht. Ähnlich urteilt Niese d. Entwicklung d. hom. Poesie p. 181. Vgl. auch v. Wilamowitz-Möllendorff Homer. Unters. p. 130.

3. 4. Diese Verse waren nach Strabo XIV 1 p. 648 die Inschrift unter dem ehernen Standbilde des Kitharöden Anaxenor im Theater zu Magnesia.

5 ff. Dafs die im Altertum beanstandeten Verse 5—10 auch von Aristarch obelisiert seien, vermutet Ludwich Arist. hom. Textkritik I p. 572.

6. ὅτ᾽ ἂν εὐφροσύνη ist nach W. C. Kayser de versibus aliquot Odyss. disp. III p. 8 die älteste verbürgte Lesart. — Zu der folgenden Schilderung vgl. E. v. Leutsch im Philol. XXXIII p. 430.

14. Statt der überlieferten Lesart τί πρῶτόν τοι ἔπειτα vermutet v. Wilamowitz-Möllendorff homer. Untersuch. p. 14 τί πρῶτον, τί δ᾽ ἔπειτα.

20. Künstliche Nachahmung bei Verg. Aen. I 378. Zum zweiten Hemistichion mit οὐρανὸν ἵκει bemerkt J. La Roche Hom. Stud. § 56 folgendes: 'mit Ausnahme von P 425 steht bei οὐρανόν in Verbindung mit ἵκω in der Ilias nie ein Epitheton, während umgekehrt es in der Odyssee nur ι 20 fehlt.' Über den Sinn dieser Formel vgl. zu o 329 und Koraes zu Plut. Caes. 15 p. 475. — Statt μεν empfiehlt Menrad de contractionis et synizeseos usu Hom. p. 96 μοι.

22. εἰνοσίφυλλος = ἐν-ϝοϑ-σί-φυλ-λος aus W. ϝοϑ stofsen (in ὠϑέω) mit Ersatzdehnung nach Ausfall des Digamma, ἐννοσίγαιος = ἐν-ϝοϑ-σί-γαιος mit Assimilation des ϝ an ν: Fick vgl. Wörterb.[3] I p. 209 unt. 3 vadh, Curtius Etym.[4] 260, Christ griech. Lautlehre p. 224.

25. Über die homerische Einteilung des Gesichtskreises zu ϑ 29. Mit Bezug auf unsere Stelle und auf α 57 ff. sagt Cicero de orat. I 44: 'nos .. nostra patria delectat, cuius rei tanta est vis ac tanta natura, ut *Ithacam illam in asperrimis saxulis tanquam nidulum adfixam* sapientissimus vir immortalitati anteponeret.'

Über die Widersprüche der hier gegebenen Lokalschilderung mit den Angaben anderer Bücher, wie mit der Wirklichkeit vgl. Hercher im Hermes I p. 263, Bergk griech. Litteraturgesch. I p. 784 ff.

28. Zur Erklärung von ἧς vgl. Brugman ein Problem der homerischen Textkritik Leipz. 1876 p. 65 f. Anders Bekker Hom. Blätt. I p. 78: 'ι 28 ist ἦ γαῖα sua cuiusque patria, eines sein Vaterland; vgl. 34.' Ebenso G. Curtius Schulgr. § 471 Anm. c. — Düntzer hat statt ἧς aus Konjektur τῆς (d. i. ταύτης) in den Text gesetzt und so vermutet auch Nauck.

29. αὐτόθι durch ἐν mit dem Dativ näher erklärt, wie δ 302. Ι 617. Φ 201. Ω 673. 707 und durch den bloſsen Dativ λ 187. Ähnlich αὖθι durch ἐπί τινι β 369. χ 165. Λ 48. Μ 85, durch παρά τινι γ 156. ο 455. Ι 427. Κ 209, durch μετά τισι Κ 62. Σ 86, durch ἐν mit dem Dativ Γ 244, durch ποδῶν προπάροιθεν ρ 357. Zu Krüger Di. 66, 3, 3. Über das adverbiale αὐτοῦ zu θ 68. Die Elision in αὐτόθ' findet hier statt wie 496. χ 132. ξ 67. ο 327. Γ 428. Ε 847. Π 848. Τ 340. Ω 707 und αὖθι elidiert π 463. Ι 690. Λ 48. Μ 85. Zu Kr. Di. 12, 2, 9.

34. Bekker u. W. C. Kayser folgten mit Nitzsch Sagenp. p. 169 für 34 bis 36 dem Schol. Q., bei dem diese drei Verse mit dem Obelos versehen sind. Vgl. Carnuth Aristonic. p. 87 und Ludwich Arist. hom. Textkritik I p. 573. Allein die Athetese ist mit Köchly de Od. carmm. II p. 7, Sengebusch Aristonicea p. 13 auf 29 bis 36 auszudehnen, wie auch Düntzer in seiner Ausgabe gethan hat. Kirchhoff d. hom. Od. p. 216 vgl. 314 teilt 29—36 dem Bearbeiter zu: vgl. v. Wilamowitz-Möllendorff Homer. Untersuch. p. 130. V. 31 u. 32 scheinen auch Nauck unecht. Abgesehen von der an αὐτόθι V. 29 sich knüpfenden Schwierigkeit geben besonders auch V. 35 und 36, welche im Cod. Meermann. und Stuttg. fehlen, während Vindob. 56 sie am Rande hat, mehrfach Anstoſs: γίγνεται an betonter Versstelle ohne Nachdruck des Gedankens; der folgende Koncessivsatz läſst auffallender Weise den wichtigsten Begriff πίονα fast verschwinden vor der dreimaligen Bezeichnung der Entfernung von der Heimat, wodurch der ganze Gedanke etwas Schiefes erhält. Möglich, daſs der Interpolator bei dem πίονα οἶκον an Alkinoos' Anerbieten η 314 dachte, wie Nitzsch vermutete und W. Jordan Homers Od. übersetzt p. 505 f. für die Verse geltend macht. Wir haben hier übrigens den ältesten Gemeinplatz über die Vaterlandsliebe, den wir bei den Späteren öfters nachgeahmt oder berücksichtigt finden, wie Anth. Pal. IX 395, 1, Lucian Encom. patriae 1.

39—61. Daſs das Kikonenabenteuer eine ungewöhnlich groſse Anzahl von Versen enthält, die aus der Ilias stammen, hat Gemoll im Hermes XVIII (p. 34—96) nachgewiesen und daraus gefolgert, daſs dasselbe innerhalb unserer Odyssee verhältnismäſsig jung sein müsse, unter Zustimmung von v. Wilamowitz-Möllendorff Homer. Untersuch. p. 131. Sodann hat Gemoll Homer. Blätter, Striegau 1885 p. 9 ff. noch bestimmter begründet, daſs das Stück nicht bloſs jünger als das Kyklopenabenteuer, sondern auch jünger als das Kirkeabenteuer sei. — Über die Kikonen vgl. Crusius in Ersch u. Gruber Encyklopädie, 2. Sektion Bd. 37 p. 43 ff.

43. Die Auffassung von διερός rege, rasch, welche hier auch Autenrieth im Lexikon annimmt, ist näher begründet in Kuhns Zeitschr. XIX p. 425, vgl. auch Bergk griech. Litteraturgesch. I p. 114, Anmerk. 167, Carnuth Aristonic. p. 87, Lehrs de Arist. [2] p. 47 ff., Curtius Etym. [4] p. 235.

47. Nauck in den Mélanges Gréco-Rom. IV p. 41 ff. verwirft die Formen γέγωνα und γεγωνέω und setzt ἐγέγωνον als Aor. II an; darnach empfiehlt er hier γέγωνον statt des überlieferten γεγώνευν zu schreiben.

51. Seeck die Quellen d. Od. p. 363 will diesen Vers, sowie B 468, weil nur an diesen beiden Stellen bei Homer ὥρῃ ohne den Zusatz von ἔαρος oder ἐαρινή die Bedeutung 'Frühling' habe, auf Mimnermos frg. 2 als Quelle zurückführen. Dagegen sehen Gemoll im Hermes XVIII p. 44 und Sittl die Wiederholungen p. 15 f. in B 468 das Original, nach dem die Odysseestelle gebildet sei, während van Herwerden Quaestiunculae ep. et eleg. in der Vorrede zu der umgekehrten Annahme neigt.

54. 55. μάχην gehört zu ἐμάχοντο, ist aber zu στησάμενοι im Gedanken hinzuzunehmen. Das στήσασθαι μάχην heiſst 'die Schlacht für sich einrichten oder aufstellen' und ist mit konkreter Beziehung auf die Wahl des Ortes gesagt, hier παρὰ νηυσὶ θοῇσιν, in Σ 533 ποταμοῖο παρ' ὄχθας, vgl. ἐν Ὀλύμπῳ φυλόπιδα στήσειν λ 314, ferner στήσασθαι πολέμους bei Herod. VII 9, 3. 175. 236, 2, und βοὰν ἐστάσατο bei Theokrit. 17, 99. Dazu ἔριν στῆσαι π 292. Über βάλλειν vgl. Lehrs de Arist. p. 73, [2] p. 61. — Classen in Fleckeisens Jahrb. 1859 p. 301 und Friedländer ebd. Suppl. III p. 482 f. sehen in den Versen 54 und 55 eine Interpolation aus Σ 533. 534 unter Beistimmung von Nitzsch in denselben Jahrb. 1860 p. 870 (wieder abgedruckt in: Beiträge zur Gesch. der ep. Poesie p. 121), auch W. C. Kayser bei Faesi, Kirchhoff die Komposition der Odyssee p. 131 f. und die homer. Od. p. 312 f. und Fick, Nauck, Hinrichs, Cauer haben die zwei Verse ausgeschieden. Dagegen bestreiten die Entbehrlichkeit derselben Schmidt über Kirchhoffs Odysseestudien p. 26 ff. und Seeck die Quellen d. Od. p. 171, vgl. auch Kammer die Einheit p. 326 und Georg Schmid Homerica (Dorpat 1863) p. 28: 'ut unicuique duci atque auctori rei alicuius armis gestae licet utrumlibet dicere, et milites rem gessisse et se ipsum, ita v. 59 Ulixes dicens δαμάσαντες Ἀχαιούς, quod non est ἡμᾶς Ἀχαιούς sed τοὺς Ἀχαιούς, aut in idem incidisse putandus est, quod illis videtur

admisisse v. 54 et 55, aut summo iure ad suos id refert, cuius partem magnam se fuisse neminem, qui haec audiret, fugere posse putavit.' Wenn nach dem Charakter des ganzen Stückes (vgl. oben zu 39—61) überhaupt die Annahme von Interpolationen Berechtigung hat, so würde man Grund haben, die angenommene Interpolation noch weiter zu erstrecken. Der formelhafte Vers 56 hat in den Parallelstellen Θ 68 und Λ 86 seinen richtigen Gegensatz in den Wendungen: ἦμος δ' ἠέλιος μέσον οὐρανὸν ἀμφιβεβήκει und ἦμος δὲ δρυτόμος περ ἀνὴρ ὁπλίσσατο δεῖπνον. Hier folgt auffallender Weise der Π 779 wiederkehrende Vers ἦμος δ' ἠέλιος μετενίσσετο βουλυτόνδε, der dort im richtigen Verhältnis zu der Wendung ὄφρα μὲν ἠέλιος μέσον οὐρανὸν ἀμφιβεβήκει steht, während hier sofort die Frage sich aufdrängt: was geschah denn vom Mittag bis zum Spätnachmittag? Auch Friedländer war geneigt aufser 54 f. die folgenden 4 Verse zu streichen, Niese d. Entwicklung d. hom. Poesie p. 194 verwirft 56—59, nicht so entschieden 54 f., Faust Homer. Studien, Strafsburg 1882 p. 40 f. sogar 51—58.

62 ff. Zweifel an der Ursprünglichkeit von 62 f. an dieser Stelle äufsert Kirchhoff d. hom. Od. p. 216. V. 64 f. verwirft Fick d. hom. Od. p. 307 besonders wegen τρὶς ἕκαστον, das den Jonier verrate.

70. Die Beziehung des ἐπικάρσιος auf ἐπὶ κάρ (Π 392) bestreitet Düntzer in Kuhns Zeitschr. XIII p. 8: 'κάρσιος scheint, wie πλάγιος, schief, schräge zu bedeuten,' indem er ἐγκάρσιος bei Thukydides vergleicht. Vgl. auch Fick vgl. Wört. I³ p. 523 unter karsa.

74. συνεχές hat die erste Silbe gedehnt wie πᾱρέχῃ τ 113, weil es aus συνσεχές entstanden ist. Manche wollen συνεχές mit verdoppelter Liquida durch Assimilation geschrieben wissen. Vgl. Spitzner de vers. her. p. 77, J. La Roche hom. Textkritik p. 354 und Hartel hom. Studien I p. 77. Übrigens findet sich das συνεχὲς αἰεί auch bei Herod. I 67 in συνεχέως αἰεί. Vgl. auch zu ε 210.

75. θυμὸν ἔδειν hier wie κ 143. 379. Ζ 202. Ω 129 [κραδίην.] Auch Cicero Tusc. III 26 in der Übersetzung einer homerischen Stelle hat *ipse suum cor edens*. Vgl. auch θυμοβόρος in der Ilias und θυμοδακής θ 185 nebst καταδάπτειν ἦτορ π 92. φθινύθειν κῆρ κ 485. φθίνειν φρένας Σ 446. Dasselbe Bild bei Verg. Aen. IV 66. XII 801.

77. Die technischen seemännischen Ausdrücke erläutert Breusing die Nautik d. Alten, Bremen 1886, vgl. p. 64.

78 = λ 10. μ 152. ξ 256. Ebenso ε 245. ρ 341. φ 44. 121. Ρ 632. Nachahmung bei Verg. Aen. III 269.

83. ἰχθυόεντα· ἀτάρ, was Gerhard Lectt. Apollon. p. 112 herstellte statt des gewöhnlichen ἰχθυόεντ'· αὐτάρ, geben mehrere

Hss. mit Recht: denn αὐτάρ steht mit der ersten Silbe bei Homer nur in der Arsis; vgl. auch zu Δ 542. Über den Hiatus zu ϑ 215.

84. Das in dieser Erzählung dem Lotos gespendete Lob erinnert an den Umstand, dafs die Lotosblume bei den Buddhisten heilig ist. Mehr über den Lotos bei Buchholz die homer. Realien I 2, p. 282 ff., ein Versuch die Sage zu erklären bei Müllenhoff deutsche Altertumskunde I p. 49.

88. Auf die Bedeutung, welche bei den Landungen und dem Kundschaften das Bedürfnis die geschwundenen Mundvorräte zu ergänzen hat, macht Breusing in d. Jahrbb. f. Phil. 1887 p. 4 ff. aufmerksam.

90. Dieser Vers steht in den ältesten und besten Handschriften (in der des Eustathius, im Harleianus, in den Breslauer Membranen, im Cretensis des Michael Apostolius und in andern) vor οἵ τινες ἀνέρες κτἑ., in andern wie im Vind. 133 am Rande, und findet sich erst im Vind. 56 nach diesem Verse wie κ 102, woraus sich schliefsen läfst, dafs der Vers vor dem zwölften Jahrhundert auf ungeschickte Weise aus κ 102 hier eingeschoben sei. Sodann steht dieser Vers im Widerspruch mit 94. 95, weil der Ausdruck dieses Gedankens nicht blofs drei, sondern vielmehr eine gröfsere Anzahl der zur Erkundigung abgesandten voraussetzt. Der Vers verletzt auch die homerische Sitte, insofern er eine einfache Rekognoscierung zu einer förmlichen Gesandtschaft steigert, welche nur κ 102 an ihrem Platze ist. Für das Rekognoscieren dagegen verwendet Odysseus, wie beim Kyklopen und bei der Kirke, beliebig viele Genossen. Vgl. über dies alles die gründliche Erörterung von W. C. Kayser im Philol. XVII p. 350 ff. Die Unechtheit des Verses erkannten auch Richard Franke in Fleckeisens Jahrb. 1856 p. 199, Nauck, Kirchhoff d. hom. Od. p. 216, Köchly de Od. carmm. II p. 8 u. andere. Bekker hat den Vers beibehalten.

97. 'Da das Vergessen nicht Sache freier Entschliefsung ist, sondern unwillkürlich sich einstellt,' so vermutet Nauck in den Mélanges Gréco-Rom. IV p. 603 f. und ebenso Naber Quaestt. Hom. p. 93 λάθοντο als ursprüngliche Lesart statt des überlieferten λαθέσθαι. Vgl. dagegen van Herwerden im Hermes XVI p. 371.

99. Die Erklärung der Worte ὑπὸ ζυγὰ hier und ν 21 'unter Deck' giebt Breusing die Nautik der Alten p. 38, indem nach ihm ζυγὰ die Deckbalken sind, welche als Unterlage des Decks dienten.

102. μή πως, statt des gewöhnlichen μή πω, aus Eustathius, Vindd. 133 und 56, cod. Gonzagae, Hamb., wie dies μή πως mit dem Konjunktiv oder Optativ noch an 25 Stellen gefunden wird; dagegen steht μή πω an den übrigen vier Stellen, wo es sich noch findet, χ 431. ψ 59. P 422. Σ 134, mit dem Imperativ.

105. Dieser Übergangsvers ist Kirchhoff d. hom. Od. p. 216

auch hier verdächtig: besonderer Grund zur Niedergeschlagenheit war in diesem Falle nicht vorhanden.

106. Über das Märchenhafte in der Kyklopensage vgl. Bender die märchenhaften Bestandteile d. hom. Gedichte, Darmstadt 1878 p. 27 ff.; Anklänge daran in der mongolischen Heldensage bei Jülg in den Verhandlungen der Innsbrucker Philologen-Versammlung, andere Litteratur über die Verbreitung der Sage bei Sittl Gesch. d. griech. Litterat. I p. 40, vgl. auch unten zu ι 366. Die Polyphemsage in modern hellenischer Gestaltung in: Land und Leute in Nord-Euboea, ländliche Briefe von Georgios Drosínis, übersetzt von Boltz, Leipz. 1884 p. 171 ff. — v. Baer über die homerischen Lokalitäten in der Od. Braunschweig 1878 p. 2 deutet das Land der Kyklopen auf Malta, vgl. dagegen v. Wilamowitz-Möllendorff Hom. Unters. p. 164.

106—181. Dafs auch im Kyklopenabenteuer Stücke vorkommen, welche, wie 106—115 streng genommen nur im Munde des Dichters, nicht des Selbsterzählers passend sind, haben Hartel in Zeitschr. f. d. österr. Gymn. 1865 p. 327 f. und Schmidt über Kirchhoffs Odysseestud. p. 17 ff. gegen Kirchhoff ausgeführt. Zum Teil darauf beruht es, wenn Rothe de vetere quem ex Odyssea Kirchhoffius eruit νόστῳ p. 23 die nächste Partie 107—181 als nicht ursprünglich verdächtigt. 106—151 sind auch von Gitlbauer philol. Streifzüge p. 145 ff. einer scharfen Kritik unterzogen: derselbe verwirft 113. 114. 117. 122—124. 143 und stellt 116. 118—21 zwischen 141 und 142.

108. 109. Dies ist eine öfters citierte oder berücksichtigte Stelle: vgl. Strabo XI 4, 3 p. 502; Lucian Paras. 24; Phalar. II 8; de mercede cond. 3; rhet. praec. 8 z. E.; Saturn 7 und 20; Plut. Grylli 3 p. 986. Vgl. auch Boissonade zu Philostr. Her. p. 290 sq.

114. Über θεμιστεύει vgl. H. L. Ahrens die Göttin Themis II (Hannover 1864) p. 11 ff. Über diese patriarchalische Monarchie des Familienhauptes als ursprüngliche Regierungsform im Naturzustande Platon de leg. III 3. Vgl. Hermann gr. Privatalt. § 9, 1. W. Grimm die Sage von Polyphem (Berlin 1857) p. 18 bemerkt darüber: 'Wenn wir sonst im Homer Länder und Völker in einem geordneten öffentlichen und häuslichen Leben erblicken, werden hier uranfängliche Zustände geschildert, eine von den Einwirkungen menschlichen Treibens noch unberührte, in wilder Pracht und grofsartiger Fülle sich entfaltende Natur, bewohnt von dämonischen Riesen die, unbekannt mit Sitte und Gesetz, nur der Willkür folgend in rohen Felsenhöhlen hausen. Jetzt, zum erstenmal, scheint es, landen Bewohner gesitteter Länder an dieser Insel, und Homer hat was die Sage von der Begegnung der Menschen mit den Kyklopen erzählt in die Irrfahrten eines berühmten Helden verflochten.' Vgl. auch Haake der Besitz und sein Wert bei Homer p. 5 u. 9. — 115. Die Annahme der Variante ἀλόχου bei Aristoteles (La Roche Hom. Textkritik p. 29) widerlegt Römer in d. Sitzungsber. der Bayer. Akad. philos.-philol. Kl. 1884 p. 277.

116 ff. 'Es ist sehr auffällig, daſs dieser Ziegeninsel eine liebevoll eingehende landschaftliche Schilderung, fast wie der Insel der Kalypso und dem Garten des Alkinoos gewidmet wird, ohne daſs dafür, wie in diesen beiden Fällen, ein poetisches Motiv ersichtlich oder damit eine in dieser Scenerie spielende bedeutsame Handlung vorbereitet würde:' W. Jordan Homers Od. übersetzt p. 507. Derselbe vermutet auf Grund dessen, daſs ein Stück darauf bezüglicher Erzählung verloren gegangen sei, etwa ein von Odyss. mühsam überwundenes Gelüst seiner der Irrfahrt müden Mannschaft sich in diesem kleinen Paradiese anzusiedeln, während Fick d. hom. Od. p. 308 meint, daſs die Ziegeninsel ursprünglich der Schauplatz der an die Kyklopeia sich anschlieſsenden Nekyia gewesen sei. Vgl. auch Seeck die Quellen d. Od. p. 364. Dagegen findet Maurer Cruces philologicae, Mainz 1882 p. 28 ff. einen typischen Zusammenhang zwischen dem Abenteuer des Odysseus und der vorausgehenden Schilderung des Eilands: wenn in der Gestalt des Odysseus der griechische Geist, genauer der Geist des Seegriechentums mit seiner Kultur in idealer Verklärung sich selbst objektiviere, so werde das Kyklopentum in seiner Unkultur die Folie für das Hochgefühl des griech. Seevolkes in seiner Kulturarbeit.

116. Zenodots Lesart ἔπειτ' ἐλάχεια geben Bekker, wie vor ihm schon Voss und Bothe, Nauck, Cauer, Hinrichs, vgl. G. Curtius Erläuter. zur Schulgr. p. 71 [²75]. Aristarch λάχεια.

117. Früher wurde hier, wie auch bei Bekker, nach Κυκλώπων ein Komma gesetzt und γαίης von λιμένος abhängig gemacht. Aber durch Änderung dieser Interpunktion, wie es im Texte geschehen ist, gewinnen wir eine einfachere und natürlichere Verbindung.

120 f. sind von Fick d. hom. Od. p. 307 f. wegen der unhomerischen Worte εἰσοιχνεῦσι und κυνηγέται verworfen. — 122. Ein Emendationsversuch van Herwerdens im Hermes XVI (p. 351—79) lautet: οὔτ' ἄρα ποιμέσιν ἥ γε κατίσχεται οὐδ' ἀροτῆρσιν.

125. Zur Erklärung der παρειαί der Schiffe vgl. Breusing die Nautik der Alten p. 36.

126—29 werden von Fick d. hom. Od. p. 308 'als ionisch erwiesen durch τελέοιεν ἕκαστα und ἱκνεύμενοι' verworfen.

136 f. Angeführt werden die beiden Verse von Max. Tyr. XXXI s. 2. Übrigens bemerkt Nauck zu 137: spurius? und Düntzer hat in der Ausgabe denselben eingeklammert.

138 f. 'nach 136 f. das reine Geschwätz' von Fick d. hom. Od. p. 308 wegen des ionischen ναυτέων verworfen.

143. 'Der ionische Interpolator verrät sich durch προυφαίνετ' ἰδέσθαι': Fick d. hom. Od. p. 308.

144. περὶ νηυσί, statt des gewöhnlichen παρὰ νηυσί, ist die Lesart des Aristarch, wie aus der Notiz des Didymus im Schol. Η οὕτως περὶ νηυσίν hervorgeht. Dieses περὶ bieten auch die Vind. 133 und 50, Vrat., M. Vgl. J. La Roche in der 'Unterrichts-Ztg. für Österr.' 1864 p. 207. Nachahmung bei Verg. Aen. III 585 ff. Angeführt werden 144 und 145 von Galenus in Hippocr. epidem. VI 4, 19; dazu in comm. T. XVII p. 2 p. 186.

145. οὐρανόθεν, was auch Bekker statt οὐρανόθι aufgenommen hat, geben bei La Roche alle Hss. mit Recht, weil θεν an Nominibus den Schlufskonsonanten nie abwirft. Daher ist § 352 θύρηθ' aus θύρηθι und τ 237 οἴκοθ' aus οἴκοθι elidiert. Vgl. Spitzner zu Ω 492, Lobeck Elem. II p. 146, Bekker Hom. Blätt. I p. 32. Aristarch soll οὐρανόθε geschrieben haben, Ludwich Aristarchs homer. Textkritik I p. 574 vermutet, dafs Aristarch vielmehr οὐρανόθι schrieb.

147. Ebenso steht im zweiten Gliede οὔτε nach οὐ im ersten λ 483. Χ 265. Vgl. Fr. Franke de usu particularum οὐδέ et οὔτε (Rinteln 1833) p. 21 sq., Krüger Di. 69, 64, 2, auch G. Wolff zu Soph. Ai. 428. Das οὖν im zweiten Gliede der negativen Partition wie noch λ 200; sonst steht es überall im ersten Gliede: α 414. β 200. ζ 192. Ρ 20. Υ 7. π 302. ρ 401. Θ 7. Π 98. Zu Krüger Di. 69, 62, 2. Dagegen οὐδέ τις οὖν nur ξ 254.

149. Zur Erklärung von καθείλομεν ἱστία πάντα vgl. Breusing die Nautik der Alten p. 56 u. 64.

159. Statt des gewöhnlichen ἐς δὲ ἑκάστην geben der Harl. und andere Hss. bei La Roche ἐν δὲ ἑκάστῃ: vgl. 164. 392. Α 142 und anderwärts. Krüger Di. 68, 12, 2.

161. 162 = 556. 557. κ 183. 184. 476. 477. μ 29. 30; der erstere Vers auch τ 424. Α 601, und von πρόπαν ἦμαρ an Τ 162. Ω 713. Abweichend ist nur ω 41.

167. Vgl. besonders Lobeck 'de vocabulis sensuum eorumque confusione' in dem Rhem. p. 329 sqq. Der Vers wird von Düntzer verworfen und ist auch Nauck verdächtig.

182. Dem in σπέος εἴδομεν verletzten Digamma, wie Bekker im Berliner Monatsbericht 1861 p. 587 (Hom. Blätter I p. 276) bemerkt, 'ist schwerer zu helfen. Vielleicht εὕρομεν, wie κ 252.' Cobet Misc. crit. p. 352: Ϝίδομεν σπέος statt σπέος εἴδομεν. Gegen das in der Form εἶδον (mit εἶδες, εἶδε, εἴδομεν, εἴδοντο) angenommene Digamma verhandeln eingehend A. Leskien de digammo p. 33 und A. Nauck Mélanges Gréco-Romains II p. 406 ff.

183. Gitlbauer philolog. Streifzüge p. 153 ff. scheidet die Worte ἔνθα δέ bis ἰαύεσκον aus. — 184. Die Auffassung von αὐλή als Hofmauer ist begründet von H. L. Ahrens αὐλή und villa. Hannover 1874 p. 14.

185. Für das riesige Ungeheuer ist auch die ganze Umgebung 'hochragend' oder 'gewaltig': σπέος 183, ἄχθος 233, θυρεός 240, νηδύς 296, θυραί 304, ῥόπαλον 319. Über πίτυς 186 vgl. Hehn Kulturpflanzen etc. p. 205.
189. ἀθεμίστια εἰδέναι und ähnliche Verbindungen: zu α 428. β 231. γ 244. 277. δ 460. 696. ε 182. θ 584. λ 432. ν 405. ξ 288. 433. τ 248. 329. φ 85. Ähnlich μανθάνειν zu Z 444 und ἐπίστασθαι zu N 223 und φρονεῖν zu Z 162. Vgl. J. La Roche Hom. Stud. § 84, 8. Nägelsbach zu B 213.
192. Bekker schreibt ὅτε φαίνεται im Sinne von ὅταν φαίνηται, ich habe Wolfs Trennung von ὅ τε als Pronomen beibehalten. Döderlein öff. Reden p. 357 will das Komma nach ὑλήεντι gesetzt wissen, sodafs ὑψηλῶν ὀρέων mit ἀπ' ἄλλων zu verbinden sei und Polyphemos mit einem in der Ebene von den Bergen getrennt emporragenden Felsen verglichen werde. Aber das giebt eine bedenkliche Wortstellung, da ein vor dem Relativum stehender Genetiv sonst von diesem Pronomen abhängig ist, vgl. die Beispiele zu ε 448. Ähnliche Vergleiche und Nachahmungen dieser Stelle E 560, Kallim. h. in Dian. 52, Verg. Aen. IX 674, Lucian VII 790, Stat. Theb. III 13.
198. Über ἀμφιβεβήκειν vgl. Autenrieth bei Nägelsbach zu A 37, auch C. Hentze im Philol. XXVII, 524. Andere wie Nitzsch und Nauck konjicieren ἀμφιβέβηκεν. Allein das Plusquamperfectum harmoniert mit dem Glauben der alten Hellenen, nach welchem die Götter eine zerstörte Stadt zu verlassen pflegten; vgl. F. Jacobs verm. Schriften III p. 465 f. und die Erklärer zu Verg. Aen. II 351. Über den im vorigen Vers erwähnten Maron vgl. auch Philostr. Heroic. praef. 1 p. 661 und 2, 8 p. 680. — 200. Statt des überlieferten ᾤκει vermutet Nauck in d. Mélanges Gréco-Rom. V, 2, 98 ναῖεν.
209. Es ist eine märchenhafte Dichtung, um die unerhörte Stärke des Ismarischen Weines hervorzuheben, von dem auch Plinius N. H. XIV 6 zu erzählen weifs. Ein solcher Wein gehörte dazu, das riesige Ungetüm zu bewältigen. Indes verwirft Fick d. hom. Od. p. 95 und 308 den Vers, tilgt auch χεῦ' zu Anfang des folgenden und schreibt dann ὅδμα δὲ ϝάδεια.
221. Zur Sache vgl. A. Thaer im Philol. XXIX p. 602.
222. An Stelle des überlieferten ἔρσαι vermutet Müller-Strübing in O. Schades Wissenschaftl. Monatsblätt. VII p. 69 ff. ὅρσοι nach Hesych. ὀρσοί· τῶν ἀρνῶν οἱ ἔσχατοι γενόμενοι. — Statt ναῖον empfiehlt van Herwerden im Hermes XVI (p. 351—79) ἔναον, weil das Wort sonst bei Homer kurze Stammsilbe zeige. Aristarch las ναῖον, vgl. Ludwich Aristarchs Homer. Textkritik I p. 574.
231. 'Die homerischen Helden opfern, was sie selbst zu essen haben, sogar Käse ι 231, wo nicht, wie P. Stengel Jahrbb. 1882

p. 672 annimmt, ein rituelles Käseopfer gebracht wird, sondern Odysseus und seine Geführten eben nur deshalb den Käse zum Opfer verwenden, weil sie selbst nichts besseres zu essen haben, da sie naturgemäfs an den vorhandenen Ziegen und Lämmern sich aus Rücksicht auf den zu erwartenden Wirt nicht zu vergreifen wagen. So wird aus Not auch Wasser gespendet, wenn kein Wein zur Hand ist μ 363': Bernhardi das Trankopfer bei Homer, Leipz. 1885 p. 4. Dies gegen Pökel Bemerkungen p. 10, welcher bei ἐθύσαμεν an eine Weinspende gedacht wissen wollte.

235. Die Lesart ἔκτοσθεν steht mit 233. 234 in Widerspruch, nur ἔντοσθεν kann richtig sein. Denn dafs er wieder hinausgegangen sei, kann bei αὐτὰρ ὅ γε 237 wohl vorausgesetzt werden; aber ein Hereinholen des Holzes etwa nach dem Eintreiben der Herde oder ein Vorrat desselben in der Höhle für die in 251 angegebene Handlung müfste ausdrücklich erwähnt sein.

239. H. Rumpf Beiträge zur hom. Worterklärung (Giefsen 1850) p. 10 ff. hat hier und 338 statt ἔκτοθεν die Konjektur ἔντοθεν aufgestellt und allseitig begründet. Die Form ἔντοθεν für ἔντοσθεν hat er aus Cramer Anecd. Oxon. I p. 177, 31, Bekker Anecd. II p. 945, 22 nachgewiesen. Dieselbe erscheint auch ϱ 316 im cod. Augustan. mit der Randglosse γρ. βένθεσιν, wie J. La Roche im Philol. XX p. 713 angiebt. ἔκτοθεν verteidigen Döderlein Hom. Gloss. § 2085 und Düntzer in seiner Ausgabe, auch Weidenkaff nonnulla ad syntaxin Homeri. Wittenberg 1870 p. 1. — In 241 hat Bekker δυωκαιϝείκοσ' synthetisch gegeben, Cobet Misc. crit. p. 381: δύω καὶ ἐϝείκοσ'.

242. Statt des überlieferten τετράκυκλοι hat zuerst Barnes τεσσαράκυκλοι vorgeschlagen, um das Metrum herzustellen, und so schreiben Nauck, Düntzer, Hinrichs, Cauer. Ich habe die Überlieferung τετράκυκλοι beibehalten, vgl. die sorgfältige Zusammenstellung analoger Fälle bei Weinkauff homer. Handbuch p. 113 und Hartel Homer. Studien I p. 61. 126. Sodann giebt Bekker, um der Analogie willen, statt des überlieferten ὀχλίσσειαν die Form ὀχλήσειαν, die nur im Augustanus und Marc. 456: La Roche steht, jetzt auch Cauer.

243. ἠλίβατος wird gewöhnlich mit ἄλιψ bei Hesych. zusammengebracht, eigentlich 'saftlos, daher welk, hart', also ἄλιψ mit der Weiterbildung ἀλίβας und ἠλίβατος, wozu auch λέπας 'die Klippe' gehöre. K. Schenkl in der Zeitschr. f. die österr. Gymn. 1859 p. 510 glaubt in ἄλιψ die Wurzel λιπ zu erkennen in dem Sinne 'glatt, und daher schroff, steil'. Bezzenberger in seinen Beiträgen IV p. 344 zerlegt das Wort in ἠ-λίβατος wie ἠ-λακάτη und erklärt aus λείβειν giefsen: vom Regen begossen, ausgewaschen, nackt oder schroff. Noch andere Erklärungsversuche im Anhang zu Π 35. Vgl. auch Lobeck Elem. I p. 372 und 305, Leiden-

roth in Jahns Neue Jahrb. Suppl. XII p. 425, H. Rumpf de aedibus Homericis I p. 30 sq.

253—255. ἀθετεῖ Ἀριστοφάνης, dem Bekker gefolgt ist. Vgl. A. Nauck Aristoph. Byz. p. 28. Auch Köchly de Od. carmm. II p. 8 hält die drei Verse hier für unecht. Vgl. dagegen Kammer die Einheit p. 420 ff.

271. Bekker hat hier Athetese geübt, mit Beistimmung von Köchly de Od. carmm. II p. 8 und Kirchhoff die hom. Od. p. 217; Fick hat den Vers ausgeschieden, auch Nauck bemerkt: spurius? Aber Düntzer bemerkt hier mit Recht: 'Die dringende Hinweisung auf Zeus verrät die Furcht des Odysseus.' Berücksichtigt ist der Vers von Platon Soph. I p. 216[b]. — Über die Bedeutung des Zeus ξένιος bemerkt v. Ihering die Gastfreundschaft im Altertum (deutsche Rundschau 1886/7 Bd. III p. 440): „Ζεὺς ξένιος ist der Gott der Fremden im doppelten Sinn des Worts. Im ethischen: er schützt sie; im historischen: sie haben ihn gebracht — er ist nichts als der ins Griechische übersetzte Gott Baal der Phönizier." Derselbe nimmt für die Gastfreundschaft bei den Griechen phönizischen Ursprung an: 'Für den Handel berechnet, ist das Institut von dem Handelsvolk der alten Welt, den Phöniziern geschaffen worden und der Handel hat es den Griechen und Römern zugetragen.'

276. Über die Trennung des ἐπεὶ ἤ vgl. Lehrs Q. E. p. 62 sqq., Spitzner zu A 156. Es findet sich wie hier vierzehnmal vor πολὺ φέρτερος: μ 109. π 89. φ 154. χ 289. A 169. Δ 56. 307. Θ 144. 211. K 557. T 135. 368. X 40 (ohne ἤ nur Z 148. H 105); und vor μάλα κ 465. A 156. Dabei wird man sich aus Homer, wie Bekker im Monatsbericht 1860 p. 457 (Hom. Blätter I p. 262) bemerkt, 'erinnern, dafs ἤ μάλα und ἤ πολύ, gerade wie ἤ μέγα, gewöhnliche Verbindungen sind, die durch eine davor tretende Konjunktion nicht zerrissen werden können, da eine solche ja lediglich ihren Satz mit der übrigen Periode verknüpft, ohne irgend ein einzelnes Wort des Satzes zu afficieren.' Man findet nach ἐπεί noch ἤ καί π 442. T 437, ἤ φάτο ρ 196, ἤ φάσαν χ 31; und ἤ ῥά τοι τ 556. Gegen die Trennung ἐπεὶ ἤ spricht Bäumlein Griech. Part. p. 121 und in Fleckeisens Jahrb. 1862 Bd. LXXXV p. 194 f. Vgl. auch Autenrieth bei Nägelsbach zu A 156. Übrigens steht dieses ἐπεὶ ἤ an sämtlichen Stellen als Anapäst. — Was den Sinn dieser Stelle betrifft, so erkennen die Kyklopen zwar das Dasein der Götter an, aber in übermütigem Vertrauen auf ihre Kraft glauben sie gegen Fremdlinge nicht an diejenigen Pflichten gebunden zu sein, welche durch Gesetze der Götter bestimmt sind. Dagegen erklärt J. La Roche in der Zeitschr. f. d. österr. Gymn. 1864 p. 557 mit Bezug auf Krüger Di. § 44, 3, 6 den Plural Κύκλωπες 275 'ein Kyklop, wie ich einer bin. Dies ist dann nur von Polyphem zu verstehen, während die anderen Kyklopen

nach wie vor gottesfürchtige Männer bleiben' u. s. w. Aber bei dieser Erklärung ist οὐδ' ἄν ἐγώ 277 übersehen, wodurch Polyphem sich selbst den andern Kyklopen anreiht. Hierzu kommt der bei den besten Schriftstellern gebräuchliche Übergang von der dritten Person zur ersten oder zweiten: vgl. die von O. Schneider im Philol. XXIII p. 415 ff. gegebenen Beispiele und Nachweisungen, unter denen auch *E* 878. *H* 159. *P* 248 erwähnt sind, auch Aristonic. ed. Carnuth zu ι 106 p. 88.

277. Diese Stelle hat nach der Verbindung des Gedankens mit dem Vorhergehenden ihre nächste Parallele in *Φ* 357. 358 οὔ τις σοί γε θεῶν δύνατ' ἀντιφερίζειν, οὐδ' ἄν ἐγὼ σοί γ' ὧδε πυρὶ φλεγέθοντι μαχοίμην (ähnlich ist auch ε 175—177): an beiden Stellen macht der Redende von einem allgemeinen Satze eine specielle Anwendung auf sich selbst. Nun zeigt *Φ* 358 deutlich, dafs dieser negative Optativ mit ἄν keineswegs auf einen nachfolgenden oder etwa zu ergänzenden Bedingungssatz mit εἰ und Optativ berechnet ist, vielmehr ohne alle Voraussetzung die Vorstellung ablehnt (in gleicher Weise, wie die Fragen mit πῶς ἄν und Optativ in negativem Sinne vgl. α 65. *K* 243. *I* 437 mit *Z* 128. 129. 141) und zwar als Folgerung aus den im Zusammenhang liegenden Gründen, vgl. auch Philol. XXIX p. 141 f. Ich verstehe also den Optativ mit ἄν hier: 'auch ich werde nicht aus Scheu vor Zeus Feindschaft dich schonen.' In Bezug auf den folgenden Bedingungssatz stehen unserer Stelle parallel: ε 177. 178 und κ 342. 343, wo in gleicher Weise mit εἰ μή die einzige Voraussetzung, unter welcher die im Hauptsatz gegebene Erklärung hinfällig wird, hinzutritt: es müfste denn sein dafs. Anders L. Lange der homer. Gebrauch der Partikel εἰ I p. 462 ff.

283. Über νέα als eine durch Synizese entstandene Länge vgl. Hephaestio 2 p. 23 ed. Lips. Ähnlich δ 757. ι 44. λ 185. 300. *Δ* 282 und besonders ῥέα im Versanfange *N* 144. *P* 461. *T* 263, vgl. Ahrens *P*ᾷ p. 9. So Aristarch. Vgl. dazu Ludwich Arist. hom. Textkritik II p. 260. Andere scheinen hier ursprünglich νῆ' ἀμήν κατέαξε oder νῆα ἐμήν μοι ἔαξε gelesen zu haben. Vgl. γ 298. Nauck vermutet νῆ' ἀμήν nach dem Vorgange van Gents in Mnemos. vol. 3 p. 277, vgl. Wackernagel in Bezzenbergers Beitr. IV p. 287, welcher verbessert νῆ' ἄμμην und μοι tilgt, ebenso Fick d. hom. Od. p. 1 f., Menrad de contractionis et syniz. usu Hom. p. 80: νηῦν μέν μοι κατέϝαξε.

286. Zur Beseitigung des Hiats τοῖσδε ὑπέκφυγον schlägt Cobet Misc. crit. p. 353 vor τοῖσιδ' ὑπέκφ.

298. διά mit dem Genitiv von der kontinuierlichen Ausdehnung durch etwas hindurch in einer Richtung, wie κ 391. μ 206. 335. 420. ρ 26. *E* 503. *Z* 226. *I* 468. *K* 185. *Λ* 754. Vgl. auch zu η 40.

301. 302. Vgl. den Anhang zu τ 480. Die Erklärung der

314. ὡς εἴ τε hat hier das Verbum finitum ausdrücklich beigefügt, wie κ 420. B 780. I 481. N 492; ebenso ὡς εἰ κ 416. ϱ 366. Δ 389. 467. X 410. Mit dem Particip E 374. Π 192. Φ 510. Ω 328. Über den Gebrauch ohne beigefügtes Verbum finitum vgl. zu η 36 und L. Lange der hom. Gebrauch der Partikel εἰ I p. 433 ff. II p. 538 ff. — Zum Gedanken vgl. Δ 116.

315. Über den Hirtenruf findet man eine interessante Zusammenstellung bei Grasberger Erzieh. I, 135.

317. Da Athene in den Irrfahrten nirgends Odysseus hilfreich erscheint und auch von ihm nicht erwähnt wird (vgl. Kayser hom. Abh. p. 34), so hält Niese die Entwickelung d. hom. Poesie p. 175 den 'nach H 81 gebildeten' Vers für eingeschoben, auch Düntzer hom. Abh. p. 420 zweifelt an der Echtheit desselben.

318 Der formelhafte Vers ἥδε δέ μοι (οἱ) κατὰ θυμὸν ἀρίστη φαίνετο βουλή steht ι 424. λ 230 selbständig mit nachfolgendem Asyndeton, aber B 5. K 17. Ξ 161 mit nachfolgendem Infinitiv. Nur hier wird der nächste Vers mit γάρ eingeleitet, welches die erst 325 folgende Ausführung der βουλή vorbereitet: vgl. E. Pfudel Beiträge zur Syntax etc. p. 9. Das zweite Hemistichion ἀρίστη φαίνετο βουλή findet sich noch mit einem gleichlautenden Anfange ω 52. H 325. I 94 und zwar mit asyndetischem Anschlufs des folgenden Verses. Über den andern formelhaften Vers ὧδε δέ οἱ φρονέοντι δοάσσατο κέρδιον εἶναι vgl. zu ο 204.

320. Über χλωρός vgl. Veckenstedt Geschichte d. griech. Farbenlehre, Paderborn 1888 p. 129 ff. — Kayser bei Faesi schreibt statt ἔκταμεν — ἔκπασεν, hatte mit der Wurzel ausgerissen, was nach Eustath. οἱ ἀκριβέστεροι hatten, worin jedoch Hinrichs zur Stelle eine blofse Konjektur vermutet.

322. ἐεικόσορος ist von W. ἐρ in ἐρ-έ-σσω gebildet, indem die Endung -ος den Wurzelvokal ε sich assimiliert hat, wie in den spätern τριακόντορος, πεντηκόντορος, wo Herodot -τερος hat. Vgl. Döderlein Hom. Gloss. § 565, G. Curtius Etym. ^{4} p. 344 f.

325. Statt ὄργυιαν empfiehlt van Herwerden im Hermes XVI (p. 351—79) ὀρόγυιαν, wie κ 167, und ἐννορόγυιοι λ 312.

328. Über ἐπυράκτεον Etym. M. 697, 17. Das im vorhergehenden Verse stehende ἐθόωσα hat Euripides im Kyklops 456 also bezeichnet: ἀκρέμων ἐλαίας.., ὃν φασγάνῳ τῷδ' ἐξαποξύνας ἄκρον ἐς πῦρ καθήσω.

330. μεγάλα steht hier wie sonst das formelhaft gebrauchte μεγαλωστί, zu ω 40; aber es ist hier anders gebraucht, als in den zu δ 505 erwähnten Verbindungen. Es konnte sehr leicht durch κατὰ σπείους μεγάλου κέχυτ' ἤλιθα πολλή vermieden werden, was J. La Roche Hom. Stud. § 32, 12 p. 53* billigt, auch Nauck vermutet. Über ἤλιθα vgl. Lobeck Path. prol. p. 366, Merkel

zu Apoll. Rh. p. CLXXX. Das ἤλιθα πολλή bildet einen stehenden Versschlufs: ε 483. ξ 215. τ 443. Λ 677.

331. πεπαλάσθαι giebt Aristarch hier und H 171: vgl. Ludwich Aristarchs homer. Textkritik I p. 575. Döderleins Vermutung πεπαλέσθαι, als Inf. Aor. von πάλλω, die auch Nauck anführt, hat Cauer jetzt in seinen Text aufgenommen. Über die Form vgl. Anh. zu H 171.

333. Das ἐπ' giebt Aristarch statt des gewöhnlichen ἐν, das aus 387 entstanden zu sein scheint. Aber τρῖψαι ist das Antecedens zu δινέομεν 388. Düntzer hat τρέψαι ἐπ' ὀφθαλμῷ vermutet: aber dies würde den Gedanken nur abschwächen und zu ἐνέρεισαν 383 weniger passend sein als τρῖψαι. Der Grundbegriff von τρῖψαι reiben und der metaphorische Gebrauch ergiebt den Sinn des Drückens. Um das Auge des Riesen zu vernichten, war vor allem ein gut gezielter Stofs oder Druck vonnöten.

334. Statt ἄν κε, das auch Nauck verdächtig, empfiehlt Hinrichs zur Stelle ἄρ κε. Vgl. den Anhang zu Ξ 245.

338. Gitlbauer philol. Streifzüge p. 156 vermutet als ursprüngliche Lesart βαθείη ἐκτὸς ἐν αὐλῇ.

346. κισσύβιον wird gründlich behandelt von H. Rumpf Beitr. zur hom. Worterkl. p. 1 bis 9, und von Fritzsche zu Theokr. 1, 27. Vgl. § 78. Hier ist anzunehmen, dafs Odysseus das κισσύβιον in der Höhle des Kyklopen gefunden habe. — Zu 348 vgl. Eurip. Kykl. 414: σκέψαι, τόδ' οἷον Ἑλλὰς ἀμπέλων ἄπο θεῖον κομίζει πῶμα. Cobet Misc. crit. p. 302 schlägt vor ὄφρα Ϝιδέης statt der Überlieferung ὄφρ' εἰδῇς.

350. Eine Entlehnung aus Θ 355 nimmt an Sittl die Wiederholungen p. 29.

352. Manche setzen das Fragezeichen nach πολέων, wo indes besser mit Eustathius Komma gesetzt wird, weil ἐπεί bei Homer nie geradezu 'denn' bedeutet. Bekker hat ohne den Vorgang der Alten den Vers athetiert.

360. Über das in der Thesis gedehnte οἱ vgl. den Anhang zu η 221. Bekker hat von G. Hermann die Umstellung ἐγὼν αὖτις statt des überlieferten αὖτις ἐγώ in den Text genommen.

366. Diese Dehnung der letzten von drei Kürzen vor Vocalen auch 392. E 576. Θ 556, ähnlich κ 322. ν 213. τ 553. Vgl. auch den Anhang zu κ 265. Vom gedehnten Dativus singularis zu ζ 248, von der Dehnung vor Konsonanten zu γ 230 und W. Hartel hom. Stud. I p. 39 ff. Indes findet Naber Quaestt. Hom. p. 136 den Hiatus ὄνομα· Οὔτιν unerträglich und vermutet nach ω 306 ὄνομ' ἔστ', was hier einige Handschriften bieten. Vgl. dagegen Hartel hom. Stud. I² p. 57. 126. In Bezug auf die Sache spricht W. Grimm die Sage von Polyphem p. 24 'von der List, womit sich Odysseus den Namen Niemand beilegt, die nur in dem esthnischen Märchen wieder zum Vorschein kommt. Sie ist auch

in deutschen Sagen ein wohlbekannter Zug.' Dazu werden Beispiele gegeben. Zwei Gegenbilder zum homerischen Polyphemos in Bezug auf dessen Bestrafung giebt aus einem deutschen Märchen und aus einer Erzählung bei den Oghuziern auch J. F. Lauer Litterarischer Nachlafs I. Herausgegeben von Th. Beccard und M. Hertz (Berlin 1851) p. 319 ff. Anklänge an den homerischen Odysseus dieser Situation finden sich auch nicht selten in den neugriechischen Volksmärchen: vgl. L. Ross Erinnerungen und Mitteilungen aus Griechenland. Von Otto Jahn. Berlin 1863 p. 289.

370. Apollonius de pron. p. 291^c hat den Imperativ ἔστω, den Bergk commentt. crit. spec. V. Marburg 1850 p. 6 verlangt, statt des in Handschriften und bei Grammatikern wie Herodian zu A 41 überlieferten ἔσται. Das letztere ist vorzuziehen: denn durch das Futurum, das den Ausdruck eines kategorischen Versprechens enthält, wird der Gedanke höhnischer hingestellt. Vgl. zu σ 358 und Anhang zu π 272. Das τὸ δέ hat Düntzer wieder in τόδε geändert, wie hier vor F. A. Wolf gelesen wurde.

377. ἀναδυίη statt des gewöhnlich gelesenen ἀναδύη verlangte Bekker Hom. Blätt. I p. 70 und so hat Cauer jetzt geschrieben.

383. ἐρεισθείς ist die aristarchische Lesart. Dieselbe ist sinnlich bezeichnender als das gewöhnlich gelesene ἀερθείς, da dieses 'emporgehoben' den hier notwendigen Begriff des 'Anstemmens an den Pfahl um ihn zu drücken' erst als Konsequenz durch einen Schlufs erhält, während ἐρεισθείς diesen Begriff mit der einfachsten Bestimmtheit ausdrückt. Sodann ist die Bezeichnung 'emporgehoben' schon durch ἐφύπερθεν im Gegensatz zu dem ὀφθαλμῷ hinlänglich dargelegt. Auch dient das Entsprechen von ἐρεισθείς und ἐνέρεισαν dazu, die gleiche Thätigkeit des Odysseus und der Gefährten nachdrücklich in Parallele zu stellen, denn auch von Odysseus wird 384 δίνεον gesagt vgl. 388 δινέομεν.

384. G. Hermann Opusc. II p. 51 erklärte: *ut si quis carinam terebraret, qua forma poeta propterea utitur, quia in mente habet, ita Cyclopis oculum torquebamus, tamquam si trabem 'terebraremus'*. Ameis: 'wie man sich anstämmt, so oft einer, mit dem Optativ τρυπῷ, weil die Vergleichung eine schon den ältesten Griechen beim Schiffbau gewöhnliche Verrichtung enthält'. Allein dadurch kann die Auffassung des Optativs von einer wiederholten Handlung, wie sie auch Friedlaender Beiträge zur Kenntnis der hom. Gleichnisse I p. 21 billigt, schwerlich gerechtfertigt werden. Diese rein objektive Auffassung des Optativs würde nur passen, wenn der Vergleich mit ὡς δ' ὅτε (was übrigens drei Handschriften bei La Roche haben, wozu der Konjunktiv τρυπᾷ von Draco de metr. 86, 26 geboten wird), eingeleitet, von dem Vorhergehenden getrennt wäre und nur zur Einleitung der folgenden, die Thätigkeit der Gesellen veranschaulichenden Züge diente. Aber der Vergleich soll im engen Anschlufs an das Vorhergehende zunächst die Thätig-

keit des Odysseus selbst veranschaulichen. Nun dient der Optativ in Vergleichen (vgl. Friedlaender p. 20) sonst nur dazu den Gemütszustand des Redenden durch eine in der Phantasie desselben lebendige Vorstellung zu schildern und wie sehr dem auch das objektive ὅτε statt des sonst regelmäfsigen subjektiven εἰ, sowie τὶς ἀνήρ und die folgende objektive Ausführung im Indikativ zu widersprechen scheint, so sind wir doch zunächst durch die Analogie darauf hingewiesen, auch hier im Optativ den Ausdruck der inneren Stimmung, welche die Thätigkeit des Redenden begleitete, zu sehen. So gefafst ergiebt sich der Sinn: ich kam mir in meiner Lage, bei dem Drehen des Pfahls vor, wie ein Mann, der in der Lage ist, einen Schiffsbalken zu bohren, d. h. ich drehte so rücksichtslos, als ob ich nicht ein lebendiges Wesen unter mir gehabt hätte, sondern ein Stück Holz, das man durchbohrt. Erst mit dem an den Schlufs dieses Gedankens gestellten τρυπανῷ, welches den Anlafs zu einer weiteren Ausführung des Vergleichs giebt, wird die subjektive Beziehung des Vergleichs verlassen und es schliefsen sich im Indikativ objektive Züge an, welche die Thätigkeit auch der Genossen im Vergleich zu Odysseus selbst veranschaulichen. — Übrigens dachte Ameis an τρυπῶν (statt τρυπῷ): ὡς ὅτε nämlich ἐρεισθεὶς δινεῖ, sodafs das Particip zu τὶς die nähere Erklärung wäre, wie N 471. Π 407, vgl. M 132. N 571. O 630.

385. van Herwerden im Hermes XVI (p. 351—79) fordert statt der überlieferten Indikative ὑποσσείουσιν und τρέχει die Konjunktive ὑποσσείωσιν und τρέχῃ. — Der ἱμάς ist von der Mitte des Drillbohrers aus nach entgegengesetzten Richtungen um den Schaft geschlungen, so dafs man abwechselnd die beiden Enden des Riemens hin- und herziehen und dadurch gleichzeitig ein regelmäfsiges Auf- und Abwickeln bewirken kann, während auch der Lauf des Bohrers regelmäfsig wechselt. In der Nachahmung hat Euripides Kyklops 460: ναυπηγίαν δ᾽ ὡς εἴ τις ἁρμόζων ἀνὴρ διπλοῖν χαλινοῖν τρύπανον κωπηλατεῖ. Auch Apollonius im Lex. giebt den Plural ἱμᾶσιν, wodurch sachlich die beiden Enden des Riemens bezeichnet werden. Bei Pollux VII 113. X 146 heifst der durch Umschlingung 'den Bohrer haltende Riemen' τρυπανοῦχος ἀρίς ohne dazwischengesetztes Komma.

387. ἑλόντες ist die Lesart Aristarchs nach Didymos, während Eustath. ἔχοντες als Aristarchs Lesart bezeichnet, was nach Nitzsch erklär. Anmerk. III p. 63 und Ludwich Arist. hom. Textkritik I p. 576 wahrscheinlich so auszugleichen ist, dafs ἔχοντες nicht die Lesart, sondern die Erklärung Aristarchs war. Die neueren Herausgeber, wie Bekker, Kayser-Hinrichs, Nauck, Düntzer, Cauer, schreiben ἔχοντες. — Über die Komposition von πυρήκης vgl. Foddo über Wortzusammensetzung im Homer I, Breslau 1871 p. 21 und Meyer in G. Curtius Stud. V p. 86.

388. Ich habe mit Nitzsch, Bekker, Kayser (vgl. J.

La Roche Hom. Stud. § 72, 8) von J. H. Voss Hymn. an Dem. p. 110 die von Ameis bekämpfte Konjektur ἰόντα statt des überlieferten ἐόντα angenommen: 'und Blut umfloſs ihn heiſs, den immerfort gehenden, so daſs θερμόν siedendheiſs zu αἷμα gehört und ἰόντα dem τρέχει entspricht.' Voss. Der Zusatz θερμὸν ἐόντα ist matt, während θερμόν wirksam zu αἷμα tritt und ἰόντα dem τρέχει 386 entsprechend zur ausführenden Anwendung des Vergleichs ein fast unentbehrliches Moment giebt.

390. Zur Etymologie von γλήνη vgl. Ahrens Beiträge zur griech. u. lat. Etym. I p. 141, welcher hier das Wort in dem Sinne von 'Auge' gefaſst wissen will. — Statt des überlieferten σφαραγεῦντο vermutet van Herwerden in d. Revue de philol. N. S. 1878, II (p. 195 ff.) σμαραγεῦντο vgl. B 210.

393. Ameis' Erklärung von αὖτε 'wieder, wie das Eisen die Kraft des Mannes, vgl. Γ 62' ist von Friedlaender Beiträge zur Kenntnis der hom. Gleichn. I p. 30 mit Recht bekämpft. Die im Kommentar gegebene Erklärung schlieſst sich an Nitzsch Anmerkung zur Stelle an. Über das Ablöschen des Eisens vgl. Schliemann Troja, Leipzig 1884 p. 109 ff.

395. An Stelle des überlieferten δὲ μέγ' vermutet van Herwerden in d. Revue de philol. 1878, II (p. 195 ff.) δ' ἄρ' ὅ γ'.

400. Statt der überlieferten Lesart δι' ἄκριας ἠνεμοέσσας vermutet Gitlbauer philol. Streifzüge p. 158 διακριδὸν (gesondert) ἠνεμοέσσιν. Statt ᾠκεον ἐν vermutet Nauck in d. Mélanges Gréco-Rom. V, 2 p. 98 ναῖον ἐνί.

405. 406. Zwei selbständige Fragen, jede mit ἤ μή, sind hier kräftiger und für den Zusammenhang geeigneter, als wenn man nach Apollonius de synt. p. 164, de pron. p. 317ᶜ und bei Herodian zu I 680 zweimal εἰ μή mit Konjunktiven lesen wollte, wie Bergk commentatt. crit. spec. V p. 7 wollte.

411. νοῦσος Διός ist mit Kayser wohl vom Wahnsinn zu verstehen, wogegen freilich Braumüller Krankheit und Tod bei Homer I p. 11 spricht. Zu dem Genetiv Διός bei νοῦσος vgl. ἀνέμων κῦμα ν 99, τῶν θάνατον ο 275, ἐν ἐσθῆτι θεῶν ω 67, κύματα ἀνέμων Β 396, νέφεα Νότοιο Δ 306. Zu Krüger Di. 47, 5, 1 und 47, 7. — οὔ πως ἔστι mit dem Infinitiv oder Accusativ und Infinitiv findet sich β 130. 310. ε 103. 137. 413. ι 411. κ 170. λ 158. ο 49. ρ 12. 286. σ 52. τ 555. 591. φ 331 und in der Ilias M 65. 337. N 114. Ξ 63. P 464. T 225. Υ 97. Absolut gesetzt ist es χ 136, und Z 267 steht οὐδέ πη ἔστιν.

414 Naber Quaestt. hom. p. 136 verlangt, das Objekt vermissend, ὥς ϝ' ὄνομ' statt des überlieferten ὡς ὄνομ'.

419. ἤλπει' nur hier mit Augment, um zum Unterschied von dem Präsens ἔλπετ' das Imperfektum hörbar zu machen; an den übrigen zwölf Stellen dagegen, wo keine Elision stattfindet, ist ἔλπετο gesagt: γ 275. K 355. O 288. 539. 701. Π 609. P 234. 395.

404. 406. 495. 603. Nur hat Bekker aus Konjektur O 288 μάλ' ἐϝέλπετο und O 701 δ' ἐϝέλπετο gegeben, aber O 539 δ' ἔλπετο im Texte unverändert gelassen. Cobet Misc. crit. p. 274 schlägt auch hier vor: οὕτω γάρ τι μ' ἐϝέλπετ'.

425. 'Seit Buttmann pflegt man dem Aristarch gegen alle Überlieferung οὔιες beizulegen': Ludwich Aristarchs hom. Textkritik I p. 576. Die überlieferte Lesart ὄιες wird von Meineke zu Theokr. 1, 9 und zu Kallim. h. in Apoll. 53, auch W. C. Kayser bei Faesi und Hartel hom. Stud. I p. 70 verteidigt. Fick schreibt ὀϝιες, wie auch Hinrichs bei Faesi neben ὤιες empfahl. — 426. Nach Veckenstedt Geschichte der griech. Farbenlehre p. 155 bezeichnet ἰοδνεφής als Farbenbezeichnung ein Schwarz, das über ein kaum bemerkbares Blau zu einem rötlichen Schimmer führt.

428. Statt des überlieferten εἰδώς hat Bekker aus Konjektur πέλωρ ἀθεμίστια εἰδός gegeben unter Vergleichung von B 321. Σ 410. χ 219. μ 87. Aber εἰδώς mit dem Akkusativ bezieht sich immer auf den Hauptbegriff, nicht auf die Apposition.

430. Die Form σώω bei Homer verwerfend, korrigiert Nauck in d. Mélanges Gréco-Rom. IV p. 138 σαόοντες statt des überlieferten σώοντες.

435. Die Verbindung von νωλεμέως mit ἐχόμην wird trotz Wortstellung und Versrhythmus durch folgende Erwägungen geboten: 1) durch die unmittelbare Verbindung dieser Worte μ 437, vgl. π 191. E 492; 2) die Wortstellung hat ihre Analogie in μ 388 τυτθὰ βαλὼν κεάσαιμι, λ 418 μάλιστα ἰδὼν ὀλοφύραο, vgl. den Anhang zu θ 520, und ist dadurch veranlaſst, daſs στρεφθεὶς ἐχόμην, wie ähnlich μ 433 προσφὺς ἐχόμην, ι 433 ἐλυσθεὶς κείμην als eng zusammengehörige Begriffe, da sie Beginn und Dauer derselben Handlung zusammenfassen, auch lokal aneinander gerückt sind. — van Herwerden in der Revue de philol. 1878, II (p. 195 ff.) versteht στρεφθείς conversus, Düntzer: 'gedreht, nach der einen Seite hingewendet, damit das Gesicht frei blieb'.

447. In solchen Stimmungen scheint der Lieblingsgegenstand momentan von Geist beseelt mit dem Menschen zu sympathisieren. Wie hier Polyphemos mit seinem Leitbock redet, so anderwärts ein Held mit seinen Rossen oder seinem Schwerte, Sappho mit ihrer Leier, Tell mit seinem Bogen. Auſserdem giebt Düntzer folgende gute Bemerkung: 'Die liebevolle Neigung zum Widder söhnt uns einigermaſsen mit Polyphemos aus, aber seine Strafe wird gerade dadurch schärfer, daſs sein geliebter Bock ihm den Odysseus entführt.'

448. Die kontrahierte Form οἰῶν verwerfend, empfiehlt Monrad de contractionis et syniz. p. 59 die in einigen Handschriften gebotene Lesart ἔρχεο ἀρνῶν statt ἔρχεαι οἰῶν.

450. μακρὰ βιβάς enthält hier ein komisches Pathos im Vergleich zu den übrigen Stellen: λ 539. Γ 22. Η 213. Ο 307.

686. *N* 809. *O* 676. *Π* 534, wo muterfüllte Helden geschildert werden.

456. *ποτιφωνήεις* ist ein von *ποτί* und *φωνή* (zu τ 33) gebildetes Adjektiv dieser Art, ohne dafs sich das zusammengesetzte Substantivum nachweisen läfst. Ebenso verhält es sich mit *ἀμφιγυήεις* aus *ἀμφί* und *γυῖον* (zu ϑ 300), mit *βαϑυδινήεις* aus *βαϑύς* und *δίνη*, mit *ἁλιμυρήεις*, wozu aus dem wirklichen Gebrauch auch nur *μῦρος* vorzugsweise der 'Flutfisch' nachweisbar ist (zu ε 460), und aus dem späteren Gebrauch *περιτιμήεις* Hymn. in Apoll. Del. 65 und *ὑπερηχήεις* Quint. Sm. II 1, wo indes Köchly getrennt hat. Andere suchen das *ποτιφωνήεις* durch Konjektur zu entfernen. So Ahrens im griech. Elementarbuch aus Homer p. 83 durch die Trennung *ποτὶ φωνήεις*, wobei die Stellung des *τέ* durch manche der zu ϑ 540 erwähnten Beispiele gerechtfertigt wäre; und A. Göbel de epith. Hom. in *εις* desinentibus p. 42 durch die Konjektur *εἰ δὴ ὁμοφρονέοις ποτέ, φωνήεις τε γένοιο*, wodurch jedoch teils der Vers in zwei gleiche Hälften zerfiele (zu γ 34), teils die Stellung des *ποτέ* am Schlufs des Satzes ohne Beispiel wäre. — *ὁμοφρονέοις* verstehen Faesi-Kayser: auch Verstand hättest, auch dächtest, wie ich (*ὁμῶς ἐμοί*); Adam in den Blätt. f. d. bayersch. Gymnasialwes. 1871 p. 147: fähig zu denken. So sehr aber die Verbindung mit dem folgenden *ποτιφωνήεις* diese Auffassung empfiehlt, so ist dieselbe doch nach dem übrigen Gebrauch des Wortes sehr bedenklich. Andrerseits scheint der hier ausgesprochene Wunsch vorbereitet durch den Gedanken 452 *ἦ σύ γ' ἄνακτος ὀφϑαλμὸν ποϑέεις*, worin dem Widder eine Ahnung von dem schmerzlichen Verlust seines Herrn beigelegt wird. Nahe liegt dabei der Gedanke, wie schmerzlich es in solcher Lage sei, einen mitfühlenden Freund entbehren zu müssen und dem entspricht wohl der Ausdruck *ὁμοφρονεῖν* vgl. o 198. So gefafst: wenn du doch mit mir empfinden, als Freund meinen Schmerz mit mir teilen könntest, enthält der Wunsch eine angemessene Steigerung des vorhergehenden Gedankens 452f. Übrigens vermutet Cauer: *ὁμοῦ φρονέοις*.

457. Bekker und Cauer haben statt *ἠλασκάζει* G. Hermanns Konjektur *ἠλυσκάζει* (so Vratislav. A bei La Roche) aufgenommen, wodurch aber ein isoliertes η in den Homer gebracht wird, da sonst nur *ἀλυσκάζω ἀλυσκάνω ἀλύσκω* gefunden wird. — V. 459 hat Düntzer die überlieferte Lesart *ῥαίοιτο* aus Konjektur in *ῥαίνοιτο* verwandelt, weil ihm mit Bezug auf 290 'der Begriff des Spritzens' notwendig zu sein schien. So verlangt auch A. Nauck im Bulletin de l'Academie de St. Petersbourg 1864 T. IX p. 335 unter Vergleich von Soph. Trach. 781, Eurip. Cycl. 402 fr. 388, und so haben jetzt auch Hinrichs und Cauer geschrieben.

462. Th. Bergk äufserte einmal in einem Gespräche zu Ameis, dafs statt *ἠβαιόν* bei Homer wahrscheinlich überall *ἢ βαιόν* zu schreiben sei nach der zu ι 276 erwähnten Analogie. Dazu be-

merkte Ameis: 'In der Überlieferung freilich haben alle bekannten Handschriften ἠβαιόν: hier und οὐδ' ἠβαιόν γ 14. B 380. 386. N 106. 702. T 361. οὐδ' ἠβαιαί σ 355. φ 288. Ξ 141. Accent und Spiritus werden ausdrücklich bezeugt im Et. Magn. 417, 16, Et. Gud. 234, 41, vgl. auch Zonar. Lex. 971. Auch Apollon de Coni. 524, 6 hat es angenommen, indem ihm der Anfang von ἠβαιόν als ein πλεονασμὸς τοῦ ἦ gilt wie von τιή das Ende. Dagegen bietet der Harleianus zu φ 288 οὐ δὲ βιαί im Texte, was vielleicht aus οὐ δὴ βαιαί verdorben ist. Denn die zweite Ausnahme von der allgemeinen Überlieferung giebt der Schol. A zu B 380: 'οἱ μὲν τὸ πληρές φασι βαιόν, οἱ δὲ ἠβαιόν. ἔστι δὲ εἰπεῖν ὅτι παρὰ μὲν τῷ ποιητῇ ἀπὸ τοῦ ἦ ποιεῖ τὴν ἀρχὴν ἀεὶ "ἐλθόντες δ' ἠβαιόν" (Od. 9, 462), παρὰ μέντοι τοῖς νεωτέροις δισσὴ ἡ χρῆσις· "βαιὸν ὑπὲρ ποταμοῖο". καὶ Καλλίμαχος δὲ "ἠβαιὴν οὔτι κατὰ πρόφασιν.' Bekanntlich wird schon Hesiod. Op. 418 βαιὸν ὑπὲρ κεφαλῆς gefunden. Aus welcher Zeit aber das erwähnte Scholion herrühre, und ob man darin aufser für οὐ δὴ βαιόν auch für οὐδ' ἠ βαιόν eine Bestätigung finden könne, das wage ich nicht zu entscheiden. Schliefslich möge noch hinzukommen, dafs in Bekk. Anecd. III p. 1095 aus den γλῶσσαι κατὰ πόλεις unser ἠβαιόν als Eigentümlichkeit der Kyprier bezeichnet wird. W. Sonne in Kuhns Zeitschr. XII p. 277 betrachtet ἡ in ἠβαιόν als Instrumental des Pronominalstammes, sodafs ἠβαιόν 'wie — oder so — wenig' bedeute, also οὐδ' ἠβαιόν 'nicht einmal so wenig (nicht im mindesten'). Vgl. auch La Roche Hom. Textkritik p. 268.'

473. Schon Nitzsch zu ι 491 bemerkte den Widerspruch, der in der Angabe ι 491 ἀλλ' ὅτε δὴ δὶς τόσσον ἅλα πρήσσοντες ἀπῆμεν nach 473 τόσσον ἀπῆν, ὅσσον τε γέγωνε βοήσας enthalten ist, da jene doppelt so weite Entfernung die Möglichkeit sich dem Cyklopen verständlich zu machen ausschliefsen müfste. Aus diesem Widerspruch hat nun Ed. Kammer zur homer. Frage II p. 77 f. und die Einheit der Odyssee p. 465 ff. gefolgert, dafs die erste Anrede des Odysseus an den Cyclopen mit dem was dazu gehöre (475—501) interpoliert sei, und diese Vermutung besonders darauf gestützt, dafs der Inhalt der ersten Anrede (475—479) der voraufgehenden Ankündigung 474 προσηύδων κερτομίοισιν ebensowenig entspreche, als der Inhalt der zweiten (502—505) der Ankündigung προσέφην κεκοτηότι θυμῷ, vielmehr die zweite Anrede von dem triumphierenden Hohne gesättigt sei, der dem κερτομίοισιν so wohl entspreche. Ebenso hält Borgk griech. Literaturgesch. I p. 683 die erste Anrede für interpoliert; und Düntzer homer. Abhandl. p. 420, wenn er die Gründe auch nicht dringend findet, neigt doch ebenfalls dieser Vermutung zu, da die Stelle durch diese Annahme an Kraft und Bedeutung gewinne. Andere glaubten den Widerspruch durch eine Konjektur in 491 beseitigen zu müssen: so vermutete Nitzsch δὴ αὖτις τόσσον und Lehrs in Zarnckes literar.

Centralblatt 1870 St. 50 δὴ τοσσοῦτον = soweit, ebensoweit, vgl. ϑ 203. Dagegen erklärt John Mayor (nach Giseke in Bursians Jahresbericht über die Fortschr. d. class. Altertumswissensch. 1873 p. 923), sowie Wittmann wie ist Homer in der Schule zu lesen, Büdingen 1883 p. 17, die Formel 473 nicht von der äufsersten Hörweite, sondern innerhalb der Hörweite, so dafs für ι 491 δὶς τόσσον noch Raum bleibe, während Giseke im Philol. Anzeiger III p. 390 δὶς τόσσον auf ὅσα παρέξ 488, nicht auf 473 bezieht. Letztere Deutung hat schon Nitzsch mit Recht zurückgewiesen: da der Cyclop mit Aufwendung aller Kraft (538) beim zweiten Wurf das Schiff nicht erreicht, so zeigt sich, dafs wirklich eine doppelte Entfernung von der beim ersten Wurf den Verhältnissen entspricht, wie sie andererseits der klugen Vorsicht des Odysseus nach der ersten Erfahrung angemessen ist; der Widerspruch ist also jedenfalls anzuerkennen. Um aus demselben jedoch auf Interpolation der ersten Anrede zu schliefsen, scheinen die beigebrachten Gründe nicht ausreichend. Jene erste Anrede enthält in den Eingangsworten einen unverkennbaren, wirksamen Hohn, wenn Odysseus ihn an sein schweres Leid erinnernd, ruft: kein Schwächling war, wie du nun wohl eingesehen hast, der Mann, dessen Gefährten du verzehrtest; auch den folgenden Worten fehlt es in ihrer Beziehung auf des Cyclopen übermütige Verachtung der Götter 273 ff. nicht an Bitterkeit; die zweite Anrede andererseits kann, wenn sie auch von Hohn erfüllt ist, doch als Ausflufs des Grolls, dem jener ja entquillt, bezeichnet werden. Vgl. auch Bischoff im Philol. XXXVII p. 166 ff. Im übrigen scheint mir der vorhandene Widerspruch leicht erklärlich und verzeihlich, da die 473 gegebene Bestimmung als formelhafte nur eine ungefähre ist und nicht das äufserste Mafs der Hörweite zu bezeichnen braucht. Richtig bemerkt auch Bischoff a. O. p. 168: 'Nur das erste Mal ist die Entfernung durch das Bild veranschaulicht; wenn es dann später heifst: zweimal so weit, so haben Dichter und Zuhörer nur noch die durch jenen Ausdruck angedeutete Entfernung vor Augen, nicht mehr das Bild, welches zur Veranschaulichung gedient hatte'. Auffallen mufs aber der Wechsel in der Wahl des geworfenen Gegenstandes: 481 ἀποῤῥήξας κορυφὴν ὄρεος μεγάλοιο und 537 πολὺ μείζονα λᾶαν ἀείρας: man sollte eher erwarten, dafs die Bergspitze an zweiter Stelle verwendet würde, wo doch offenbar eine Steigerung im Verhältnis zum ersten Wurf beabsichtigt ist. Vgl. dazu und über das Verhältnis von 537 f. zu H 268 f. Sittl die Wiederholungen in d. Od. p. 27. C. Rothe de vetere quem ex Od. Kirchhoffius eruit νόστῳ p. 3 ff. vgl. 12 ff. verwirft 537 f., sowie den ganzen Rest des Buches bis 566.

474. κερτομίοισιν substantiviert wie υ 177. Α 539. Ebenso ὀνειδείοισιν Χ 497. μειλιχίοισι υ 165. Δ 256. Ζ 214. Ρ 431. Krüger Di. 43, 4, 4. Übrigens ist der mutwillige und neckende Hohn ein

charakteristischer Zug in märchenhaften Erzählungen. Es findet sich diese epische Sitte auch in milderem Sinne als Prüfung, vgl. den Anhang zu o 304.

479. Nauck bemerkt: spurius? — Die Worte enthalten eine Beziehung auf 269—277.

483. „ἀθετεῖται." H. M. Q. V. Vgl. Carnuth Aristonic. p. 92. Mit Recht. Denn wegen des Steuerruders, das sich am Hinterteil befindet, und wegen der 485 ff. geschilderten Wirkung ist der Vers aus 540 hier unpassend eingefügt. Er müfste sachlich wenigstens mit vorausgehendem κὰδ δὲ βαλών πρ. v. κ. hier heifsen: τυτθὸν ἐδεύησεν πρωρήσιον ἄκρον ἱκέσθαι, wenn das von dem Etym. M. p. 177, 47 erwähnte Wort sonst vorkäme und das κὰδ δὲ βαλών in einer homerischen Quelle nachweisbar wäre. Es ist dies eine Konjektur von M. Axt inscriptiones duae Graecae (Kreuznach 1855) p. 23 und Coniectanea Homerica (ebd. 1860) p. 27. Übrigens interpungieren manche nach κυανοπρώροιο und verbinden nach Weglassung des δ' das adverbiale τυτθόν mit ἐδεύησεν, teils des Sinnes wegen teils wegen des Digamma von οἰήιον, wie auch Bekker T 43 und μ 218 das Digamma vorgesetzt hat. Und dies verteidigt J. La Roche Hom. Stud. § 34, 24. Aber derselbe Sinn liegt in den Worten auch mit beibehaltenem δ', vgl. den Kommentar zu 540. Ebenso urteilt Bekker im Berliner Monatsbericht 1861 p. 1037 (= Hom. Blätt. I p. 286 f.) unter Aufführung von Alciphron III 5, 3 ἐδέησα κινδύνῳ περιπεσεῖν und kurz nachher ἐδέησέ μου κατὰ τοῦ βρέγματος καταχέαι ζέοντος τοῦ ὕδατος, wozu Haupt im Hermes IV p. 30 Pausan. IV, 17, 8 fügt.

486. Über θεμόω vgl. Lobeck Rhem. p. 161, Fick Vergl. Wörterb. ³ I p. 114 unter dhaman. Über die angebliche Lesart Aristarchs θέμωσεν statt θέμωσε δέ vgl. Ludwich Aristarchs hom. Textkritik I p. 576 f. Derselbe Gedanke bei Eur. Iph. T. 1363 mit εἰς γῆν δ' ἔμπαλιν κλύδων παλίρρους ἦγε ναῦν. Vgl. zu diesem Verse auch Nitzsch Sagenpoes. p. 173. — 487 f. Eine abweichende Erklärung der Worte ὧσα παρέξ giebt Breusing die Nautik der Alten p. 105.

490. κατανεύων. Über die Dehnung des α vor ν vgl. Hoffmann quaest. Hom. I p. 150. Über die dem ἐμβαλέειν κώπῃς und προπεσεῖν entgegengesetzte Bewegung ἀνακλινθῆναι vgl. zu ν 78.

491. Statt πρήσσοντες las Rhianos πλήσσοντες, welche Lesart K. Mayhoff de Rhiani Cretensis stud. Hom. p. 77 ff. empfiehlt. Dagegen bemerkt Nauck in d. Mélanges Gréco-Rom. IV p. 5: 'Das Simplex πλήσσω oder πλήττω ist im Präsens und Imperfektum aktiver wie passiver Form überhaupt vor Aristoteles nicht nachweisbar.' Bergk im Philol. XXXII p. 563 vermutete ῥήσσοντες. — Vgl. auch den Anhang zu 473.

492. καὶ τότε δή ist die Lesart des Aristarch, die ich mit Kayser aufgenommen habe, weil 'die nachdrückliche Betonung

des Zeitpunktes, in welchem er sich den neuen Versuch erlaubte, sehr angemessen ist.' — Den Vers 494 gebraucht Phokion bei Plutarch Phok. 17.

496. Statt des überlieferten ὀλέσθαι verlangt Naber Quaestt. Hom. p. 103 ὀλεῖσθαι, wie auch Madwig adversar. crit. I, 170, Cobet Misc. crit. p. 329 und wie Nauck und Düntzer geschrieben haben, vgl. dagegen Capelle im Philol. XXXVII p. 120.

504. In der Nennung des Namens Ὀδυσσῆα liegt hier eine höhnische Siegesfreude: Odysseus befindet sich überhaupt bei diesem ganzen Vorgange in einer verwegenen Stimmung. Nach Aristot. Rhet. II 3, 16, wo auf unsere Stelle hingedeutet wird, ist die Rache erst dann vollkommen, wenn der Bestrafte weifs, von wem und weshalb er gestraft worden ist. — Statt πτολιπόρθιον ἐξαλαῶσαι vermutet van Herwerden in d. Revue de philol. 1878, II (p. 195 ff.) πτολίπορθον σ᾽ ἐξαλαῶσαι.

508. ἠΰς τε μέγας τε verbunden wie B 653. Γ 167. 226. E 628. Z 8. Λ 221. T 457. Ψ 664. Ebenso καλός τε μέγας τε α 301. γ 199. ζ 276. Φ 108; μέγαν καὶ καλόν ι 513; καλή τε μεγάλη τε ν 289. ο 418. π 158; καλὼ καὶ μεγάλω Σ 518; auf Tiere und Gegenstände übertragen ι 426. ξ 7. σ 68. Dazu εἶδός τε μέγεθός τε ε 217. ζ 152. λ 337. σ 249. ω 374. B 58, wechselnd mit εἶδος καὶ μέγεθος ω 253 und μέγεθος καὶ κάλλος σ 219. Dieselbe Verbindung bei Herodot wie VII 187 g. E. Vgl. Chr. Bähr zu Herod. III 1. Mit Recht sagt Bernhardy griech. Litt. I[3] p. 17: 'im besonderen sehen wir den Begriff der Schönheit mit völligem und stattlichem Wuchse schon in der seit Herodotus üblichen Phrase μέγας καὶ εὐειδής, μέγας καὶ καλός (Boissonade zu Eunap. p. 333) verschmelzen.' Über diese Verbindung von 'Schönheit und Gröfse', die von Homer an durch die ganze Gräcität hindurchgeht, vgl. auch K. F. Hermann über die Studien der griech. Künstler p. 61, Nitzsch Beitr. zur Gesch. der ep. Poesie p. 132 Anm. 2. — Die Namen Τήλεμος und Εὐρυμίδης bezeichnen das Ferne und Weite.

512. Naber in der Mnemosyne 1855 p. 212 (auch Quaestt. Hom. p. 137) hat statt ἁμαρτήσεσθαι die Vermutung ἀμερθήσεσθαι aufgestellt mit Vergleichung von ϑ 64. X 58. Über die Verbindung dieses Verbums mit ἐξ vgl. Krüger Di. 68, 17, 6.

518—536 werden von Düntzer hom. Abh. p. 420 f. verworfen: 'Auf den höhnenden Vers ἀλλ᾽ ἄγε, δεῦρ᾽, Ὀδυσεῦ, ἵνα τοι πὰρ ξείνια ϑείω mufs unmittelbar der mit den ξείνια gemeinte Wurf folgen.' Vgl. Niese die Entwicklung d. hom. Poesie p. 173 und dagegen Rothe de vetere quem ex Od. eruit Kirchhoffius νόστῳ p. 6. 17.

525. Wie hier Nitzsch, so urteilt auch Grote Gesch. Griech. I 523 der Übers. von Meissner. Aber wenn auch Odysseus glaubt, dafs Poseidon den Fluch des Polyphemos erhört (536),

und wenn auch Zeus in vorliegendem Falle 553 das Opfer nicht
gnädig annimmt: so ist doch der Zorn des Poseidon gegen Odysseus nicht durch diese kraftvolle Rede berechtigter Siegesfreude,
sondern durch die Blendung des Polyphemos erzeugt worden, vgl.
α 69. λ 103. ν 343. So urteilt auch Nägelsbach hom. Theol.
² I 14 p. 35. Auch ist nirgends erwähnt, daſs der fromme Odysseus durch Poseidons Zorn sich die Götter überhaupt verfeindet
habe: es sprechen vielmehr dagegen α 65 ff. und ε 7 ff. so wie die
schon vorher ι 39 bis 104 bestandenen Gefahren. — Über die
Verwendung der Wunschsätze zu einer Beteuerung wie hier vgl.
L. Lange der homer. Gebrauch der Partikel εἰ 1 p. 330 f.

527. ἀστερόεις von ἀστήρ (vgl. zu τ 33) *stelliger, stellatus* findet sich bei Homer als stehendes Beiwort in den Versausgängen οὐρανὸν ἀστερόεντα hier und λ 17. μ 380. Ο 371.
Τ 128; οὐρανοῦ ἀστερόεντος ν 113. Ε 769. Ζ 108. Θ 46. Τ 130;
einmal οὐρανῷ ἀστερόεντι Δ 44. Vereinzelt steht ἀστερόεντα von
θώρηκα des Achilleus Π 134 und von δόμον des Hephästos Σ 370,
beide Male im zweiten Versfuſse. Über den Sinn dieser Stellen
vgl. Anton Göbel De epithetis Hom. in εις desinentibus p. 12.

529. Das ἐτεόν steht bei Homer überall mit εἰ in Verbindung, und zwar entweder im Versanfang wie hier εἰ ἐτεόν γε
π 300. 320. ω 259; εἰ ἐτεόν ω 352; εἰ ἐτεὸν δή τ 216. ψ 36.
Ν 375; εἰ δ᾽ ἐτεόν Σ 305; εἰ δ᾽ ἐτεὸν δή Η 359. Μ 233; ἀλλ᾽
εἰ δή ῥ᾽ ἐτεόν γε Ο 53; abweichend εἰπέ μοι εἰ ἐτεόν γε ν 328;
oder am Versschluſs: εἰ ἐτεόν γε γ 122. Θ 423. Μ 217; εἰ ἐτεόν
περ Ξ 125; εἰ ἐτεόν με Ε 104. Ν 153; εἰ δ᾽ ἐτεὸν δή ψ 107.
Ähnlich zu Β 300 und dazu G. Autenrieth. ἐτεόν ist in dieser
Verbindung überall adverbial gesetzt. Vgl. auch J. La Roche
Hom. Stud. § 33, 16. Vergleichbar ist εἴ ποτε zu γ 98.

530. van Herwerden in der Revue de philol. 1878, II
(p. 195 ff.) vermutet πτολίπορθον οἴκαδ᾽ statt πτολιπόρθιον οἴκαδ᾽,
vgl. zu 504.

531. Der Vers fehlt hier in den meisten und besten Handschriften, vgl. W. C. Kayser im Philol. XVII p. 693, und Köchly
de Od. carmm. II p. 9: 'nec versum aeque importune ex luculenta
Ulixis de suo genere praedicatione v. 505 in aestuantem Cyclopis
exsecrationem illatum Alexandrinorum suspicio tacite praeteriisse
videtur, quem pluribus in codicibus omissum recte recentiores
reiecerunt omnes.'

535. Kayser hom. Abh. p. 14. 36 weist diesen Vers dem
Diaskeuasten zu.

540. Als ursprüngliche Bedeutung von δεύομαι stellt L.
Meyer in Kuhns Zeitschr. XIV p. 87 auf 'sich von etwas fern
halten', von δεύω 'fern sein von, verfehlen'. Danach ist mit
Delbrück d. Grundlage der griech. Syntax p. 47 diese Stelle zu

deuten: er war (noch gerade) fern davon, verfehlte es, das Steuerruder zu treffen.
550—555. In diesen Versen vermutet Düntzer hom. Abh. p 421 eine Interpolation. 555—564 verwirft Fick d. hom. Od. p. 308 'als einen reinen Cento', 537—66 Rothe de vetere quem ex Od. Kirchhoffius eruit *νόστῳ* p. 3 ff. 12 f. van Herwerden im Hermes XVI (p. 351—79) verwirft 554 f.
554. Dieselbe Wiederholung des Subjekts nach *τίς μ* 188. *σ* 142, so wie nach dem Nomen: *ξ* 422. *Α* 320. *Β* 3. 420. *Δ* 389. *Ε* 321. *Ζ* 504. *Μ* 305. 394. *Ν* 523. *Φ* 581. *Ψ* 5. Vgl. auch Bekker Hom. Blätter I p. 80. Dieses *ἀλλ' ὅ γε* aus den besten Hss. statt *ἀλλ' ἄρα*, weil das pyrrhichische *ἄρα* bei Homer sonst nirgends das nachfolgende Augment verdrängt. So nach dem Vorgange von Koës specimen observationum in Od. crit. (Kopenhagen 1806) p. 22 und K. Grashof zur Kritik des hom. Textes in Bezug auf die Abwerfung des Augments (Düsseldorf 1852) p. 9.

κ.

1. Zur Sage von Aiolos und der schwimmenden Insel vgl. Bender die märchenhaften Bestandteile d. hom. Gedichte p. 31, Jordan Homers Od. übersetzt p. 511, Breusing in d. Jahrbb. f. Philol. 1886 p. 85 ff., Sigismund Aromata, Leipz. 1884, p. 224, von Wilamowitz-Möllendorff Homer. Untersuch. p. 164, v. Baer über die hom. Lokalitäten in d. Od. p. 2 ff., A. Th. Christ das Aiolosabenteuer in d. Odyssee, Progr. Landskron 1888 p. 9.

3. Das *πλωτῇ* erinnert an die spätere Sage über Delos, wie bei Pindar Fr. 58 *ἥν γὰρ τὸ πάροιθε φορητὰ κυμάτεσσιν παντοδαπῶν τ' ἀνέμων ῥιπαῖσιν*, und an Herod. II 156. Nach Müllenhoff deutsche Altertumskunde I p. 51 wird sie schwimmend gedacht, weil die Richtung des Windes sich immerfort ändert. Breusing a. O. deutet *πλωτή* in der Luft schwebend vgl. Herod. II 156 mit Stephan. Byz. unt. *Χέμμις* und erklärt das Märchen aus Beobachtungen der Seeleute von Gebilden der Fata Morgana. Die 6 Söhne und 6 Töchter bezieht derselbe auf die 12 Winde d. h. auf die 12 Richtungen in der alten Teilung des Horizontes. In der spätern Zeit verstand man hier entweder eine der Inseln, die jetzt die liparischen heifsen, oder eine der ägatischen Inseln. Der Name des Windwarts *Αἴολος* (von *αἰόλος*) und seines Vaters *Ἱππότης* beziehen sich auf die Beweglichkeit.

4. Dafs die eherne Mauer freie Erfindung des Dichters sei, ist wahrscheinlich. Jedoch stellt Helbig d. hom. Epos p. 72, [2] p. 94 die Möglichkeit auf, dafs dabei eine dunkle Kunde von einem orientalischen Dekorationsmotive mafsgebend war, vgl. die Mauern von Ekbatana bei Herodot I 98.

5. Statt des überlieferten *καὶ δώδεκα* vermutet Nauck *δύο*

καὶ δέκα unter Billigung von Wackernagel in Bezzenbergers Beiträg. IV p. 289.

10. Statt des überlieferten αὐλῇ (5 Handschr. bei La Roche: αὐλή. γρ. καὶ αὐδή C.) haben manche die Konjektur αὐδῇ gebilligt. Bekker giebt die schon von Nitzsch empfohlene Konjektur Schäfers αὔλῃ d. i. αὐλήσει 'von Flötengetön' im Texte, mit Beistimmung von W. C. Kayser im Philol. XVIII p. 665, der sie auch in der Faesi'schen Ausgabe aufgenommen hatte. Rochefort Odyss. I [1777] p. 396 vermutete nach der Angabe bei Cauer: αὐλῷ, Düntzer und Nauck haben geschrieben: περιστεναχίζετ' ἀοιδῇ. Für die Überlieferung αὐλῇ haben sich ausgesprochen: H. Rumpf de aedibus Hom. I p. 28 not. 35 und G. Autenrieth bei Nägelsbach zu Α 317 p. 124*. Der letztere hat für die Beziehung der Präposition zum Verbum die Stellen x 454. 398. ρ 541. x 227 als Parallelen erwähnt. Ferner Hinrichs bei Faesi, welcher αὐλῇ zurückgeführt hat. Nach dem Zusammenhang ist περιστεναχίζεται ohne allen Zweifel, wie ψ 146, als die Folge von Spiel und Tanz, oder wenigstens von Spiel und Gesang zu verstehen; vgl. ρ 270 κνίση μὲν ἀνήνοθεν, ἐν δέ τε φόρμιγξ ἠπύει. Dabei ist aber der Zusatz des lokativen Dativs αὐλῇ, wenn man Stellen, wie x 454. ψ 146 vergleicht, so auffallend, daſs allerdings eine Verderbnis der ursprünglichen Lesart möglich ist. Die aufgestellten Konjekturen, welche dieselbe beseitigen, geben zugleich zu περιστεναχίζεται eine erwünschte Bestimmung, welche die den Wiederhall bewirkende Ursache enthält, wie ψ 146 ποσσίν. Dürfte man nicht annehmen, daſs in dem Zusammenhange mit κνισῆεν dem griechischen Hörer nach der stehenden Verbindung mit dem Mahl Saitenspiel und Gesang oder auch Tanz selbstverständlich als Ursache des περιστεναχίζεται vorschwebte, so wäre die Aufnahme einer der gemachten Konjekturen unabweislich; indes so erwünscht die Bestimmung der bewirkenden Ursache wäre, für notwendig halte ich sie nicht und da der Zusatz des lokalen Dativs αὐλῇ doch nicht sinnlos ist, so habe ich mit Ameis die handschriftliche Lesart beibehalten.

12. Bekker hat hier im Versschluſs τρητοῖς λεχέεσσιν beibehalten, obgleich er α 440 τρητοῖσι λέχεσσιν und Γ 391 δινωτοῖσι λέχεσσιν giebt. Aber auch hier wird die Vorliebe der Epiker zu dreisilbigen Schluſsformen bestätigt, indem die bessern Hss. τρητοῖσι λέχεσσι bieten wie an den beiden andern Stellen. Vgl. W. C. Kayser im Philol. XVIII p. 680 und J. La Roche in der Zeitschr. f. d. österr. Gymn. 1864 p. 93.

16. καὶ μὲν ἐγώ ist die Vulgata, die sich in den meisten und besten Handschriften findet; nur der Vind. 56 und die ed. princ. des Demetrios Chalkondylas geben αὐτὰρ ἐγώ, das Bekker und Nauck aufgenommen haben. Vgl. W. C. Kayser im Philol. XVII p. 706.

19. Bekker und Nauck geben δῶκέ μοι ἐκδείρας, was W. C. Kayser im Philol. XVII p. 716 beleuchtet mit dem Resultate, dafs durch die Elision δῶκε δέ μ' ἐκδείρας der Überlieferung ihr Recht widerfährt. So auch J. La Roche in der 'Unterrichts-Zeitung für Österreich' 1864 p. 207. Zur Elision des μοί vgl. auch Bekker zu *A* 170. Was sodann die Zahlbestimmung ἐννέωρος betrifft, so ist derselbe Begriff *Γ* 375 nach anderer Anschauung ausgedrückt. Eine neue Erklärung des Wortes aus Veranlassung einer Aufstellung von J. Classen in Fleckeisens Jahrb. 1859 p. 310 giebt H. Weber im Philol. XVII p. 166: 'wenn wir trennen ἐν-νέ-ωρο-ς, so ist der Stamm νε- leicht als der dem latein. *nov-u-s*, griech. νέϝ-ο-ς zu Grunde liegende zu erkennen.' Das -ωρο wird dann als verstärktes Suffix betrachtet und 'das noch fast adverbiale ἐν' soll 'eine vor allen seines gleichen oder vor dem des eigenen dabeistehenden Stammbegriffes hervorhebende Bedeutung' haben, so dafs das ganze heifse 'jugendlich, neu, frisch, kräftig mit besonderer Hervorhebung dieses Begriffes'. Diese Erklärung hat Düntzer also adoptiert: 'ἐννέωρος jugendlich, von ἐν und νεώρη, d. i. νέα ὤρη (wie ὀπώρη). Vgl. ἔνδιος δ 450.' Aber hierbei vermifst man erstens den Nachweis eines derartigen ἐν in wirklichen Compositis und zweitens die Begründung, warum ein so gewöhnlicher Begriff bei Homer nur in den wenigen auserwählten Beziehungen erscheint: *Σ* 351. *κ* 19. 390. *λ* 311. *τ* 179. Hierzu kommt, dafs *λ* 311. 312 die Gleichmäfsigkeit der poetischen Darstellung, die doch offenbar in ἐννέωροι mit ἐννεαπήχεες und ἐννεόργυιοι liegt, verloren ginge.

24. Über den Konjunktiv παραπνεύσῃ nach κατέδει vgl. Krüger Spr. § 54, 8, 2 und Weber Entwicklungsgeschichte der Absichtssätze I, Würzburg 1884 p. 47 ff. Bekker hat statt des überlieferten παραπνεύσῃ aus Konjektur παραπνεύσει' gegeben.

30 f. Bei den πυρπολέοντας denkt Breusing die Nautik der Alten p. 6 an Feuer am Strande, die in dunkler, stürmischer Nacht als Warnungszeichen oder als Leitmarken für den Seemann angezündet seien. — Das hier gewöhnliche ἐγγὺς ἐόντας haben J. La Roche, Cauer, E. E. Seiler beibehalten. Bekker, Kirchhoff, Nauck, Hinrichs haben der anderen, wahrscheinlich Aristarchischen Lesart ἰόντες (Ludwich Arist. homer. Textkritik I p. 577) mit Recht den Vorzug gegeben. Denn der vorherrschende Gedanke des Zusammenhangs ist nicht sowohl die Nähe der Wachtfeuer, als die Annäherung der Schiffenden, wie die zwei vorhergehenden Verse beweisen. Hierzu kommt, dafs man ἐγγὺς ἐόντας in solcher Verbindung mit dem unmittelbar vorhergehenden ἐλεύσομεν aufs engste vereinigen, daher wenigstens ὁρώμεθα erwarten müfste. Denn ἐλεύσσομεν kann nicht wie ὁρῶμεν *κ* 99 mit dem Particip verbunden werden, weil es nicht sehen heifst, sondern überall schauen oder betrachten.

31. Der Schlaf als natürliche Folge der Ermüdung ist zugleich ein Mittel zur Motivierung auch μ 338. ω 440. Zu ähnlichem Zwecke als Mittel gebraucht noch β 395. φ 357. χ 429. Ω 445. — In Bezug auf die Komposition der Stelle bemerkt Nitzsch in Fleckeisens Jahrb. 1860 p. 869 (jetzt auch in den Beiträgen zur Gesch. der ep. Poesie p. 120) mit Recht folgendes: 'Der Selbsterzähler sagt κ 31, wie ihn gerade, als man schon die Hirtenfeuer auf den Bergen der Heimat gesehen, bei der grofsen Anstrengung Schlaf überfallen habe. Aber sofort 34 bis 49 fügt er in dritter Person hinzu, was seine Gefährten während der Zeit verhandelt und verschuldet. Wieder erfolgte, was die Gefährten sprachen und anstifteten, im engsten Zusammenhange mit dem bisherigen, und war, was in dritter Person eben von ihnen berichtet wird, die allein richtige Geschichte der Fahrt. Als sie den Schlauch, in welchem sie Schätze vermuten, losbinden und so die Winde hinaus- und zurückstürmen, da erwacht der Schläfer und sieht an dem Vorgange, es mufs wohl eine begehrliche Vorstellung sie verlockt haben, vielleicht auch wegen des silbernen Bandes (23 f.): denn er hat versäumt sie über den Schlauch zu unterrichten. Man erwartete nun, dafs der Erzähler hier angäbe, dafs er sie gescholten und dadurch veranlafst habe zu erklären, wie sie zu der unheilvollen That gekommen seien. Doch er spricht nur von seiner eignen Verzweiflung im Augenblick seines Erwachens und der darauf gewonnenen Fassung, in welcher er ausdauernd sich in seinen Mantel gewickelt still hinlegt. Wir sehen, es hat der Dichter das poetische Motiv, den Charakter des ausharrenden Dulders bei diesem grofsen Unfall glänzend zu zeigen, allein wirken lassen. Er hat dem Zuhörer die Entstehung des Unglücks gezeigt und ihn befriedigt durch die psychologische Wahrheit und das dramatische Leben der Scene. Da liefs er ihn denn selbst hinzudenken, woher der Erzähler sich die vorausgehende Beschreibung gebildet habe, sei es nach eignem Gedankenbilde oder infolge einer Erkundigung, die er nur nicht angebe. Leicht aber möchten die Hörer gar nicht weiter darüber gegrübelt haben.' Und Wilhelm Hartel in der Zeitschr. f. d. österr. Gymn. 1865 p. 325 bemerkt über derartige Stellen folgendes: 'für den Hörer oder Leser hat die Beantwortung der Frage, woher Odysseus wisse, was er nicht mit eigenen Augen sah oder eigenen Ohren hörte, nicht die mindeste Schwierigkeit und die Erzählung desselben im Munde des Odysseus entbehrt nicht der psychologischen Wahrheit.' Und ebendaselbst p. 329: 'Die Naivetät oder wenn man will Unbeholfenheit altertümlicher Dichtungsweise brachte es wohl mit sich, dafs der Erzähler, wer er auch war, beim Erzählen das Vorrecht genofs, zum Dichter zu werden und Eingebungen der Muse zu empfangen, die alles zu lehren und zu sagen weifs, und so die

von nüchterner Reflexion gesteckten Grenzen seines Wissens überschritt.' Vgl. andererseits Kirchhoff d. hom. Od. p. 310 und dagegen v. Wilamowitz-Möllendorff Homer. Unters. p. 125.

32. Die Erklärung von πόδα νηὸς ἐνώμων ist gegeben nach Breusing die Nautik d. Alten p. 59.

36. Αἰόλου mit gedehntem Mittelvokal auch 60, wie dieselbe Dehnung anderwärts in Ἰλίου, ἀγρίου, ἀνεψιοῦ, Ἰφίτου, Ἀσκληπιοῦ, weshalb in solchen Fällen sehr wahrscheinlich Genetive auf οο anzunehmen sind. Vgl. Ahrens im rhein. Mus. N. F. II (1843) p. 161, mit Beistimmung von W. Christ Gr. Lautl. p. 137, G. Curtius Erläuter. p. 55, [2] 59, Wackernagel in Bezzenbergers Beiträg. IV p. 283. Nauck, Hinrichs, Fick, Cauer haben Αἰόλοο geschrieben. Vgl. andrerseits W. Hartel Hom. Studien III, Wien 1874 p. 8 f.

40. Aristarch fafst Τροίης mit Diärese als Adjektiv zu ληΐδος, also im Sinne von Τρωικῆς, wie λ 510 und Α 129. Vgl. W. C. Kayser im Philol. XV p. 545 f., Lobeck Elem. II p. 19 sq. — Übrigens hat Düntzer 40—42 als in jeder Weise störend in Klammern gesetzt und allerdings erwartet man nach 38. 39 keineswegs die Ausführung über die vor Troja gewonnene Beute und die daran gefügte Klage, während 43 ff. als spezieller Fall mit καὶ νῦν dem allgemeinen Gedanken 38. 39 sich sehr passend anschliefst. Auch wird offenbar 44 die Neugier als treibendes Motiv hingestellt, während die Klage 41. 42 eher auf die Absicht führen würde den Odysseus zu berauben. Im übrigen vgl. auch Kirchhoff die Komposition der Od. p. 128.

54. Vermutungen über den ursprünglichen Abschlufs des Aiolosabenteuers bei A. Th. Christ das Aiolosabenteuer in d. Od. p. 16, vgl. p. 10 Anmerk. — 56 ff. Über die Benutzung von ι in der folgenden Erzählung vgl. v. Wilamowitz-Möllendorff Homer. Untersuch. p. 127, Anmerk.

65. Die Lesart der besten Quellen ὄφρ' ἂν ἵκηαι statt ὄφρ' ἀφίκοιο oder ὄφρ' ἂν ἵκοιο hat J. La Roche in seiner Ausgabe und in der Zeitschr. f. d. österr. Gymn. 1867 p. 169 zu rechtfertigen gesucht. Bekker schreibt ὄφρ' ἂν ἵκοιο, die Neueren ὄφρ' ἀφίκοιο.

75. W. C. Kayser im Philol. XXII p. 513 bemerkt Folgendes: 'Nach Bekker Hom. Blätter I p. 88, 21 wird nur einmal θεοί einsilbig Α 18 und θεοῖσιν zweisilbig ξ 251 gebraucht, während κ 75 ἔρρε, ἐπεὶ ἄρα θεοῖσιν ἀπεχθόμενος τόδ' ἱκάνεις durch die Überlieferung so verbürgt ist, dafs ihm in einem urkundlichen Texte der Platz eingeräumt werden mufs.' Bei J. La Roche ist das nicht elidierte ἔρρε nur als γρ. aus dem Palatinus angemerkt, aber ἐπεὶ ἄρα θεοῖσιν haben 6 Handschriften, und sehr gute, ἐπεὶ ἄρα θεοῖσι Vindob. 133. Innere Gründe empfehlen die von Kayser gebilligte Lesart ganz besonders. Nachdem Aiolos die erste Auf-

forderung ἔρρε durch einen allgemeinen Satz 73. 74 begründet hat, macht er nach der Wiederholung des ἔρρε 75 in dem begründenden Satze mit ἐπεί die Anwendung jenes allgemeinen Satzes speziell auf Odysseus, indem er die Berechtigung denselben auf Odysseus anzuwenden aus der Thatsache folgert, dafs er zur Insel zurückgekommen sei. Bei diesem Gedankenverhältnis ist gerade die genaue Wiederholung der Wendung θεοῖσι ἀπέχθεσθαι aus 74 ganz besonders angemessen und ebenso das aus dem Erfolg schliefsende ἄρα an seiner Stelle. Ich bin daher Kayser gefolgt. La Roche, Bekker, Nauck, Cauer, Kirchhoff, Fick schreiben: ἔρρ', ἐπεὶ ἀθανάτοισιν. Bei dem angegebenen Gedankenverhältnis empfiehlt sich übrigens V. 74 nach μακάρεσσιν eine schwächere Interpunktion, als den üblichen Punkt zu setzen.

82. In der Märchenerzählung von den Lästrygonen haben wir das dritte Wunderland, das von den spätern Griechen, wie Thuk. VI 2, in Sicilien, von den Römern in Latium bei Formiae gesucht wurde. Über die neueren Ansichten vgl. unten zu 90. Über Λαιστρυγονίη vgl. auch Philostr. Her. 2, 20 p. 694. Diese Stelle behandelt ausführlich J. F. Lauer Litterarischer Nachlafs I (Berlin 1851) p. 294 ff. Über die Sage von den Lästrygonen handelt ferner Bender die märchenhaften Bestandteile d. hom. Gedichte p. 27, Packard in den Transactions of the American Philological Association 1874, Sigismund die Aromata p. 109 f., Breusing in Jahrbb. f. Philol. 1887 p. 8 f., Martin im Annuaire de l'association pour l'encouragement des études Grecques en France XII (1878) p. 22 ff. Den Namen Λαιστρυγόνες hat man wohl am wahrscheinlichsten von λα, λαι und τρύχειν, τρύγειν abgeleitet, so dafs er 'Starkverzehrende' bedeute.

86. Dieser Mythos scheint aus einer dunkeln Kunde von den nordischen kurzen und hellen Nächten hervorgegangen zu sein (den Gegensatz haben wir in dem Märchen über die Kimmerier λ 14 ff.). Vgl. K. Müllenhoff deutsche Altertumskunde I p. 5, Welcker Gr. Götterl. II p. 349, Bergk griech. Literaturgesch. I 810, 52, K. E. v. Baer historische Fragen mit Hülfe der Naturwissenschaften beantwortet. St. Petersburg 1873 p. 28 f., Helbig d. hom. Epos p. 15, der den Joniern die Kunde davon durch die Phönikier zugekommen sein läfst, 'denen der von Gau zu Gau durch das mittlere Europa durchgehende Bernsteinhandel mancherlei Nachrichten über die nordischen Länder zuführen mufste.' Vgl. dazu v. Wilamowitz-Möllendorff Homer. Unters. p. 168. Diese Ansicht bestreitet J. F. Lauer Litterarischer Nachlafs I p. 306 ff. Dessen eigene Ansicht ist p. 316 folgende: 'Der Dichter denkt sich die Lästrygonen weit, weit von Griechenland entfernt, nach der Gegend zu, wohin die Sonne und der Tag wandelt; er denkt ferner dafs, wenn es in Griechenland Tag ist, es auch bei den Lästrygonen Tag sei, man also in Telepylos und Hellas die

Sonne zu gleicher Zeit aufgehn und den Tag über scheinen sieht. Der Dichter meint, daſs es in jener Stadt noch nicht dunkel werden könne, wenn bei ihm zu Lande die Nacht einbricht, daſs sie länger von der Sonne profitiere, weil sie dem Orte, wo die Sonne untergeht, ja so bedeutend viel näher liegt. Da er nun andrerseits für Griechenland und Telepylos einen gleichzeitigen Sonnenaufgang annimmt, so trifft es sich bei den Lästrygonen, daſs während noch der Schäfer von der Weide heimtreibt, schon der Rinderhirt wieder mit seiner Herde auszieht; kaum ist die Sonne unter, so kommt sie schon wieder hervor.' — Andere Erklärungsversuche bei Buchholz hom. Realien I, 1, p. 263, Thaer im Philol. XXIX p. 601, Adam in Blätt. f. d. bayersch. Gymn. 1871 p. 147 ff.

90. ἀραιός mit dem Spiritus asper nach Aristarch, während Herodian zu A 469 bemerkt: τὸ ε καὶ α πρὸ τοῦ ρ φωνήεντος ἐπιφερομένου ψιλοῦται. Vgl. La Roche homer. Textkritik p. 201. Bekker giebt Ϝαραιός. Die geschilderte Lokalität erinnert unter anderm an die Meeresbucht von Balaklava, in die nur eine schmale Spalte vom Meere aus hineinführt. Vgl. Neumann die Hellenen im Skythenlande I p. 336 ff. und K. E. v. Baer historische Fragen mit Hülfe der Naturwissenschaften beantwortet, St. Petersburg 1873 p. 19 ff. und über die homerischen Lokalitäten in der Odyssee, Braunschweig 1878 p. 4 f., welcher nach dem Vorgange von Dubois de Montpereux Voyage autour du Caucase et en Crimée nachzuweisen sucht, daſs in der Odyssee offenbare und zum Teil sehr genaue Schilderungen von Gegenden der Nord- und der Ostküste des Schwarzen Meeres vorkommen. An der arabischen Küste des arabischen Meerbusens sucht die geschilderte Lokalität Sigismund die Aromata p. 225 f. Vgl. dagegen v. Wilamowitz-Möllendorff Homer. Untersuch. p. 166 f.: 'Die lokale Vermittlung zwischen dem Aiolosabenteuer und der Kirkeinsel fordert, wenn man einfach im Sinne eines Joniers etwa des achten Jahrh. denkt, eine Passage durch die Propontis; man kann sichs auch anders zurechtlegen, aber dies ist das einfachste. In der Odyssee steht an dieser Stelle das Abenteuer bei den Lästrygonen. Die aber setzt die Odyssee wie sie ist eben an die Propontis, an die Quelle Artakia (κ 108).' Vgl. unten zu 108.

97. Man interpungiert hier gewöhnlich so, daſs hinter δήσας 96 Kolon oder Komma und am Schluſs von 97 nach ἀνελθών ein Punkt gesetzt wird. Aber es ist kein Grund hier anders zu verfahren als in den ganz ähnlichen Stellen κ 148. 149. 220. 221. Wie dort der zweite Vers an der ersten Stelle mit καί, an der zweiten mit δέ angeschlossen den parataktischen Nachsatz zum ersten bildet, so hier vermittelst des Anschlusses von ἔνθα. Jedenfalls steht 97 in einem viel engern Zusammenhang zum folgenden als zum vorhergehenden Verse.

102. Eine derartige Gesandtschaft bilden Odysseus und Menelaos *Γ* 205. *Δ* 140; Aias und Odysseus unter Führung des Phönix *I* 169 und andere. Auch hier suchen die Gesandten 110 den Lästrygonenkönig und würden ihm jedenfalls ihre Bitte um gastliche Aufnahme vorgetragen haben, wenn nicht der Wilde es ihnen durch einen wilden Angriff 116 unmöglich gemacht hätte. Odysseus aber hat eine Veranlassung zu einer solchen Vorsicht (welche nach den Zügen des heroischen Lebens, die auch Aeschylos in den Schutzflehenden andeutet, nicht zu den Seltenheiten gehört), da er nach den letzten bittern Erfahrungen schon mit argwöhnischem Mifstrauen landet 95, und durch seine eigene Betrachtung 98 ff. keineswegs Spuren von Gesittung wahrgenommen hat. Vgl. den Anhang zu *ι* 90.

103. Über den Akkusativ λείην ὁδόν vgl. J. La Roche Hom. Stud. § 3. In Bezug auf das folgende ἅμαξα lehrt Herodian zu *Σ* 487, dafs das Wort bei Homer εἰς ἰδιότητα den Spir. lenis erhalte, während die jüngern Attiker ἅμαξα schrieben. Vgl. La Roche hom. Textkritik p. 187. — Den Zusammenhang der Stelle erläutert Nitzsch in Fleckeisens Jahrb. 1860 p. 867 (auch Beiträge zur Gesch. der ep. Poesie p. 118) also: 'Verständlich und erklärt genug erscheint das von den an die Lästrygonen abgesandten in dritter Person gegebene κ 102—116. Denn 117 kommen zwei der abgesandten flüchtig zurück, die also das geschehene erzählt haben. Das weitere, den Ruf durch die Stadt und das Zusammenlaufen der Riesen zu den Höhen am Hafen und ihre Würfe auf die Schiffe und das Aufspiefsen und Forttragen der im Wasser schwimmenden mufste Odysseus gehört und in einzelnen Beispielen gesehen haben, so dafs er nun demnächst von sich in erster Person erzählen konnte, was er gethan habe und wie er mit seinem Schiff allein entkommen sei: 126—132.' Vgl. auch oben zu 31 die Schlufsbemerkung und dagegen Kirchhoff die Komposit. d. Od. p. 124 ff.

106. Ableitung und Deutung von ἴφθιμος ist unsicher: von ἶφι und τιμή, 'sehr geehrt, edel, kräftig, tapfer': Döderlein Hom. Gloss. § 862. H. Düntzer in Kuhns Zeitschr. verteidigt die Zusammensetzung aus ἶφις und θυμός, so dafs es aus ἰφίθυμος, ἴφθυμος entstanden sei und mit μεγάθυμος, μεγαλήτωρ synonym stehe. H. D. Müller der indogermanische Sprachbau, I, Göttingen 1879 p. 433 stellt das Wort zusammen mit φθάνω skr. sphâ und deutet 'edel, herrlich, trefflich'. Über den Gebrauch von ἴφθιμος bei Homer vgl. Autenrieth bei Nägelsbach zu *Α* 3. — Die hier nach Wasser gehende Königstochter erinnert an die verwandelte Athene η 20 und an Rebekka 1. Mos. 24, 16; auch an Goethes Dorothea VII 37.

108. Der Name Artakië erscheint auch als Name einer Quelle bei Kyzikos in der Argonautensage: Apoll. Rh. I 957.

Orph. 496. Über die Stadt Artake vgl. Herodot IV 14. Den Namen der Quelle verwertet Kirchhoff die Komposition d. Od. p. 125, d. hom. Od. p. 288. 307, für seine Annahme, daſs das Lästrygonenabenteuer aus der Argonautensage entlehnt sei: vgl. dagegen Schmidt über Kirchhoffs Odysseestudien p. 43 ff., welcher in V. 108 eine Interpolation annimmt, wie Bergk griech. Literaturgesch. I p. 684, Christ in d. Jahrbb. f. Philol. 1881 p. 445, Nauck: spurius? Vgl. auch Niese die Entwicklung d. hom. Poesie p. 223 und v. Wilamowitz-Möllendorff Homer. Untersuch. p. 166.

110. Die Handschriften haben καὶ οἷσιν oder ἠδ᾽ οἷσιν, ἠδ᾽ οἵοις. Wenn Aristarch καὶ τοῖσιν schrieb, so sah er darin wohl ein τέοισιν (wie Nauck als ursprüngliche Lesart vermutet) = τίσιν. Denn die Formen des Demonstrativpronomens ὁ ἡ τό als Vertreter des Interrogativpronomens anzunehmen wäre noch viel gewagter, als es schon ist von einer Vertretung desselben durch ὅς, ἥ, ὅ zu sprechen: vgl. Windisch in G. Curtius Stud. II p. 210 f. Die Stellen bei Homer, wo ὅς scheinbar für das Interrogativ ὅς τις steht, sind: Φ 609. Τ 21. Β 365. Ν 278. ρ 363. β 45. Ψ 498. π 317. γ 185. τ 219. Η 171, vgl. Hentze de pronominum relativorum linguae graecae origine atque usu Homer. Gött. 1863 p. 27 und den Anhang zu H 171. Cobet Misc. crit. p. 424 vermutet: καὶ ὁτέοισι Ϝανάσσοι, vgl. Ludwich Arist. hom. Textkritik I p. 578.

112. Statt der Überlieferung τὴν δὲ γυναῖκα vermutet van Herwerden im Hermes XVI (p. 351—79) ἐν δὲ γυναῖκα.

116 f. In diesen beiden Versen sieht Kirchhoff d. hom. Od. p. 308 einen Zusatz des Überarbeiters und Fick hat dieselben ausgeschieden, vgl. dagegen Schmidt über Kirchhoffs Odysseestudien p. 36 ff.

126. ξίφος ὀξὺ ἐρυσσάμενος παρὰ μηροῦ ι 300. κ 294. 535. λ 48; mit φάσγανον Α 190; sonst heiſst der Versschluſs auch ἐρυσσάμενος ξίφος ὀξύ Ξ 496. Τ 284. Φ 116, und ἐρυσσάμενος ξίφος ἀργυρόηλον Γ 361. Ν 610.

130. ἅλα ist die Lesart des Rhianos und Kallistratos, die Toup schon durch Konjektur gefunden hatte. Düntzer ist zu ἅμα zurückgekehrt, was in fast sämmtlichen Handschriften und in Citaten geboten wird: vgl. W. C. Kayser im Philol. XVIII p. 665. Gegen Düntzer bemerkt W. C. Kayser richtig: 'Der Ruderer wirft allerdings die Salzflut in die Höhe; der Dichter versinnlicht seine Thätigkeit durch die Anwendung dieses Bildes η 328. ν 78; gleichwohl ist die Annahme eine sehr gewagte und unberechtigte, daſs dieser poetische Ausdruck für ἐρέσσειν oder vielmehr βίηφιν ἐρέσσειν so gewöhnlich gewesen sei, daſs ihn der Dichter ohne das Objekt ἅλα habe gebrauchen können.' Vgl. auch K. Mayhoff de Rhiani stud. Hom. p. 80 f. Nauck in den

Mélanges Gréco-Rom. IV p. 604 vermutet nach η 328. ν 78 als ursprüngliche Lesart οἵ δ' ἅλα πηδῷ ἀνέρριψαν: 'denn πάντες ist weder notwendig noch durch den Zusammenhang empfohlen'.

133 ff. Den Zusammenhang der folgenden Partie bespricht Kammer die Einheit p. 469 ff. eingehend und schlägt, mancherlei Bedenken geltend machend, für 172 bis 204 eine andere Anordnung vor.

135. Über Αἰαίη vgl. auch zu ι 32. Wir haben hier das vierte Wunderland, unter welchem die Römer die frühere Insel und spätere Halbinsel Circeji in Latium verstanden: Plin. H. N. III 9. Vgl. zu ι 106. Über die Kirkesage vgl. Bender die märchenhaften Bestandteile d. hom. Gedichte p. 20 ff., Sigismund die Aromata p. 107. 114 f. 220 f., Gerland altgriech. Märchen in der Od. p. 35 ff., zu der lokalen Frage v. Baer über die homerischen Lokalitäten in der Odyssee p. 7 ff. und 19.

137—139 werden als eine aus der Argonautensage entnommene Interpolation verworfen von Christ in d. Jahrbb. f. Philol. 1881 p. 446. Vgl. andrerseits Niese d. Entwicklung p. 239.

141. Jordan Homers Od. übersetzt p. 515 vermutet, dafs nach diesem Verse ursprünglich ι 143—145 gefolgt seien zur Motivierung der Worte καί τις θεὸς ἡγεμόνευεν.

148. Dieser Vers fehlt in keiner alten Urkunde. ἔστην δέ ist der hier zur malerischen Vollständigkeit notwendige Hauptbegriff; die folgenden Worte aber enthalten in homerischer Weise den Abschlufs des mit ἀνήϊον ἐς περιωπήν noch in der Entwickelung begriffenen Gedankens. Vgl. auch 194. Hierzu kommt, dafs beim Fehlen des Verses das καί μοι ἐείσατο καπνός sich nur an das ἀνήϊον ἐς περιωπήν anschliefsen könnte, Odysseus also schon beim Hinaufsteigen den Rauch gesehen haben müfste, was dem Zusammenhang widerstreitet; vgl. 140 ἐν μεγάροισι und die Note zu 152. Dies mit Bezug auf Alfred Rüdiger in Mützells Z. f. d. GW. 1860 p. 894, wo der Vers für ein entbehrliches Einschiebsel aus 97 erklärt wird. Über das 146 erwähnte περιωπή vgl. Lehrs de Arist. p. 153, [2] 150.

149. ἀπὸ χθονὸς εὐρυοδείης als stehender Versschlufs auch γ 453. Π 635, und mit ὑπό λ 52. Zu vergleichen ist das mit πόλις und Τροίη verbundene εὐρυάγυια, das aufser η 80 und Δ 52 auch stets den Versschlufs bildet, wie das vom Meere gebrauchte εὐρυπόροιο, worüber zu δ 432.

150. διὰ δρυμὰ πυκνὰ καὶ ὕλην als zweites Hemistichion auch 197. Λ 118; hierzu ἀνὰ δρυμά κ 251. In Bezug auf αἴθοπα καπνόν 152 hat Anton Göbel in der Zeitschr. für das GW. 1864 p. 325 nach dem Vorgange von Albert Schuster folgendes bemerkt: Odysseus blickt von seiner Warte aus gerade auf den Herd, sieht das dort brennende Feuer selbst nicht, so wenig wie anderweitige Gegenstände der Wohnung, und zwar von wegen

„des dichten Laubes und Gebüsches"; aber es sticht für sein Auge grell gegen das dunkle Gebüsch der glühendschimmernde [richtiger Wittmann wie ist Homer in der Schule zu lesen? p. 11 'hellglänzend, hellschimmernd'] Rauch oder Schwalch ab, so dafs er deutlichst erkennen kann, es sei dort eine Feuerstätte resp. Wohnung. Die Erklärer haben mit Unrecht den malerischen Gegensatz zu δρυμὰ πυκνὰ καὶ ὕλην ganz übersehen.' Dagegen erklärte Kayser bei Faesi 150 für eingeschoben, vgl. jetzt indes Hinrichs zur Stelle.

160. δὴν γάρ war die Lesart Zenodots, welche Nauck in den Mélanges Gréco-Rom. IV p. 605 empfiehlt.

169. Über die Adverbialform καταλοφάδεια vgl. Lobeck Parall. p. 154 und Theognost in Cramers Anecd. Oxon. II p. 164, 25, G. Curtius Etym. II p. 200. 215, [4] 616. 631. Die adverbiale Auffassung verwerfend erklärt Woerner in G. Curtius Stud. VI p. 367 f., und im Jahresbericht d. Meifsener Landesschule 1879 p. 35 f. καταλοφάδεια als Objekt zu φέρων: die von dem Nacken herabhängende Last. Was die Sache betrifft, so pflegen es die Gemsjäger noch heute so zu machen und sich dann mit beiden Händen auf den Alpenstock zu stützen. — 'Die Dehnung καταλοφάδεια ist entweder durch die Aussprache καταλλοφάδεια entstanden, oder es ist die ursprüngliche Länge des Instrumentalis κατά (*Terminus in quem* p. 29) hier erhalten, neben dem ja sonst auch der Lokativ καταί gebräuchlich war: vgl. *Terminus in quem* p. 25'. G. Autenrieth.

188. Rhianos las δὴ τότ' und μῦθον statt πᾶσιν, vgl. darüber Mayhoff de Rhian. stud. Hom. p. 81.

189. Diesen Vers hat Kallistratos mit Recht getilgt. Denn er ist hier wegen des folgenden Verses unpassend, weil Homer in Anreden nie einen doppelten Eingang so gebraucht, dafs erst bei der zweiten Anrede eine Begründung derselben mit γάρ hinzugefügt würde. Ebenso urteilt Köchly de Od. carmm. II p. 9, Kirchhoff d. hom. Od. p. 218, während W. Jordan Hom. Od. übersetzt p. 515 V. 189 nach 193 stellen will. — 'Aus Aristonic. P 221 geht hervor, dafs Aristarch den Vers, der aus μ 271 oder 340 herzustammen scheint, gar nicht kannte': Ludwich Arist. hom. Textkritik I p. 580. Vgl. auch zu λ 92.

190. Dafs Homer überhaupt nur die zwei erwähnten Himmelsgegenden, Westen und Osten, bestimmt unterscheidet, ist schon zu ϑ 29 bemerkt. Eine Nachahmung unserer Stelle bei Xenophon Anab. V 7, 6: ὑμεῖς δ', ἔφη, ἴστε δήπου, ὅθεν ὁ ἥλιος ἀνίσχει καὶ ὅποι δύεται.

191. Statt οὐδ' hat C. W. Nauck 'wohl οὐχ' vermutet. So erhalten wir zwei Parallelglieder, in denen sich sehr schön οὐ mit οὐδ' ὅπη ἠώς und οὐχ mit εἰσ' ὑπὸ γαῖαν οὐδ' ὅπη ἀννεῖται entsprechen. Indes kann keiner der verschiedenen Versuche (vgl.

Kammer die Einheit p. 471, dazu Gladstone Homer und sein Zeitalter, deutsch von Bendan p. 249 f., W. Jordan Hom. Od. übersetzt p. 513 f.) die Schwierigkeiten dieser Verse durch Interpretation zu heben, einigermafsen befriedigen. Die Behauptung 190—192 steht unleugbar im Widerspruch mit den Wahrnehmungen, welche Odysseus und die Seinen an den vorhergehenden Tagen nach 144. 160. 185. 187 hatten machen müssen und es ist schwer sich davon zu überzeugen, dafs so bestimmte konkrete Anschauungen, wie Sonnenauf- und Untergang, in dem abgeblafsten Sinne, wie sie Nitzsch und Ameis fassen, hätten verstanden werden sollen. Vgl. auch W. Jordan Hom. Od. übersetzt p. 513 f. welcher deshalb 183—187 verwirft und nach 182 einschalten will: *αὐτὰρ ἐπεὶ πόσιος καὶ ἐδητύος ἐξ ἔρον ἕντο*. Der Gedanke ferner 193, wo Odysseus seine völlige Ratlosigkeit ausspricht (denn Nitzschs Deutung, welche auch Wittmann wie ist Homer in der Schule zu lesen? p. 16 vertritt, ist unhaltbar), ist nicht nur auffallend nach der gehobenen Stimmung desselben am vorhergehenden Tage (174 ff.), sondern ebenso unvereinbar mit den Erwägungen und dem Entschlufs, den er 151—155 gefafst hat, als mit der 194 ff. folgenden Begründung, die ja, wie die Wirkung der Worte auf seine Gefährten zeigt, sofort den Gedanken Kundschafter auszusenden nahe legen mufste. Wäre die von Ameis gegebene Auffassung von 190—193 begründet, so würde allerdings sich ein leidlicher Zusammenhang gewinnen lassen. Unfähig sich zu orientieren, wo sie sich befinden, kann Odysseus nur ratlos sein in Bezug auf die weitere Fahrt; und diese Ratlosigkeit könnte durch 194. 195 begründet werden, sofern die rings um die Insel sich breitende unendliche See die Möglichkeit weiterer Orientierung ausschliefst. Aber auch so bleibt bei dem feststehenden Entschlufs des Odysseus Kundschafter auszusenden, der durch 196. 197 sofort jedem nahe treten mufs, das Geständnis völlig ratlos zu sein seltsam und der Zusammenhang zwischen der ersten und zweiten Hälfte der Rede nicht recht begreiflich. Unter diesen Verhältnissen lag zumal bei dem doppelt vorliegenden Eingang der Rede (189. 190) der Gedanke nahe mit Düntzer homer. Abhandlungen p. 460 ff. eine doppelte Fassung der Rede anzunehmen. Nach ihm bestand die ursprüngliche Rede aus 189. 194—196, ein Rhapsode aber, der meinte, die Betrübnis der Gefährten (198) sei durch die vorhandene Rede nicht genügend begründet, dichtete in 190 bis 193 eine zweite Fassung. Allein weder kann die so gewonnene ursprüngliche Fassung der Rede befriedigen, da man doch irgend eine Andeutung dessen, was nach den gegebenen Verhältnissen zu thun sei, oder eine Aufforderung zu erwägen erwartet, noch ist die Wahrscheinlichkeit der zweiten Fassung gehörig motiviert; überdies wird ja 199. 200 die Betrübnis der Gefährten eigens begründet. Daher hat Kammer

p. 473 und 531 f. Düntzers Ansicht verwerfend, bei dem Versuch diese ganze Partie nach der ursprünglichen Fassung zu ordnen, 190—193 als aus dem Zusammenhang von λ 15 ff. hier an ungehöriger Stelle eingeschoben ausgeschieden. Einen vergeblichen Versuch 189 zu retten und zugleich einen passenden Zusammenhang herzustellen hat Adam in den Blätt. f. d. bayer. Gymnasialschulw. 1871 p. 151 gemacht, indem er 193 unmittelbar an 189 anschliefsen will, alles übrige aber unverändert läfst. Breusing in Jahrbb. f. Philol. 1887 p. 1 ff. sieht in den Worten οὐ γάρ τ' ἴδμεν, ὅπῃ κτέ ein Schiffersprichwort zur Bezeichnung der äufsersten Verlegenheit, der vollständigen Ratlosigkeit, was annehmbar wäre, wenn nur nicht die epexegetische Ausführung 191 f. dem Charakter eines Sprichworts widerstrebte. — Übrigens war von Aristarch (Carnuth Aristonic. p. 96) zu den Worten ἐγὼ δ' οὐκ οἴομαι εἶναι bemerkt: τοῦτο εἶναι διὰ μέσου ὡς ἂν ἀπαλγήσαντος τοῦ Ὀδυσσέως ἰδίᾳ ἀναπεφωνῆσθαι. — 193 vermutet Meurad de contract. et synizes. . p. 168 als ursprüngliche Lesart οὐκ ἔμμεν ὀίω statt der Überlieferung οὐκ οἴομαι εἶναι.

200. In diesem Verse sieht Kirchhoff d. hom. Od. p. 314 einen Zusatz des Bearbeiters, Fick d. hom. Od. p. 314 hat auch 199 wegen des in μνησαμένοις ἔργων enthaltenen sprachlichen Verstofses ausgeschieden.

212. Diese Beziehung des μίν gab schon Aristarch, indem die Bemerkungen bei Apollonius de pron. p. 108 und de synt. p. 200, wo μίν auf δώματα bezogen wird als πρὸς τὸ συνώνυμον τοῦ οἴκου, sicherlich von Aristonikos herrühren. Vgl. Carnuth Aristonic. p. 96. — Über die Darstellung in dieser Selbsterzählung bemerkt Nitzsch in Fleckeisens Jahrb. 1860 p. 867 f. (auch in den Beiträgen zur Gesch. der ep. Poesie p. 118) folgendes: 'Wieder begleitet die Erzählung in dritter Person die abgehenden 210—244, bis Eurylochos allein zurückkommt und ihren Gang und was sie gefunden kurz angiebt; aber es ist vorher als geschehen erzählt worden, was Eurylochos nicht alles gesehen hat, nämlich auch die Verwandlung im Hause der Kirke. Doch wiederum erklärt der Fortgang, wie jetzt Odysseus aus alsbald erhaltener Kunde, sowie er vorweg gethan, den Hergang verfolgen konnte. Dafs die Verwandlung in Schweine geschehen, hat ihm alsbald Hermes mitgeteilt 282. 283, und die Weise der Kirke, durch den Zaubertrank, ersah er 316—320, als Kirke ihm selbst einen solchen mischte. So war ihm alles bewufst, was er jetzt vorweg gegeben, und hat Eurylochos in seinem ersten Bericht der im Vorhof wedelnden Wölfe und Löwen (212 f.) nicht gedacht, so spricht er doch 432—434 seine Warnung in Erinnerung an sie aus. So erkennen wir des Selbsterzählers Weise.' Vgl. auch die oben zu 31 gegebene Schlufsbemerkung und dagegen Kirchhoff die Komposition d. Odyss. p. 122 f., d. hom. Od. p. 304 ff.

213. Ameis verstand, wie Nitzsch, κατέθελξεν von der Zähmung wilder Tiere und bemerkte: 'Anders Verg. Aen. VII 19. 20, worüber schon Scaliger bemerkt hat: 'Homerus feras agrestes medicaminibus cicuratas, Vergilius homines in ferarum speciem conversos depingit.' Nach späteren Dichtungen freilich hat Kirke verwandelte Menschen in ihrer Menagerie auch als Hunde (Hor. Ep. I 2, 26), als Esel (Plut. praec. coniug. 5 p. 139ᵃ), als Bären (Ov. Met. XIV 255).' Indes macht die Anwendung von θέλγω κ 291 und 326, sowie die Vermutung des Eurylochos 432f. es sehr wahrscheinlich, dafs κατέθελξεν von der Verwandlung aus Menschen zu verstehen ist und das Attribut κακά bei φάρμακα nötigt geradezu es so zu verstehen. Jetzt hat auch Büttner die Verwandlungen der Kirke p. 1 ff. die von Nitzsch und Ameis für ihre Auffassung geltend gemachten Gründe zurückgewiesen und die von mir befolgte Erklärung begründet.

219. Gewöhnlich wird hier und an allen bezüglichen Stellen ἔδδεισαν, ἔδδεισεν usw. gegeben. Aber Aristarch hat das doppelte δ nicht geschrieben; vgl. Didymus zu Θ 423. O 123. Ψ 417. Auch Bekker ist hier durchgängig dem Aristarch gefolgt. Über den ursprünglichen Anlaut δϜ der W. δι vgl. den Anhang zu Α 33.

220. Zu dieser Deutung der Aristarchischen Lesart ἐν προθύροισι vgl. 232. 259. 260. 432. 433. Ov. Met. XIV 254: stetimusque in limine tecti. Wenn nämlich Eurylochos im Hofe gewesen wäre, so hätte er die Kirke gesehen, wie sie die verwandelten Gefährten in die Kofen trieb, und hätte demnach dem Odysseus sichere Nachricht gebracht. Vgl. H. Rumpf de aedibus Hom. II p. 13. Düntzer dagegen ist zu der früheren Lesart εἰνὶ θύρῃσι (wie 310), die vor Fr. A. Wolf in den Ausgaben stand, zurückgekehrt mit der Bemerkung: 'Einer αὐλή vor dem Hause der Zauberin wird gar nicht gedacht; die Löwen und Wölfe treiben sich vor der Thüre herum; die Ställe sind hinter dem Hause zu denken. Polites, der am nächsten getreten ist, sieht sie [die Kirke] um den Webstuhl gehn 226 f.' [?]

235. Über οἶνος Πράμνειος und κυκεών sind die Erörterungen zu vergleichen, die hier E. E. Seiler gegeben hat. Und dazu noch Adolf Lang Homer und die Gabe des Dionysos. Marburg 1862 p. 17. Göbel Lexilogus I p. 572 f. verwirft die Ableitung von dem Namen eines Berges (Pramne auf Ikaria oder in Karien) oder sonst einer Örtlichkeit und deutet nach Pollux VII 150 p. 310 Bekk. und Hesych. πράμνη· ἄμπελος, πράμνη Gewundenes, Ranke, Rebe, speciell Wildrebe und οἶνος πράμνειος Wildrebenwein.

238. Zu der Erklärung der präsentischen Perfekte, wie πέπληγα und derer, welche Laute der menschlichen und tierischen Stimme bezeichnen, vgl. H. Warschauer de perfecti apud Homerum usu, Posnaniae 1866, Philol. XXVII p. 522 ff. und

Fritzsche in den Sprachwissenschaftl. Abhandlungen hervorgegangen aus G. Curtius' grammat. Gesellsch. Leipz. 1874 p. 45 ff. Unhaltbar ist die Ansicht von Classen Beobachtungen III p. 16 f., Gesammtausgabe p. 97 ff. — Über die Verwandlung selbst bemerkt H. D. Müller Mythol. d. griech. Stämme I p. 158 Anmerk.: 'Durch den Tod werden die Menschen verwandelt, weshalb auch von der ursprünglichen Unterweltsgöttin Kirke berichtet wird, dafs sie die zu ihr Kommenden verwandelt habe (Ares p. 109).'

240. Cobet Misc. crit. p. 274 vermutet ἀλλὰ νόος γ' ἦν statt der Überlieferung αὐτὰρ νοῦς ἦν.

242. Diesen Vers soll Aristarch nicht gelesen haben, vgl. Carnuth Aristonic. p. 96. Meierheim de infinitivo Hom. I p. 40 und Kirchhoff d. hom. Od. p. 218 nehmen an, dafs das Schol. sich auf 243 beziehe, indes zeigt Ludwich Arist. hom. Textkritik I p. 581 f., dafs diese Annahme unmöglich ist, dagegen nach Schmidt Did. p. 201 wahrscheinlich οὐκ οἶδε statt οὕτως οἶδε verschrieben ist. — V. 243 vermutet Nauck εἴδατ' statt αἰέν. Fick hat 243 ausgeschieden.

244. αἶψ' ist die überlieferte Lesart, wofür Barnes ἄψ vermutet hat, das von J. H. Voss (Randglossen p. 60) gebilligt und von Bekker, Cauer, La Roche, Nauck aufgenommen worden ist, weil man αἶψα mit 260 δηρὸν δὲ καθήμενος ἐσκοπίαζον nicht im Einklang fand. Aber es ist ein psychologisch begründeter Gedanke, dafs jemand beim langen Warten und Spähen unter solchen Verhältnissen ängstlich wird und dann von dieser Angst getrieben rasch davoneilt, um seinen Jammer andern mitzuteilen und Hülfe zu suchen. In dieser Lage befindet sich nach der vorliegenden Situation Eurylochos.

251 'habet obolum in M.' La Roche. Fick d. hom. Od. p. 314 hat denselben wegen 'des unhomerischen Asyndeton' ἠίομεν — εὕρομεν ausgeschieden.

253. Dieser Vers, welcher bei Eustathius und in guten Hss. fehlt, ist hier wegen des Epitheton καλά ungehörig. Dagegen hat Bergk comm. crit. spec. V (Marburg 1850) p. 8 nach Apollonius de pron. p. 108 (368) sehr wahrscheinlich gemacht, dafs hier ursprünglich 212 gestanden habe.

265 = β 362. κ 324. 418. λ 616. π 22. E 871. Λ 815. Hier fehlt der Vers in den besten Handschriften. Vgl. W. C. Kayser im Philol. XVIII p. 702, wo bemerkt ist, dafs der Vers 'wahrscheinlich von dem Urheber der Diorthose (Vind. 56) gegen das Jahr 1300 nach v. 324 gebildet und in die Stelle gebracht wurde, weil er in dem Ausdrucke λαβὼν ἐλλίσσετο γούνων kein verbum declarandi erkannte, welches die folgende Rede schicklich einleiten könnte. Der Einflufs jener Diorthose auf andere Handschriften, insbesondere auf E [den Augustan.] und I [eine Breslauer], läfst sich nachweisen.' Der Vers wird also, da er bei

Eustathius, im Harlei. Vind. 133. 50. 5. Vrat. Meerm. u. and. bei La Roche fehlt und im Marc. 613 am Rande steht, hier mit Recht getilgt. — Zur Dehnung der ultima in ὀλοφυρόμενος vor ἔπεα vgl. λ 616. π 7. ϱ 396. 543. 591. τ 3. χ 150. 311. 343. 366. 436. ψ 112. ω 494. H 356. O 48. Φ 368. Ψ 557.

268. σῶν ist hier Pronomen. Entscheidend für diese Auffassung ist, dafs 'die einsilbige Form σῶς der homerischen Poesie fremd ist': Nauck in d. Mélanges Gréco-Romains IV p. 131 f., welcher die zweisilbige Form σάος als die allein berechtigte erweist. Auch sachlich ist die Auffassung von σῶν als Pronomen begründet. Eurylochos sagt σῶν, nicht ἐμῶν, weil dem Odysseus sein eigener Standpunkt klar gemacht werden soll: denn ἐμῶν würde den Gedanken involvieren, als sollte Odysseus nicht sowohl für sich als für Eurylochos handeln. Aristarch hingegen fafst σῶν als Akkusativ von σῶς im Sinne des sonstigen σόον, vgl. Ludwich Arist. hom. Textkritik I 582.

275 ff. Über die Darstellung in dieser Selbsterzählung vgl. Kirchhoff d. hom. Od. p. 305 und dagegen v. Wilamowitz-Möllendorff Homer. Untersuch. p. 125. — 279 verwirft Kirchhoff p. 219 als Reminiscenz aus Ω 348 und Fick hat den Vers ausgeschieden.

281. Statt der überlieferten Lesart δ' αὖτε hat Bekker mit Recht δή αὖτε gegeben. Auch anderwärts hat Bekker ein δ' in δή verwandelt, so dafs dieses δή mit dem folgenden οὕτως oder αὖ oder αὖτε Synizese bildet. Die Stellen dieser Art hat J. Rieckher in Fleckeisens Jahrb. 1862 p. 474 not. 5 zusammengestellt, nämlich A 131. 340. 540. B 225. E 218. H 24. 448. Θ 139. K 385. Λ 138. 386. Ξ 364. T 134. 155. Φ 421. ι 311. κ 281. μ 116. χ 165. Vgl. La Roche homer. Untersuchungen p. 281 f. Übrigens empfiehlt Adam in den Blätt. f. d. bayersch. Gymnasialschulw. 1871, VII p. 153 die Lesart des Vindob. 50 und Vratislav. A. αὕτως für αὖτ' ὦ, worin Nitzsch Anm. III p. 130 und Düntzer Zenod. p. 141 Zenodots Lesart sehen: vgl. Ludwich Arist. hom. Textkritik I p. 582.

287 f. verwirft Kirchhoff d. hom. Od. p. 219 als Interpolation und Fick hat die Verse ausgeschieden, ebenso Hinrichs. Die Verse sind in der That mit 292 nicht vereinbar, während 302 damit zu vereinigen wäre, vgl. ε 346 mit 351, ν 345 mit 352.

297. Dieselbe Verbindung von ἔνθα und ἔπειτα in einem Satze γ 108. 495. ε 73. η 196. κ 516. λ 71. μ 56. ν 106. π 48. τ 59. 102. ψ 139. N 444. Ξ 129. Π 613. P 529. Σ 450. Ψ 818, überall durch ein oder zwei Worte getrennt, am häufigsten durch δέ.

305. Die 'Götterssprache' erscheint noch μ 61. A 403. B 814. Ξ 291. T 74. Dazu bemerkt A. Römer: 'Es ist zu beachten, dafs an sämmtlichen Stellen der Ilias auch die von den Menschen gebrauchten Namen angegeben sind, in der Odyssee nur die von

den Göttern angewendeten. Wie die Alexandriner über diese Verbindung in der Odyssee dachten, erfahren wir Schol. vulg. μ 61: *κἀκ τούτου δῆλον, ὅτι πέπλακεν.*' Vgl. Bernhardy griech. Litt. I³ p. 213 f., Nägelsbach Hom. Theol. V 6, Bergk griech. Litteraturgesch. I p. 112, Anm. 165. So hier μῶλυ. Ov. Met. XIV 292: *moly vocant superi*. Vgl. Boissonade zu Philostr. Her. p. 333. Mehrere im Altertum deuten es als *Nymphaea alba*. Von den Scholien wird es hier παρὰ τὸ μωλύειν, ὅ ἐστιν ἀφανίζειν τὰ φάρμακα erklärt, von Sokrates bei Xen. Apomn. I 3, 7 symbolisch als Sinnbild der Vernunft und Erziehung gedeutet, wie Kirke ebendaselbst als Repräsentantin verführerischer Lust gilt. Es steht aber hier ebenso märchenhaft wie im 'Schatzgräber' von Musäus die zauberhafte 'Springwurzel'. Mehr bei Buchholz die homer. Realien I, 2 p. 216 f., Hehn Kulturpflanzen und Haustiere p. 130 f. Vgl. auch Jordan Hom. Od. übersetzt p. 517. Zum Schlußwort θεοὶ δέ τε πάντα δύνανται vgl. ψ 184 bis 186. Das πάντα δύνανται selbst heißt: sie können alles, nämlich was sie wollen: vgl. ξ 445. π 198. 208. Mit dem Wesen dieser Allmacht aber verhält es sich wie mit πάντα ἴσασιν zu δ 379, welches ἴσασιν, statt δύνανται, auch hier der Harleianus und andere Hss. bei La Roche bieten. Über die Sache vgl. auch Nägelsbach Hom. Theol. I 7. Übrigens bemerkt Nauck zu 306: *spurius?*

311. Statt ἐβόησα hat Bekker ἤνυσα, welches sich im August. und im Venet. Marc. 647 als Lesart bemerkt findet vgl. La Roche, gegeben, wie das letztere Verbum in demselben Versanfange Λ 10 gefunden wird.

315. Nach Schol. Q las Aristarch diesen im Stuttgart. fehlenden Vers nicht: vgl. Ludwich Arist. hom. Textkritik I p. 582. Nauck hat denselben aus dem Text entfernt.

316. Zu den angeführten Formen γήραϊ λ 136. ψ 283, δέπαϊ an unserer Stelle, κέραϊ Λ 385, σέλαϊ φ 246. Θ 563 vergleiche man das analoge σάκεϊ und σάκει, so wie Ὀδυσεῖ ε 398. ν 35. Nach den Zeugnissen der Alten behandelt diesen Gegenstand genauer J. La Roche in der Zeitschr. f. d. österr. Gymn. 1863 p. 329 f. und ebendaselbst 1865 p. 96 f., vgl. Homer. Textkritik p. 297 und Bekker Hom. Blätt. I p. 139.

320. Dasselbe Asyndeton zwischen zwei Imperativen ο 46. π 130. ϱ 508. 529. 544. υ 149. χ 157. Λ 335. Β 10. 11. 164. Γ 432. Ε 109. Θ 399. Ι 69. Κ 53. 175. Λ 186. 512. 611. Μ 343. Σ 171. Τ 347. Ω 144. Über die Stellen mit der Negation vor dem zweiten Imperativ vgl. zu ν 362, und wo καί im Sinne von 'auch' dazwischen tritt zu σ 171. Krüger Di. 59, 1, 6. Über das nur an 5 Stellen bei Homer vorkommende μετά mit Genetiv vgl. Ty. Mommsen Entwicklung einiger Gesetze für den Gebrauch der griech. Präpositionen p. 35 f.

326. Bekker und Nauck haben statt des überlieferten ὥς

πῶς (im Vindob. 133 und Harl. übergeschrieben) gegeben, was schon Cobet Var. Lectt. p. 108 konjicierte, gegen welche Vermutung Döderlein öff. Reden p. 363 spricht. Vgl. auch zu φ 123. Über die Bedeutung von ὡς bemerkt W. C. Kayser zur Stelle, dafs dasselbe stärker als ὅτι, nicht blofs die Thatsache, sondern auch die Art, wie sie stattfinde und den Grad, in welchem sie eintrete, als Gegenstand des Affekts bezeichne. Vgl. aufser den in der Anmerkung angeführten Stellen noch Ilias K 116. Π 17. Ψ 648. Dieser Gebrauch ist aus der exclamativen Funktion von ὡς herzuleiten: vgl. κ 38. ο 381. ρ 449.

329. Der Vers ist von Aristarch mit Recht verworfen worden: Carnuth Aristonic. zu 240 und zu 329. Denn bei der Abwehr der Verzauberung handelt es sich nicht um νόος ἐν στήθεσσιν: vgl. 240. Es mag aber dieser nach Γ 63 gebildete Vers hier frühzeitig eingefügt sein, als man das ganze bereits allegorisch erklärte. Nauck bemerkt auch bei 328: spurius?

332. σὺν νηὶ μελαίνῃ = γ 61. λ 58. ν 425. ω 152 und noch 27mal in solcher Verbindung. Die andere Verbindung ist mit ἑνί oder ἐν, wie T 331. Ω 438.

335. εὐνῇ καὶ φιλότητι als Versanfang wie ο 421 und im Genetiv Ξ 207. 306; sonst als stehender Versschlufs φιλότητι καὶ εὐνῇ ε 126. ψ 219. Γ 445. Z 25 und im Nominativ O 32.

337. So πῶς γάρ τ 325. A 123. K 61. 424; auch π 70. τίς γάρ κ 383. 501. ξ 115. Σ 182. πῇ γάρ ο 509. ποίη γάρ π 222. Bekker hat hier wie ο 509. Σ 182 das γάρ aus Konjektur in τ' ἄρ geändert nach den zu α 346 berührten Stellen. τ' ἄρ steht hier im Meermann. und Stuttgart. s. La Roche. Zur Erklärung dieses γάρ vgl. Bäumlein über griech. Partikeln p. 73, Hentze im Philol. XXIX, 161, Capelle im Philol. XXXVI p. 707 ff. Über πῶς ohne beigefügtes Fragezeichen, wo der Gedanke in einen rhetorischen Ausruf übergeht, vgl. α 65. Δ 26. K 243. P 149. Ω 203. 519.

342—44. Das Verhältnis der Stelle zu ε 177—179 besprechen van Herwerden quaestiunculae ep. et eleg. p. 42 f., Niese die Entwicklung d. hom. Poes. p. 178, Kayser hom. Abhandl. p. 35 übereinstimmend mit dem Resultat, dafs die Verse hier original und in ε aus dieser Stelle entlehnt seien. Vgl. dagegen v. Wilamowitz-Möllendorff Homer. Untersuch. p. 119 ff. — 344 vermutet van Herwerden a. O. p. 43 βουλευέμεν statt des überlieferten βουλευσέμεν 'siquidem Ulysses suspicatur Circen eo ipso quod se in lectum suum pellicit malum aliquod moliri in ipsum.'

348. An Stelle des handschriftlichen τέως oder τέως μὲν schreiben Nauck und Cauer τῆος, vgl. auch Wackernagel in Bezzenbergers Beiträg. IV p. 286.

350. Dergleichen Praesentia finden sich ε 79. π 161. σ 194. E 341. 342; auch ω 343 und zu α 70. Krüger Spr. 53, 1, 1.

Übrigens gehört das elementare Entstehen der Dienerinnen 'aus Quellen, von Hainen, aus Flüssen' zu den märchenhaften und dem Zaubergebiete der Kirke entsprechenden Erscheinungen. Vgl. Lehrs popul. Aufs. p. 95 Anm. Nitzsch und Köchly de Od. carmm. II p. 9 halten 350 und 351 für unecht, nach Düntzer sollen sie 'sich schon durch das Präsens als fremd erweisen.' Auch Nauck bemerkt zu 350. 351: spurii? und Fick d. hom. Od. p. 315 hat dieselben verworfen. Wegen des Präsens vgl. Friedländer im Philol. VI p. 674 Anmerk. 11.

351. Hier hat Düntzer nach Zenodot, vgl. Ludwich Arist. hom. Textkritik I 583, οἵ τε ἅλαδε in den Text gesetzt mit der Bemerkung: 'Aristarch schrieb οἵτ᾽ εἰς, gegen den homerischen Sprachgebrauch, der nur ἅλαδε, nicht εἰς ἅλαδε kennt.' Allein die bei Krüger Di. 19, 3, 1 und 3 erwähnten Beispiele bieten eine ausreichende Analogie, um 'den homerischen Sprachgebrauch' in dieser Hinsicht zu erweisen.

353. So im wesentlichen Döderlein Hom. Gloss. § 2430 mit Beistimmung von K. Grashof über das Hausgerät p. 10 Anm. 9.

357. Über die Begriffe 'silbern' und 'golden' im homerischen Zeitalter vgl. K. F. Hermann griech. Privatalt. ³ p. 406, Anm. 1.

366. ἃ δ᾽ ἦσσ᾽ εἰσαγάγουσα statt des überlieferten εἷσε δέ μ᾽ εἰσαγαγοῦσα schreibt Fick d. hom. Od. p. 230.

368—372. Hierher sind diese in vielen Hss. fehlenden Verse aus ρ 91 ff. gekommen, aber mit Unrecht, weil die 'Schaffnerin' nach τέσσαρες 349, das 'Brot' nach den gefüllten κάνεια 355, und besonders der 'Tisch' nach τραπέζας 354 ganz unpassend erwähnt sein würden. Köchly de Od. carmm. II p. 10 fügt noch hinzu: 'non dubito, quin quinque versus, qui in aliquot codicibus non leguntur, a recentioribus certatim damnati etiam ab Alexandrinis aut obelo notati aut adeo „ne scripti quidem" fuerint, cuius rei haud scio an aliquid indicii in eo insit, quod in scholiis statim a v. 362 ad v. 374 transitur nulla intersitorum mentione facta.' Vgl. auch Kirchhoff d. hom. Od. p. 219. Auch 367 scheint Nauck verdächtig, sowie 374.

374. In dem überlieferten ἄλλο (φρονέων) erkennt Fick d. hom. Ilias p. 389 f. hier und Ψ 698 das äolische ἄλιος oder ἄλλος = ionischem ἠλεός und zieht nach der hier überlieferten Lesart ἄλλα φρονέων im Hinblick auf ἀταλὰ, ὁμὰ φρονεῖν vor ἄλλα φρονέων = ion. ἠλεὰ φρονέων.

378. Ein Präsens ἕζομαι wird für die ältere Gräcität von vielen bezweifelt, wie von Hermann zu Mosch. 3, 62, Ahrens Hom. Formenl. § 95 A 2, und deshalb hier mit Grashof und Passow ἕζεο für notwendig gehalten 'du setztest dich', so daſs Kirke schon früher das Benehmen des Odysseus beobachtet habe. Indes ist ἕζεαι, das mit dem folgenden ἅπτεαι und ὀίεαι innig zu-

sammenstimmt, hier die Überlieferung ohne Variante. Beispiele dieses Präsens aus Späteren giebt Lobeck zu Buttmann Sprachl. II p. 202. Übrigens betrachtet Bekker ἕζεαι als zweisilbig, da er ἕζεαι Ϝῖσος mit Digamma giebt. Janus Soutendam Observ. in Homerum et Scenicos (Leiden 1855) p. 55 hat ἕζε' ἀναύδῳ ἐϜῖσος konjiciert.

380. οὐδ' ἔτι schreibt Cauer nach Nitzschs Vermutung statt des überlieferten οὐδέ τι, vgl. λ 393.

397. ἕκαστος neben dem Plural als distributive Apposition findet sich noch α 424. β 252. 258. γ 396. η 229. θ 399. ν 17. σ 291. χ 57. A 606. B 775. E 878. H 175. 185. 371. Θ 233. 347. I 88. 656. 712. Λ 731. N 121. Ξ 87. 111. O 369. 505. 662. Π 202. 351. 697. P 250. Σ 299. T 84. 277. 339. Ψ 3. 26. 58. 203. 371. 497. Ebenso ἑκάστη δ 729. θ 324. λ 542. Θ 520. Σ 496. T 302; ἑκάστῳ α 349. ζ 189. 265. E 195. K 473. Λ 11. O 109. Σ 375; ἕκαστον κ 173. 547. μ 207. ω 418. H 215. T 44. Den Übergang zum kollektiven Subjektsgebrauch der Späteren bilden θ 392. K 215. Krüger Di. 57, 8, 2, Kühner Gr. 266, 3. Wegen des appositiven Plural ἕκαστοι zu ν 76.

403 f. Kirchhoff d. hom. Od. p. 219 erkennt in diesen beiden Versen eine Interpolation: in 405 habe ursprünglich etwa κεῖθεν statt αὐτός gestanden. Fick hat die beiden Verse ausgeschieden.

404. Andere lesen wie Bekker δὲ σπήεσσι πελάσσατε, Nauck: δὲ σπέεσσι. Ob diese in Schol. H erwähnte Lesart (δὲ σπείεσσι) Aristarchs Lesart war, wie La Roche in der Annot. crit. vermutet, ist unsicher: Ludwich Arist. hom. Textkritik I p. 584. Daſs aber neben πελάζειν ἔς τι η 254. μ 448 und οὐδάσδε κ 440 die prägnante Verbindung πελάζειν ἔν τινι keinem Bedenken unterliege, zeigt auſser andern Analogien das Kompositum ἐμπελάζειν, das schon von Hesiod. Sc. 109 und Hymn. in Merc. 523 an im Gebrauch ist.

411. Zu κόπρος und σηκοί vgl. A. Thaer im Philol. XXIX p. 600. 604.

412. Statt des allein überlieferten σκαίρουσιν, das auch Nitzsch mit Thiersch und G. Hermann zu Hymn. in Merc. 288 und Opusc. II p. 49 als Anakoluth erklärt, haben Bekker, Nauck und Cauer aus Konjektur σκαίρωσιν gegeben. Vgl. auch Bergk griech. Litteraturgesch. I p. 859. Aber dann sieht man nicht, teils wie der Begriff ἐναντίαι mit den Worten περὶ βοῦς zusammenstimmen solle, teils warum ἀμφιθέουσιν (ein ἅπαξ εἰρημένον) gesagt ist, wenn dies Verbum nicht den bei περὶ βοῦς ἀγελαίας nur vorschwebenden, aber in lebhafter Rede übergangenen Begriff hier in selbständigem Satze ausdrücklich bezeichnet. Sachlich bemerkt Nitzsch Beitr. zur Gesch. der ep. Poesie p. 338 mit Recht: 'Die Liebe erscheint hier ganz als Naturgefühl, das

in den Menschen dasselbe ist wie in den Tieren. Dazu kommt die sich dort anknüpfende Weckung der Heimatsliebe.' Der Vergleichungspunkt ist die freudige Begrüfsung.

415. Bothe und Bekker (vgl. Hom. Blätter I p. 90) haben die Interpunktion vor ἐπεί getilgt und den Akkusativ ἐμέ zu ἴδον gezogen. Dagegen wurden von Ameis unter anderem die Parallelen β 155. γ 373. λ 615. ψ 92. Χ 236 geltend gemacht. Aber L. Meyer in Kuhns Zeitschr. XXII p. 43 hat dazu bemerkt, dafs man bei dem überhaupt so seltenen Gebrauch des rein lokalen Akkusativs bei Homer nicht berechtigt sei ἔχυντο mit ἐμέ zu verbinden. Gewifs mit Recht. Allein bei der unmittelbaren Entgegenstellung von ὡς ἐμέ zu μητέρας, das von ἀμφιθέουσιν abhängt, war ἐμέ ohne Zweifel als Objekt für das folgende Hauptverbum berechnet, indem die vorhergehende Konstruktion von ἀμφιθέουσιν einwirkte; als dann aber der Nebensatz ἐπεὶ ἴδον ὀφθαλμοῖσιν dazwischen trat und ἐμέ gleichsam als Objekt vorwegnahm, konnte das intransitive ἔχυντο sich frei anschliefsen, indem die Beziehung auf die Person aus dem Vorhergehenden vorschwebte. Indes hält Kirchhoff d. hom. Od. p. 220 415—17 für interpoliert und Fick hat dieselben ausgeschieden. Auch van Herwerden im Hermes XVI (p. 351—79) verwirft dieselben.

418. προσηύδων findet sich nur hier als dritte Person des Plural, in den übrigen zwölf Stellen ist es die erste Person des Singular: δ 550. ι 345. 363. 474. 492. κ 482. λ 56. 209. 396. 552. μ 296. ξ 484. Über die Konstruktion und Wortstellung vgl. J. La Roche Hom. Stud. § 97, 1.

420. Das τε nach εἰ gehört zu ὡς, nicht zu εἰ: 'der Dichter benutzt die aus einer älteren Periode erhaltene noch halb demonstrative oder anaphorische Form ὥς τε neben der jüngeren Vergleichungsform durch relatives ὡς, je nach dem für das Metrum die eine oder die andere bequemer ist': L. Lange der homer. Gebrauch der Partikel εἰ I p. 437 f. Wegen des Optativs im Vergleichssatze vgl. Friedländer Beiträge zur Kenntnis der hom. Gleichnisse I p. 20 ff. Über εἰς bei ἀφικέσθαι vgl. J. La Roche Hom. Stud. § 50, 1 und 6.

425. ὀτρύνεσθε ἐμοί — ἕπεσθαι geben Eustathius, pr. Harl., Vindd. 133 und 56, August. Dieselbe ist von den neueren Herausgebern fast allgemein aufgenommen. Dagegen findet sich das erst von Wolf adoptierte ὀτρύνεσθ', ἵνα μοι ἅμα πάντες ἔπησθε im Vrat., cod. Gonzagae u. a. bei La Roche. Es ist eine alte Konjektur mit unhomerischer Sprache. Denn nach ὀτρύνειν hat eine Absichtspartikel, wie σ 54. α 85. λ 214. Δ 269. ρ 362, eine ganz andere Bedeutung, die hier nur für das folgende ὄφρα pafst. Vgl. W. C. Kayser im Philol. XVIII p. 650 ff., welcher ἕπεσθε (Eustath. Vindob. 133 von zweiter Hand u. a.) mit dem zu κ 320 erläuterten Asyndeton für das ursprüngliche hält.

426. W. Jordan Homers Od. übersetzt p. 519 bemerkt den eindrucksvollen Kontrast zwischen ἱεροῖς ἐν δώμασι Κίρκης und πίνοντας καὶ ἔδοντας: 'das für uns bisher mit heiligen Schauern umgebene, gefürchtete Haus der Kirke ist jetzt so wenig furchtbar, dafs eure Gefährten dort lustig und guter Dinge sind.'

430. W. C. Kayser im Philol. XVIII p. 702 bemerkt: 'Der Vers ist augenscheinlich jung. Dem Schol. Harl. war er unbekannt, als dieser zu 429 die Bemerkung niederschrieb λείπει τὸ λέγων: er ist weder von Eustathius angeführt, noch durch die Handschriften pr. Harlei. Cret. Vind. 56 und 5 gegeben. Seine älteste Spur treffen wir in einem Texte des dreizehnten Jahrhunderts Vind. 133.' Im Marc. 613 u. a. steht er am Rande, vgl. La Roche. Der Vers wird mit Recht getilgt. Denn die Hast des aufgeregten Eurylochos wird durch das blofse ἐρύκανε besser bezeichnet, wie Ψ 734. Κ 191; anders χ 410 so wie ι 493. π 43. τ 545. Θ 412. Ω 238.

431. ἴμεν als Indikativ noch β 127. σ 288. Ρ 155. Andere verstehen es hier als Infinitiv. Aber eine Frage mit dem Infinitiv, wovon Krüger Spr. 51, 17, 7 und Kühner Gr. 306 A. 11 c (letzterer mit Anführung unserer Stelle) sprechen, ist noch nicht homerisch.

432—434 verwirft Düntzer Kirchhoff etc. p. 58. Büttner die Verwandlungen der Kirke p. 3 ff. schlägt vor nach Ausscheidung von 433. 434 in 435 ἔρξει, ὅθ' statt ἔρξ' ὅτε zu lesen. Dagegen nimmt Steinmetz eine Synesis, Ratzeburg 1882 p. 6 f. an, dafs der Dichter vermöge einer gewissen Synesis den Eurylochos unbefangen so sprechen lasse, als ob er von der Verwandlung der Gefährten wisse, obwohl er selbst nichts davon gesehen oder gehört hat — weil der Dichter im Vorhergehenden die Sache schon mehrmals berührt hatte.

435. Die Erklärung ist gegeben nach Adam in d. Blätt. f. d. bayersch. Gymn. 1871, VII p. 154, welche dadurch gestützt wird, dafs das parallele φυλάσσοιμεν καὶ ἀνάγκῃ ein gezwungenes Immerdortsein d. i. eingesperrt sein bedeutet. — Über μέσσαυλος vgl. Ahrens αὐλή und villa, Hannov. 1874 p. 17 f. — Kirchhoff d. hom. Od. p. 220 und 314 sieht in 435—437 einen späteren Zusatz, vielleicht des Bearbeiters, Fick hat die Verse ausgeschieden.

439. Zugleich sachlich entscheidend sind Α 190. ι 300, aufserdem sprachlich κ 51. ρ 236. σ 91. χ 334. Κ 504. Μ 18. Ν 455 und anderwärts, wo wir jedesmal bei genauer Auflösung des Particips ein 'hätte' oder 'wäre' gebrauchen müssen. Ebenso nach andern Verben von dieser Bedeutung. Vgl. auch zu γ 227. ε 415. ζ 111.

440. Das ἀποπλήξας, welches Eustathius und der Schol. zu Ψ 120 bieten, ist hier bezeichnender und nachdrücklicher als das gewöhnliche ἀποτμήξας. La Roche hom. Textkritik p. 342

macht wahrscheinlich, dafs Aristarch ἀποπλήξας las, und so urteilt auch Ludwich Arist. hom. Textkritik I p. 584.

455. 456. Der zweite Vers, der hier wegen des μεῦ ἄγχι στᾶσα (455) aus 401 hinzugekommen ist, fehlt in den bessern Hss. mit Recht. Denn an den übrigen 21 Stellen folgt auf diesen Vers entweder ausdrücklich mit einem singularischen Imperativ ein specieller Auftrag an Odysseus, oder es folgt irgend eine andere speciell an ihn selbst gerichtete Redewendung, nirgends aber nach dem Ende der Rede ein sylleptisches Personalpronomen, wie hier 466 ἡμῖν. Kirke trat hier nahe zum Odysseus (455), weil dieser sich unter seinen Gefährten befand. Woher übrigens Kirke die erwähnten Leiden wisse (457 ff.), das haben nicht homerische Zuhörer, sondern erst reflektierende Leser späterer Zeiten gefragt.

462—465 werden von Nauck als suspecti bezeichnet. — 465. πέπασθε war die Lesart Aristarchs: Ludwich Arist. hom. Textkritik I p. 585, vgl. G. Curtius d. Verb. d. gr. Spr. II p. 165. Die handschriftliche Überlieferung πέποσθε als völlig sprachwidrig verwerfend erklärt sich Brugmann in G. Curtius Stud. IX p. 385 für die Aristarchische Schreibung und diese hat auch Fick in den Text genommen.

469. καὶ ἐπήλυθον ὧραι β 107. λ 295. ξ 294. τ 152. ω 142. Die Horen nämlich bezeichnen gleichsam den Wellenschlag der Zeiten und beginnen den vollendeten Kreislauf des Jahres mit jedem Frühjahr von neuem. Vgl. K. Lehrs Popul. Aufs. p. 76 f. Hierauf bezieht sich auch der allgemeine Ausdruck vom 'Umschwung der Jahre.' Vgl. zu α 16.

470. Dieser Vers fehlt hier wie τ 153. ω 143 in den besten Hss. und macht durch seinen didaktischen Inhalt nach der vorausgegangenen Personifikation einen störenden Eindruck. Der Vers ist aus Hesiod Theog. 59 entlehnt, wo auch derselbe Vers wie hier vorausgeht.

475—479 wie 482 (vgl. den Anhang zu 265) fehlen bei Eustathius und in guten Hss., stehen aber nach La Roche (in der Zeitschr. für die österr. Gymn. 1865 p. 254) 'im Texte zweier der besten Handschriften, des Marc. 613 und des Vind. 133, aufserdem in Vind. 5. 56 und der Stuttgarter'. Die Verse scheinen indes eine zur vorausgehenden Erzählung unpassende Ergänzung einer alten Lücke zu sein. Denn man vermifst hier die Antwort des Odysseus und was nach derselben bis zum Vortrag der Bitte an Kirke geschehen ist. Vgl. auch Bergk griech. Litteraturgesch. I p. 548, 38, Nitzsch Sagenpoesie p. 141, Kirchhoff d. hom. Od. p. 221. Dagegen verwirft Scotland im Philol. XXXXV p. 571 f. die Annahme einer durch Interpolation verdeckten Lücke und hält 475 für echt, verwirft aber 476 f.

482. Über die folgende Erzählung bis zum Schlufs vgl. Kirchhoff d. hom. Od. p. 221 ff., v. Wilamowitz-Möllendorff Homer.

Untersuch. p. 143 f., Hinrichs bei Facsi zu 490. Bergk griech. Litteraturg. I p. 688 nimmt den Schluſs des alten Gedichts mit 498 an. Fick d. hom. Od. p. 276 f. sondert κ 509. 510. 513—515. λ 568 —601. 605—11. 613—16. 618—26 als ein 'Bruchstück einer Nekyia' aus. Köchly de Od. carmm. III 19 ff. läſst die 'ursprüngliche Nekyia' beginnen mit 490 und scheidet aus 538—40. 542—45. Einzelne Athetesen in diesem Abschnitt: Düntzer hom. Abh. p. 143 verwirft 511—515. 527—30. (p. 141) 539 f. (p. 135 f.) 551—60, Sittl Gesch. d. griech. Lit. I p. 110 529 f. 532, Scotland im Philol. XXXXV p. 578 ff.: 492—95. 565. 513—526. 529. 530. 535—40.

485. Statt der Überlieferung οἵ μεν φθινύθουσι vermutet Menrad de contract. et synizes. usu p. 96 οἳ ἐμὸν φθ. nach α 250.

491. Dies erhellt schon daraus, daſs die στυγεραὶ ἐρινῦς die Dienerinnen der Persephone sind. Daher wird sie ἐπαινή auch nur in Verbindung mit Ἀΐδης genannt κ 534. 564. λ 47. Ι 457.

569. Erst Tryphiodor 52: υἱὸς Ἀχιλλῆος καὶ ἐπαινῆς Δηιδαμείης folgt dem Miſsverständnis des Wortes 'lobenswert'. Das ἐπί ist hier nur der sinnlich malerische Zusatz ohne materielle Bedeutung, worüber zu α 273. So im wesentlichen mit Ph. Mayer Hom. Synon. IV p. 8 Anm. 6, mit dem in Bezug auf die Bedeutung auch Döderlein Hom. Gloss. § 998 übereinstimmt. Lobeck Path. elem. I p. 354 meint freilich, man müsse über dies Wort den Apollon befragen.

493. μάντηος ist eine Konjektur G. Hermanns: die Handschriften haben, mit Ausnahme von Marc. 613, der μάντηος hat, μάντιος, was Ahrens im rhein. Mus. N. F. II (1843) p. 162 beibehält, indem er die auffällige Quantität ἀλαοῦ durch die Genetivform ἀλαόο entfernt wissen will; vgl. den Anhang zu κ 36. Hinrichs schreibt μάντιος ἀλαόο.

495. Cicero de div. I 40 übersetzt mit Recht: *solum sapere, ceteros umbrarum vagari modo*. Platon. Rep. III 1 tadelt den Vers von seinem Standpunkte aus. Daſs übrigens der ältere Cato den Vers auf Scipio angewendet habe, erzählt Plutarch Cato mai. 27, in den Apophth. p. 200ᵃ und in den Praec. reip. ger. 10 p. 805ᵃ. Vgl. auſserdem Strabo XVI 2 p. 762; Hemstorhuis zu Lucian Nekyom. 6. Über σκιαί Kayser im Philolog. XXII 512. — Statt der überlieferten Lesart τοὶ δὲ empfiehlt Bekker nach einer Wiener Handschr. ταὶ δέ: Hom. Blätt. II p. 24.

508. Zu der Erklärung vgl. die abweichende Auffassung von Schoemann Opusc. II p. 335, not. 23, welcher auch Amois folgte. — Die ganze Stelle über den Eingang in den Hades hat in eigentümlicher Weise behandelt W. Jordan in Fleckeisens Jahrbb. 1872 p. 1—8 mit dem Resultat: 'das Hadesreich der Odyssee ist die von der Sonne abgekehrte Rückseite der Erdscheibe, die ἀντίχθων, Gegenerde eines weit späteren Zeitalters.

Von der ζείδωρος ἄρουρα und vom Götterhimmel aus betrachtet bleibt es allerdings Unterwelt, ὑπὸ κεύθεσι γαίας, aber nicht als Erdinneres, sondern als jenseitige Oberfläche.' Vgl. dazu Kammer die Einheit p. 486 ff. Eisenlohr über die Lage des homerischen Totenreiches, Lahr 1872 sucht eine zwiefache Vorstellung von der Lage des Totenreiches bei Homer nachzuweisen und zwar in der Ilias die, dafs dasselbe unter der Erde liege, in der Odyssee dagegen mit Ausnahme des letzten Buches überall im äufsersten Westen über dem Ocean, nicht unter der Erde. Beide verstehen δι' Ὠκεανοῖο vom Durchfahren des Okeanos bis zum jenseitigen Ufer und diese Auffassung scheint auch die natürlichste, wenn gleich λ 13 und λ 639 dagegen zu sprechen scheinen; indessen läfst sich die Vorstellung eines gleichwohl unterirdisch gedachten Totenreichs nicht durchaus abweisen: κ 560 ψυχὴ δ' Ἀϊδόσδε κατῆλθεν, λ 37 ὑπὲξ ἐρέβευς, λ 57 ὑπὸ ζόφον weisen darauf, und die zunächst λ 23—50 gegebene Schilderung im Charakter einer Totenbeschwörung läfst kaum eine andere Vorstellung zu, als dafs Odysseus nur am Eingang des unterirdischen Totenreichs zu denken ist und die Toten aus der Tiefe desselben hervorkommend sich seinem Standort nähern, eine Vorstellung, die freilich weiterhin nicht festgehalten ist.

509. Der folgenden Lokalschilderung sollen nach v. Baer über die homerischen Lokalitäten in der Odyssee p. 9—12 Nachrichten von dem Pappelhain an der Mündung des nördlichen Armes des Kuban und den Schlammvulkanen auf der Halbinsel Taman in der Meerenge von Kertsch zu Grunde liegen.

510. 'Man braucht nur die schwanke, traumartige, farblose Weide, die lispelnde, melancholische Pappel zu sehen, um in ihnen die notwendige Staffage der griechischen Unterwelt zu erkennen': Motz über die Empfindung der Naturschönheit bei den Alten, Leipz. 1865 p. 90. — Über den Begriff von ὠλεσίκαρποι vgl. Döderlein Hom. Gloss. § 2159.

515. Bergk in Fleckeisens Jahrb. 1860 p. 400 bemerkt: 'man mufs sich wohl den Acheron mehr als See vorstellen, wie ja auch später die Anschauung beständig zwischen See und Flufs schwankt: aus dem Innern des Totenreiches ergiefsen sich zwei Flüsse, der Pyriphlegethon und der Kokytos, letzterer aus der Styx entspringend.' Und in der Note: 'nur von zwei Flüssen ist die Rede, daraus geht hervor, dafs Acheron nicht als der dritte Strom zu denken ist, höchstens könnte man die Strecke, wo Kokytos und Pyriphlegethon vereinigt fliefsen, als Acheron bezeichnen. Von einem Einmünden des grofsen Stroms in den Okeanos ist auch nicht die Rede, man kann sich also den Acheron nur als einen See unfern vom Ufer des Okeanos denken.' Ähnlich urteilen Eisenlohr über die Lage des homer. Totenreiches p. 17 und W. Jordan in Fleckeisens Jahrbb. 1872 p. 6. — Über verwandte

Vorstellungen anderer Völker von dem Eingang zur Unterwelt vgl. Gerlach altgriech. Märchen p. 40 f. Nach ihm scheint die hier erwähnte πέτρη keine andere zu sein, als die ω 11 erwähnte Λευκὰς πέτρη.

518. Wir haben hier die älteste Andeutung von der Liturgie des späteren Totenkultus; aber die Gebräuche sind der märchenhaften Kirke in den Mund gelegt und den Zuhörern noch unbekannt. Die eigentliche Psychomantie und Nekyomantie dagegen gehört erst in spätere Zeiten. Über den Gebrauch der Gruben im Totenkultus, das vorhergehende βόθρον ὀρύξαι vgl. Hemsterhuis zu Lucian Nekyom. 9 und die Interpreten zu Sil. Ital. XIII 406. — Menrad de contract. et synizes. usu p. 138 schlägt vor χεύεσθαι πᾶσι νέκυσσι statt χεῖσθαι πᾶσιν νεκύεσσι.

521. Döderlein Hom. Gloss. § 147 erklärt ἀμενηνός aus α priv. und μένω nicht standhaltend: ein Charakteristikum der Geister, die ein gespensterhaftes Scheinleben mit matter Empfindung und geschwächtem Bewusstsein leben, *tenues sine corpore vitae* Verg. Aen. VI 292; ebenso der Träume (τ 562), die beim Zugreifen in nichts zerfließen. Dagegen betrachtet es Lobeck Path. prol. p. 145 und 192 als aus ἀμενής (von μένος) verlängert, Leskien in G. Curtius Stud. II p. 101 aus ἀμενεσηνος vgl. πετεηνός, vgl. Froehde in Bezzenbergers Beitr. VII p. 323 f.

525. Sittl die Wiederholungen p. 38 vergleicht Λ 720 ἀλλὰ καὶ ὣς ἱππεῦσι μετέπρεπον ἡμετέροισι und findet die familiäre Redeweise 'euere Schafe' hier bei dem Herrscher selbst, welcher der eigentliche Besitzer ist, nicht am Platze. — An Stelle von ἡμετέροισιν (ὑμετέροισιν) empfiehlt Nauck in d. Mélanges Gréco-Rom. V, 2, 111 f. nach den Wiener Handschr. ἀγρομένοισιν, entsprechend λ 33. — παμμέλανα und 527 θῆλύν τε μέλαιναν: Mit Recht bemerkt L. Feuerbach Theogonie p. 364 folgendes: 'Die Griechen und Römer opferten den obern Göttern, den Göttern des Lichts und Lebens weiße, den untern, den Göttern des Todes und der Finsternis schwarze Tiere und drehten diesen beim Schlachten den Hals unterwärts, jenen aufwärts. Diese Handlungen und Farben sind Zeichen, die aber das Wesen, die Bedeutung der betreffenden Götter nur auf synonyme, gleichbedeutende Weise versinnlichen, denn Weifs wirft das Licht unzerlegt zurück, erhellt, erheitert, erfreut; Schwarz verschluckt alle Farben, alle Lichtstrahlen, wie die Unterwelt alle Lebensfreuden, macht finster, traurig, verstimmt.' Vgl. auch Hermann gottesd. Alt. 26, 23.

530. Zu νέκυες κατατεθνηῶτες oder im Singular oder im Simplex νεκρὸς τεθνηώς sind die homerischen Beispiele λ 37. 541. 564. 567. μ 10. χ 448. Ζ 71. Η 409. Κ 343. Π 526. 565. Σ 173. 540. Dieser Sprachgebrauch ist dann auch auf die Tragiker übergegangen, vgl. Schneidewin zu Soph. Ant. 26. Und daß dann dieselbe Wortfülle zur nachdrucksvollen Hervorhebung des Begriffs

auch bei dem entgegengesetzten Gedanken, bei ὁ φιτύσας πατήρ und ähnlich sich finde, zeigen die zahlreichen Beispiele bei Lobeck zu Soph. Ai. 1296.

532. Marc. 456 hat κατάκειτ', Stuttg. κατάκειται, die übrigen Handschriften κατέκειτ' nach La Roche. Letzterer bemerkt in der Zeitschr. f. d. österr. Gymn. 1859 p. 221: 'das Imperfektum ist grammatisch nicht zu rechtfertigen; hier wird jeder Erklärungsversuch zur Künstelei.' Vgl. andrerseits Kirchhoff d. hom. Od. p. 222, Bergk griech. Litterat. I p. 688, Anm. 81. Sittl Gesch. d. griech. Litt. I p. 110 verwirft den Vers, ebenso Scotland im Philol. XXXXV p. 582.

543. Sittl Gesch. d. griech. Litt. I p. 110 nimmt an, daſs hier gedankenlose Abschreiber νύμφη statt Κίρκη gesetzt hätten. Vgl. v. Wilamowitz-Möllendorff Hom. Unters. p. 117. — Zur Tracht der Kirke Studniczka Beiträge zur Gesch. d. altgriech. Tracht p. 86 f. u. 95.

548. 549. Über ἀωτεῖν vgl. Clemm in G. Curtius Stud. II p. 54 ff. — V. 549 vermiſst J. Bekker Homer. Blätt. II p. 28 bei ἐπέφραδε ein Objekt und vermutet θέσφατα statt πότνια, welches 2 Handschriften bei La Roche haben.

552. Über die Elpenorepisode vgl. Jordan in Fleckeisens Jahrbb. 1872 p. 4, Bergk griech. Litteraturgesch. I p. 689, Kammer die Einheit p. 525 und 500 f., Kiene die Epen des Homer, Hannov. 1881 p. 107 — 9, v. Wilamowitz-Möllendorff Homerische Untersuch. p. 144 f., Seeck die Quellen d. Od. p. 364, W. Jordan Homers Od. übersetzt p. 528 f., Kirchhoff d. hom. Od. p. 227 f., Düntzer homer. Abhandl. p. 134 ff., Scotland im Philol. XXXXV p. 571 ff.

559. In den südlichen Ländern pflegte man auf den platten Dächern der Häuser, wo man des Tages spazieren ging oder sich umsah, nicht selten des Nachts zu schlafen, der Kühlung wegen, weil in den innern Gemächern zu groſse Hitze herrschte, und zugleich um dem kalten Nachtthau zu entgehen, welcher den Erdboden bedeckt und leicht Erkältungen herbeiführt, wie § 475. ρ 25. Vgl. auch 5. Mos. 22, 8. Jos. 2, 6, 8.

565. Schon von den Schol. ABLV zu Α 541 wird bemerkt: ἡ δὲ φράσις συνήθης ἀπὸ δοτικῆς εἰς αἰτιατικὴν ἔρχεσθαι. Derartige Akkusative des Participiums finden sich α 90. ζ 60. θ 508. κ 533. ξ 195. π 466. ψ 211. Α 541. Δ 341. Ζ 529. Ξ 162. Ο 58. Krüger Spr. 55, 2, 7. Zu Krüger Di. 55, 2, 5. Vgl. auch zu ο 240 und wegen des Dativs beim Infinitiv zu ν 312, Classen Beobacht. p. 141 ff., Hentze in Zeitschr. f. Gymnasialwes. XX p. 745. Dagegen hält Naber Quaestt. Hom. p. 90 den Dativ χρησομένοις für notwendig, falls der Vers nicht etwa aus 492 hierher geraten sei, vgl. dagegen Dingeldein de participio Hom. Gieſsen 1884 p. 20.

567. κατ' αὖϑι statt καταῦϑι ist geschrieben nach J. La Roche homer. Untersuchungen p. 246.
573. Nach homerischer Vorstellung ist die menschliche Sehkraft zu schwach, um eine unverwandelte Gottheit wider deren Willen zu sehen. Dies zeigen aufser andern Stellen *E* 127. *Τ* 321. Vgl. auch Nägelsbach Hom. Theol.² IV 11 und 12 p. 164 bis 166. Übrigens bezeichnet Nauck 569—74 als suspecti, vgl. auch Kammer d. Einheit p. 531 und dagegen Scotland im Philol. XXXXV p. 583, auch Kirchhoff die hom. Od. p. 224.

λ.

1. Über die ganze Unterweltscene vgl. Kirchhoff die Komposition d. Odyss. p. 89 ff., die hom. Od. p. 225 ff. und die eingehenden Untersuchungen von Kammer die Einheit p. 474 ff. und v. Wilamowitz-Möllendorff hom. Unters. p. 140 ff.
10. Statt ἴϑυνεν will van Herwerden im Hermes XVI (p. 351—79) gelesen wissen ἴϑυνον.
12. Der Vers wird verworfen von van Herwerden in d. Revue de philol. N. S. 1879. III p. 68 ff.
14—19. von Christ in d. Jahrbb. f. Philol. 1881 p. 446 sieht in den Versen eine Konfundierung der Argonautensage mit dem Nostos des Odysseus. Auch Köchly de Od. carmm. III, 21 hat dieselben verworfen. Über die Verwertung der Kimmerier zur Zeitbestimmung Homers vgl. Niese die Entwicklung p. 224 f., über das Lokale v. Baer über die hom. Lokalitäten in d. Od. p. 8 und v. Wilamowitz-Möllendorff hom. Unters. p. 165. —
16. Der Wurzel dark ist die Bedeutung des hellen, leuchtenden, Glanz ausströmenden Blicks eigentümlich: Curtius Etym.⁴ 99, wie sie auch in Wendungen, wie δεινὸν δέρκεσϑαι, πῦρ δεδορκώς durchblickt. Danach wird die Kraft des Ausdrucks καταδέρκεται durch die übliche Auffassung 'erblickt von oben' völlig abgeschwächt. Vielmehr: strahlt Glanz herab, bescheint von oben. Denn nicht etwa hindert der Nebel die Sonne das Land der Kimmerier zu erblicken, sondern er giefst sein Licht nicht auf dasselbe herab, weil es an der Schwelle der Unterwelt aufser seinem Bereich liegt.
20 ff. In den folgenden Versen nimmt Scotland im Philol. XXXXV p. 584 eine Verderbnis an, welche er durch Umstellung zu heilen sucht. Derselbe verwirft weiter 25—34, 36. 37, 38—43, 48—50.
27. Über die Bedeutung des Honigs beim Totenopfer vgl. Roscher Nektar und Ambrosia, Leipz. 1883 p 66, und über die Totenopfer bei Homer überhaupt Bernhardi das Trankopfer bei Homer p. 11.
38—43. Diese sechs, obgleich schön gebauten (und von

mehrern wie von Plutarch de fortuna Rom. 3 p. 317^d citierten) Verse sind von den Alexandrinern (Carnuth Aristonic. p. 100) mit Recht verworfen worden. Denn sie stehen in Widerspruch teils mit dem den Psychen sonst zugeschriebenen Mangel an Körperlichkeit, der 207 am stärksten hervortritt, teils mit der Frage an Agamemnon 398 ff., teils mit der vorausgehenden Kürze, teils endlich mit πρώτη κτέ. 51, das seine eigentliche Bedeutung verlöre, wenn diese Schatten schon vorher so bestimmt von Odysseus erkannt worden wären. Sprachlich ist 40 οὐτάμενοι auffällig, dafs sonst nirgends von der Wurfwaffe gebraucht wird. Gegen die Verwerfung der Verse sprechen Brausewetter de necyia Homerica p. 2 f., Lauer de undecimi Od. libri forma germana vgl. Düntzer hom. Abh. p. 138, Kirchhoff d. hom. Od. p. 227. Über 43 insbesondere vgl. v. Wilamowitz-Möllendorff hom. Unters. p. 142. — Th. Bergk griech. Litteraturgesch. I p. 692, Anmerk. 90 glaubt, dafs dieselben ursprünglich ihre Stelle nach λ 632 hatten, was Nauck und Köchly de Odyss. carmm. III p. 21 billigen. — 'Dafs hier die Vorstellung herrscht, als ob die Schatten dem Leib im Moment des Todes glichen, und dafs vielleicht εἴδωλα καμόντων dieselbe enthält, habe ich bemerkt und vermutet bei Nägelsbach hom. Theol. p. 405 oben und mir dazu notiert: so schon Schol. Q zu λ 40.' G. Autenrieth.

52. Statt des überlieferten ὑπὸ χθονός schlägt Cobet Misc. crit. p. 370 wegen des Hiatus vor zu lesen κατὰ χθ., vgl. dagegen Nauck in d. Mélanges Gréco-Rom. IV p. 607 f. — 53. Diesen Gebrauch von σῶμα hat schon Aristarch beobachtet, vgl. Lehrs de Arist. p. 95, [2] 86. Was die Sache betrifft, so hatten die Gefährten des Odysseus bei der Abreise im Drange der Geschäfte den Elpenor nicht vermifst. Sonst hätten sie sicherlich ihre Pflicht erfüllt, so gut wie bei der Flucht aus dem Kikonenlande ι 65. Vgl. indes Kammer die Einheit p. 499 ff., welcher 52—55 verwirft; Kallistratos athetierte 52—54: Carnuth Aristonic. p. 101, vgl. dagegen Kirchhoff d. hom. Od. p. 227.

58. ἰών bieten Didymus im Schol. Harl.: vgl. J. La Roche Didymus p. 15 f., auch 2 Hdschr. bei La Roche, die übrigen ἐών. Über die Verwechslung von ἐών und ἰών vgl. C. A. J. Hoffmann XXI. und XXII. Buch der Ilias I p. 302. Und über den Begriff ἰέναι von einem Toten vgl. den Anhang zu Δ 99.

60. Der Vers fehlt in den bessern Hss. mit Recht: denn er ist wegen des vorhergehenden Zusatzes οἰμώξας unpassend, vgl. die Parallelstelle ι 506.

65. Nach diesem Verse nimmt Bergk griech. Litterat. I p. 689 den Ausfall mehrerer Verse an, in welchen die Wanderung Elpenors zum Schattenreiche genauer beschrieben war. — 66. Die Verbindung τῶν ὄπισθεν wie I 559. Ξ 274 ohne ein vermittelndes Particip ist analog dem zu ι 285 berührten Gebrauche der Prä-

positionen. Daraus hat sich später der attische Gebrauch mit dem Artikel entwickelt. Eine Bitte um der Abwesenden willen ist rührender, weil sie das Herz des gebetenen mit Erinnerung und Sehnsucht erfüllt und so zur Weichheit stimmt.

69—71 werden verworfen von La Roche in der Zeitschr. f. öst. Gymn. 1863 p. 193 und Köchly de Od. carmm. III p. 21. Vgl. dagegen Bergk griech. Litterat. I p. 689, 82.

76. Zur Erklärung vgl. Classen Beobachtungen p. 175.

84. $\varkappa\alpha\tau\alpha\tau\varepsilon\vartheta\nu\eta\varkappa\upsilon\iota\eta\varsigma$ mit Bekker im Berliner Monatsbericht 1861 p. 242 (Hom. Blätter I p. 228). Ebenso 141. 205. δ 734.

88—153. Die Begegnung des Odysseus mit Tiresias verwirft Scotland im Philol. XXXXV p. 576 f. mit Kammer die Einheit p. 490 ff. Vgl. zu 100. — 88. $\pi\varrho\acute{o}\tau\varepsilon\varrho o\nu$ statt des überlieferten $\pi\varrho o\tau\acute{\varepsilon}\varrho\eta\nu$ vermutet van Herwerden in d. Revue de philologie 1878 II p. 195 ff.

91. Über das goldene Scepter des Tiresias vgl. v. Wilamowitz-Möllendorff Hom. Unters. p. 146.

92. Der Vers fehlt in den bessern Hss. Es gilt von demselben das zu $\varkappa$ 189 bemerkte. Die ausdrückliche Bezeichnung des Umstandes, dafs er ihn erkannt habe (weshalb man den Vers hier für notwendig hielt), ist im folgenden genügend ausgesprochen, besonders mit $\tilde{\omega}$ $\delta\acute{\upsilon}\sigma\tau\eta\nu\varepsilon$, das doch wie $\varkappa$ 281 mit Bezug auf die Irrfahrten gesagt ist. Vgl. auch λ 390 ff. Indes hat Bekker in der annotatio beigefügt: 'paenitet expuncti: tam enim aptus quam 473 et 617.'

100—137. Das folgende Orakel des Tiresias behandeln Jaekel das Tiresias-Orakel, Freistadt 1876, Kirchhoff d. hom. Od. p. 228, Rothe de vetere quem ex Od. Kirchhoffius eruit $\nu\acute{o}\sigma\tau\omega$ p. 12 f., Seeck die Quellen d. Od. p. 188 ff., 297, Kiene die Epen des Homer p. 112, Düntzer hom. Abh. p. 137 f. 423, Kayser hom. Abhandl. p. 14. 35 f., Bergk griech. Litterat. I p. 687, v. Wilamowitz-Möllendorff Hom. Unters. p. 145 und 160 ff. Vgl. zu 88 und zu 120. — 100. 'Hinsichtlich der Ableitung von $\delta\acute{\iota}\zeta\eta\mu\alpha\iota$ befriedigt mich G. Curtius Etym.^{2} p. 552 nicht ganz, weil die Glosse des Hesychios, auf welcher dessen Ableitung beruht, nicht sicher ist. Ich habe deshalb an $\delta\acute{\eta}\varepsilon\iota\varsigma$ gedacht, aus welchem eine reduplicierte Form $\delta\iota$-$\delta\acute{\eta}\eta$-$\mu\alpha\iota$ sich wohl mit der bekannten Lautaffektion entwickeln konnte: eigentlich also für sich zu finden trachten.' G. Autenrieth.

102. Nach der Notiz des Didymus im Harleianus nahm W. C. Kayser de versibus Od. disp. altera p. 11 $o\dot{\upsilon}$ $\gamma\acute{\alpha}\varrho$, $o\breve{\iota}\omega$ | $\lambda\acute{\eta}\sigma\varepsilon\iota$ $\dot{\varepsilon}\nu\nu o\sigma\acute{\iota}\gamma\alpha\iota o\varsigma$ als Lesart Aristarchs an, vgl. aber Ludwich Arist. hom. Textkritik I p. 587 und La Roche Hom. Textkritik p. 136. Aus der Variante $\lambda\acute{\eta}\sigma\varepsilon\iota\varepsilon\nu$ erschliefst Naber Quaestt. Hom. p. 136 als ursprüngliche Lesart $\lambda\acute{\eta}\sigma\varepsilon\iota\nu$ σ' $\dot{\varepsilon}\nu\nu o\sigma\acute{\iota}\gamma\alpha\iota o\nu$.

103. Statt der Überlieferung υἱὸν φίλον vermutet Nauck in d. Mélanges Gréco-Rom. IV p. 102 φίλον υἱέα.

107. Θρινακίη wurde von τρεῖς und ἄκρον abgeleitet (vgl. Lobeck Parall. p. 15) unter der Annahme, das Θ sei aus dem Einflufs von ϱ zu erklären; vgl. Buttmann Ausf. Spr. § 17, 5. Jetzt führt man das Wort auf θρῖναξ zurück und erklärt 'die gabelförmige': v. Wilamowitz-Möllendorff hom. Unters. p. 168 deutet dieselbe vom Peloponnes, da nach hymn. Apoll. 411 bei Tainaron die Rinder des Helios weiden, während v. Baer über die homerischen Lokalitäten in d. Od. p. 14 ff. in Thrinakia die dreispitzige Insel Imbros an der Ausmündung der Dardanellen erkennt.

120. Man beachte einerseits, ob es mit homerischer Einfachheit harmoniere, die Sehergabe scharf abzugrenzen, und anderseits, ob die Disjunktion dem Inhalt der Odyssee entspreche. Teils durch die sprachlichen Eigenheiten 120. 125. 131. 135. 136, teils durch die unepische Dunkelheit der Dichtung, teils durch den mangelnden Zusammenhang mit dem Inhalt der Odyssee und mit der Angabe κ 539. 540 wird eine spätere Einfügung des Abschnitts 119 bis 137 wahrscheinlich gemacht. Vgl. Ph. Mayer quaest. Homer. part. III de Tiresiae vaticinatione (Gera 1845), Kammer die Einheit p. 491 ff. und Nitzsch Beiträge p. 265, Bergk griech. Litteraturgesch. I p. 689.

121. ἐυῆρες, wie 129. μ 15. ψ 268; im Plural λ 125. ψ 272. Das ἐυῆρες ἐρετμόν, wozu auch Maximus Tyrius XXX 3 p. 8 Reiske zu vergleichen ist, war eine handliche Schaufel zum Rudern, so breit, dafs sie den Menschen ohne Seekunde nach 128 wie eine Wurfschaufel vorkam. — Über den Gebrauch des Salzes bei den Indogermanen vgl. Hehn Kulturpflanzen und Haustiere p. 395.

129. Wie hier γαίῃ bei πῆξαι, so findet sich mehrmals im Homer der blofse Dativ zur Bezeichnung der Annäherung bei einfachen Verben, wie E 82 χεὶρ πεδίῳ πέσε. H 187 (κλῆρον) κυνέῃ βάλε. Τ 222 καλάμην χθονὶ χαλκὸς ἔχευεν. Krüger Di. 46, 2, 4. Vgl. B. Delbrück Ablativ, Localis, Instrumentalis, p. 45 f. Was den vermeintlich tiefern Sinn des Gedankens betrifft, so will schon Eustathius in der vorliegenden Stelle die Aufforderung finden, dafs Odysseus den Kultus des Poseidon nach Gegenden verpflanzen solle, wo er noch nicht vorhanden sei. Auch J. Bekker Homer. Blätter II p. 179 teilt jene Ansicht, mit dem Zusatz: vermutlich, um den Zorn des Poseidon zu versöhnen, vgl. auch Nägelsbach Hom. Theologie [2] p. 351. — Über das Verhältnis dieser Stelle zu der Wiederholung in ψ 268—284 vgl. Kirchhoff die Komposition d. Odyss. p. 89.

134. Das ἐκ im Sinne von ἐκτὸς ἀπό (K 151) findet sich auch ο 272. π 288. τ 7. χ 376. Ξ 130. Π 668. Vgl. auch zu τ 387 und Nägelsbach Hom. Theol. VI 25. Erst nach der Sage

bei den Kyklikern ist Telegonos, des Odysseus und der Kirke Sohn, nach Ithaka gekommen und hat seinen Vater im Kampf am Ufer mit einer aus dem Rückgrat des Meerrochen gefertigten Lanze getötet. Wahrscheinlich ist die ganze Sage aus falscher Deutung des ἐξ ἁλός entstanden. Zu θάνατος δέ τοι ἐξ ἁλὸς αὐτῷ vgl. auch Philostr. Apoll. Tyan. VI 32 und Her. 21, 20 p. 695. — Statt des überlieferten αὐτῷ vermutet van Herwerden in d. Revue de philol. 1878, II p. 197 αὔτως.

144. Statt der überlieferten Worte πῶς κέν με vermutet Cobet Misc. crit. p. 370 ὅππως κε μ', wogegen Nauck in d. Mélanges Gréco-Rom. IV p. 606 spricht, welcher seinerseits an τὸν ἐόντα Anstofs nimmt und παρεόντα erwartet.

148. Bei einem vorausgehenden Relativsatze mit hypothetischem Sinne wird das δὲ ἀποδοτικόν in Verbindung mit dem wiederaufnehmenden Demonstrativpronomen, mag dieses Subjekt oder Objekt sein, zur Einführung des Nachsatzes noch in folgenden Stellen gefunden: a) wo das Demonstrativ mit δέ den Hauptsatz beginnt: λ 149. μ 42. τ 330. Β 189. Ι 509. Κ 490. Λ 409. Ο 745. Ψ 858. b) wo das Demonstrativ im Nachsatze eingeschoben ist: Ι 511. Vgl. Α 548. c) wo das Demonstrativ vor δέ nicht ausdrücklich gesagt ist: Ψ 321. Vgl. hierüber Fr. Otto Beiträge zur Lehre vom Relativum bei Homer. T. I (Weilburg 1859) p. 9, Hentze De pronominum relativorum linguae Graecae origine atque usu Homerico (Göttingen 1863) p. 36.

149. πάλιν εἶσιν ὀπίσσω, d. i. wird sich von Odysseus und vom Blute wieder zurückziehen, ist mit Bezug auf 142 gesagt. H. Düntzer im Philol. XVIII p. 716 ff. = Homer. Abhandl. p. 446 ff. sucht die ganze Stelle 138 bis 149 als ein späteres Einschiebsel zu erweisen.

154 ff. Zu der folgenden Scene vgl. Kammer die Einheit p. 521 ff. und dagegen Scotland im Philol. XXXXV p. 585 ff., welcher 157—59, 165, 182 f., 187—96, 209—24 verwirft und zum Teil durch Veränderungen das Ursprüngliche herzustellen sucht.

157—159. Diese drei Verse wurden schon von den Alten mit Recht athetiert, da sie mit den sonstigen Vorstellungen, wie κ 502. 508. 513 ff., nicht harmonieren. Auch hat μὲν πρῶτα hier keine homerische Beziehung. Vgl. auch Kirchhoff d. hom. Od. p. 229, v. Wilamowitz-Möllendorff Hom. Unters. p. 158. Auch 160—162 scheinen Nauck verdächtig, 161 und 162 verwarf schon Aristophanes.

161. Zur Auffassung der Dative νηΐ τε καὶ ἑτάροισιν vgl. Holzweissig über den sociativ-instrumentalen Gebrauch des griech. Dativ bei Homer p. 15.

174. Die Konstruktion der Verba des Sagens mit dem Genetiv erörtert Raspe grammatische Kleinigkeiten. Güstrow 1871, vgl. Philolog. Anzeiger V p. 186 f.

178 f. verwirft van Herwerden in d. Revue de philol. N. S. 1879 III p. 68 ff. Vgl. dazu Seeck die Quellen d. Od. p. 187.

185 ff. Anders erklärt die Stelle Nägelsbach Hom. Theol. [2] p. 278, wieder anders Volquardsen Telemachs Process, Kiel 1865 p. 24 f., vgl. jetzt auch Fanta d. Staat in d. Il. u. Od. p. 73 f. Über die an die Stelle sich sonst knüpfenden Differenzen mit der übrigen Odyssee vgl. Düntzer hom. Abh. p. 144, Bergk griech. Litterat. I p. 687.

191. ἔσται statt der Überlieferung ἦσται, εἶται oder εἶσται korrigierte Kirchhoff und ihm ist Cauer gefolgt, G. Curtius d. Verb. d. griech. Spr. II p. 222 fordert εἶσται, wie Hinrichs geschrieben hat.

196. σὸν νόστον ποθέων ist die Lesart, welche die 'angenehmeren' Ausgaben (αἱ χαριέστεραι γραφαί) darboten und welche Bothe, Bekker, Nauck u. A. aufgenommen haben; Düntzer ist zu der andern Lesart σὸν πότμον γοόων zurückgekehrt.

202. Zum objektiven Gebrauch des σός vgl. T 321. 336. Ebenso Ter. Heaut. II 3, 66: *ut facile scias, desiderio id fieri tuo.* Da nun hier οἷς πόθος dem Sinne nach *tu desideratus* ist, so konnte auch bei *tuaque consilia* und *tuaque benignitas* ein *desiderata* dem Gedanken vorschweben, so dafs μήδεα und ἀγανοφροσύνη prägnant stehen.

207. Über das gleichartig gedachte Wesen der Seele und des Traumbildes giebt Nachweise Roscher Hermes der Windgott p. 64 f.

218. Dieselbe Verbindung bei vorhergehendem Plural ε 120. ν 180. Δ 362. E 129. Zu Krüger Di. 58, 4, 4. Die Lesart ὅτε τίς κε θάνῃσιν geben Eustathius, Veneti M. N, Vind. 133, Augustanus. Und so las wahrscheinlich Aristarch, da Aristonikos zu T 454 bemerkt: ὅτι ἰδίως πληθυντικῷ ἑνικὸν ἐπήνεγκεν. Die Vulgata dagegen ὅτε κέν τε θάνωσιν, die Bekker beibehalten hat, ist insofern unhomerisch, als sich τί sonst nirgends unmittelbar nach κέν oder ἄν gesetzt findet, so dafs also wenigstens τεθάνωσιν als reduplicierte Neuerung nachweisbar sein müfste. Den folgenden Vers citiert Plutarch de occulte vivendo 7 p. 1130[d].

221. δαμνᾷ war die Lesart des Aristarch: Ludwich Arist. hom. Textkritik I p. 588. Nauck und Cauer schreiben δάμνατ'.

225—327. Diesen Heroinenkatalog verwirft Köchly de Od. carmm. III p. 20 als Werk eines hesiodeischen Dichters, auch Sittl Gesch. d. griech. Litterat. I p. 111 weist denselben einem mittelgriechischen Dichter zu. Vgl. auch Kammer die Einheit p. 525 ff. und dagegen Bergk griech. Litteraturgesch. I p. 690 und Kiene die Epen des Homer p. 113 f. Nach dem Inhalt wird der Katalog jetzt eingehend besprochen von v. Wilamowitz-Möllendorff hom. Unters. p. 147 ff.

232. πίνειν, statt des von Bekker beibehaltenen πιέειν, aus

den besten Hss., da es zu ἠγερέθοντο und πάσας geeigneter erscheint. So Düntzer, Nauck, Cauer, Hinrichs.

243. Nachahmung dieser Stelle bei Verg. Georg. IV 360. Zu πορφύρεον κῦμα vgl. auch Lucian dial. marin. XIII 1. Philostr. Imag. I 7 p. 775 und II 8 p. 822. Vgl. über πορφύρεος jetzt Breusing in Jahrbb. f. Philol. 1885 p. 81 ff., welcher das Wort hier 'aufwallend' fafst, sonst als Beiwort von Gewändern 'leuchtend weifs', in anderer Verwendung als Bezeichnung der Farbenerscheinung, welche das Meer beim πορφύρειν zeigt. — Eine physische Erklärung des ganzen Mythus versucht Böttiger kl. Schr. III p. 391. Über die Form ἐστάθη Nachweise bei O. Schneider Callimachea I p. 352 f.

245. Ein in dieser Darstellung wegen seines Schlusses unpassender Vers, der aufserdem die Formel λύειν ζώνην enthält, die sonst bei Homer nicht vorkommt. Der Vers wurde schon von den Alexandrinern verworfen.

249. Über τέξεις, welches die Aristarchische Lesart ist, vgl. J. La Roche in der Ausgabe und in der Zeitschr. f. d. österr. Gymnas. 1867 p. 170. — ἀποφώλιος erklärt Autenrieth im Wörterbuch aus φύω, φώς = sine fetu, ohne Kindersegen. — Um die Synizese ἐπεὶ οὐκ zu beseitigen, schlägt Menrad de contractionis et synizes... p. 178 vor: τέκν', ἐπεὶ οὐκ.

252. Statt des überlieferten τοί vermutet Nauck in d. Mélanges Gréco-Rom. V, 2, p. 112 τεῖν.

263. Vgl. Unger Theb. Parad. p. 19. Angeführt wird der Vers von Diod. Sic. XIX 53. Θήβης ἕδος ἑπταπύλοιο, wie Δ 406. Über die Bedeutung der 7 Thore Thebens vgl. J. Brandis im Hermes II p. 259 ff.

267. Ἡρακλῆα θρασυμέμνονα θυμολέοντα ist vielleicht aus einem Heraklesliede entlehnt, da viele Spuren von alten oder gleichzeitigen Herakleen bei Homer uns vorliegen. θρασυ-μέμνων ist gleich θρασέως μεμαώς audacter nitens, audaci animo. Vgl. Anton Göbel Novae qu. Homericae (Berlin 1865) p. 7. — Zum vorhergehenden Verse bemerkt Bekker im Berliner Monatsbericht 1859 p. 263 (Hom. Blätter I p. 142) in Bezug auf die zwei gleichen Hälften: 'Die Verse I 134 und λ 266 geben geringen Anstofs, weil sie durch die Cäsur des dritten Fufses, die deutliche Bezeichnung des Wechsels der Rhythmen, in ungleich grofse und nach verschiedenen Richtungen bewegte Teile zerlegt werden.' Vgl. auch zu γ 34.

269. 270. Nauck bezeichnet diese beiden Verse als suspecti.

274. Über die Verschiedenheit der Ödipussage des epischen Zeitalters von der des tragischen vgl. Nitzsch Sagenpoesie p. 517 ff. — Die ganze Stelle behandelt eingehend Seebeck de Homero Oedipodeae fabulae auctore. Bonn 1865 p. 20 ff. Erst spätere Sagen erwähnen vier Kinder des Ödipus von der Iokaste, so wie

seine Blendung und Flucht. Düntzer erklärt hier richtig: 'ἄφαρ sogleich, nach der Heirat.' Aber dessenungeachtet deutet er zu 279. 280 auf das bestimmteste: 'ἄλγεα, die eigene Blendung und die Mifshandlung von den Söhnen, denen er deshalb fluchte,' was doch erst Spätere nach den homerischen Worten herausgedichtet haben. Vgl. Siebelis zu Paus. IX 5, 5 Vol. IV adnot. p. 20 sqq. und Carnuth Aristonic. p. 104.

278. Angeführt von Plutarch de curios. 2 p. 516^b. Die Sache erläutert H. Rumpf de aedibus Hom. II p. 37. Über die Epexegese, wo ein mit einer Präposition verbundener Kasus zur Erklärung eines Adjektivs hinzutritt, wie Φ 50, spricht Aulin de usu epexegesis p. 17 not. 3. Etwas verschieden ist die Nachahmung unserer Stelle bei Verg. Aen. XII 603.

284. Vgl. J. La Roche in der Ausg. und in der Zeitschr. f. d. österr. Gymn. 1867 p. 170.

286. ἀγέρωχος ist Beiwort der Troer Γ 36. E 623. H 343. Π 708. Φ 584; der Myser K 430; der Rhodier B 654; und hier des Periklymenos, der nach der Mythe sogar mit dem Herakles den Kampf aufnahm. Über ἄγα bemerkt Anton Göbel Novae Quaestt. Hom. Berlin 1865, p. 4: 'Equidem minime dubito, quin eadem ratio intercedat inter ἄγη (stupor, admiratio) et ἄγα, quae est inter σιγή et adverbium σῖγα. Iam si comparaveris φύγα in φύγα-δε cum φυγή, ἰῶκα cum ἰωκή, facile intelleges, ἄγα proprie ac primitus esse accusativum quem vocant heteroclitum, praesertim cum etiam alii accusativi in adverbia abeant, sicuti χάριν, δίκην cet. Cf. Buttm. Gr. Gr. § 146, 4.' Und über die Bedeutung des Wortes sagt er p. 11: 'ἀγ-έρω-χος idem valet quod gall. fort impétueux, germ. sehr ungestüm, lat. magno impetu, modo = ferox, violentus, vehemens, modo = importunus, procellosus cet.' Das Suffixum -χος, fem. χη, wird durch Erörterung der von Lobeck Prol. 332 gesammelten Beispiele erwiesen, und der Umstand dafs vom Stamme ἔρωα (Nominativ ἐρωή) das α nicht erscheine, durch ἐλάϊνος, νηπία-χος, ἀοίδ-ιμος, αἴσ-ιμος, ὀπωρ-ινός, ξεί-δωρος und andere Analogien begründet. Vgl. dagegen Fr. Schmalfeld Noch einmal über ἀγέρωχος u. s. w. Eisleben 1873 und den Anhang zu H 343.

288. οὐδ' ἄρα Νηλεύς statt οὐδέ τι Νηλεύς ist die Lesart des Aristophanes: Ludwich Arist. hom. Textkritik I p. 589, die hier trefflich in den Zusammenhang pafst. Vgl. die Beispiele bei A. Rhode über den Gebrauch der Partikel ἄρα bei Homer. Moers 1867 p. 13 f. Zum Inhalt der Sage von Melampus vgl. Nitzsch Beiträge p. 151 f. und H. D. Müller Mythol. d. griech. Stämme I p. 159 ff.

297 wird von Nauck als suspectus bezeichnet und Fick die hom. Od. p. 308 hat denselben verworfen.

298—325 werden von W. Jordan Homers Od. übersetzt p. 531 als eine nachhomerische Einschaltung verworfen.

301. Vgl. Γ 243. Bekker hat den Vers athetiert, wie hier schon Nitzsch den Satz 'der Vers ist entweder eine witzige Interpolation oder bedarf einer Berichtigung' zu begründen sucht. Düntzer hom. Abh. p. 139 und Fick d. hom. Od. p. 309 verwerfen 301—4. Vgl. auch Gemoll im Hermes XVIII p. 46 f.

303. Dieselbe Sage über die Dioskuren bei Pind. Nem. 10, 55 ff. Es ist eine Versinnlichung ihrer Halbgötternatur; die Späteren erwähnen die wechselseitige Trennung derselben. Vgl. Verg. Aen. VI 121. In letzterem Sinne versteht ἑτερήμεροι Welcker Griech. Götterl. I p. 611 f. Zum folgenden Verse vgl. J. Bekker Homer. Blätt. II p. 37 und W. Leaf in dem Journal of philology XII p. 287, welcher 304 als Interpolation verwirft.

305 f. Vgl. zu diesen Versen Fick d. hom. Od. p. 309.

310. Statt des überlieferten μετά γε κλυτόν schlägt Bekker hom. Blätt. II p. 36 vor μετ' ἀγακλυτόν.

313. Als dorische Form verwirft Cobet Misc. crit. p. 382 ἀπειλήτην und verlangt ἀπειλείτην und so hat Kirchhoff geschrieben.

315. 316. Nach Angaben bei Eustathius und in den Scholien, die Nitzsch mit Beistimmung ausführlich behandelt, hat Bekker beide Verse athetiert, worin ihm Düntzer nachgefolgt ist. Dazu bemerkte Ameis: 'Aber von einer Flucht der Götter aus dem Olymp in den Himmel, wie man die Stelle gewöhnlich auffaſst, ist beim Dichter auch nicht die leiseste Andeutung zu finden. Die übermütigen Aloiden drohten nur die Götter im Olympos anzugreifen und aus dieser ihrer Wohnung zu vertreiben, indem sie die Absicht hatten (daher 315 explikatives Asyndeton), den Götterberg nicht mehr als den höchsten Punkt der Erde gelten zu lassen, sondern denselben als Grundlage zu noch höheren Bauten zu benutzen, weil sie voll Übermuts in ihrem Schaffen noch über die Göttermacht hinauskommen wollten.' Allerdings deutet nichts in dem Zusammenhang darauf, daſs die Götter nach erfolgtem Angriff aus dem Olymp in den Himmel geflohen seien und die Erklärung von Lehrs Aristarch.[2] p. 171 in diesem Sinne leidet an mehr als einem Bedenken. Andrerseits aber vermag ich auch Ameis' Erklärung mir nicht anzueignen, da die einfache Angabe der Absicht ἵν' οὐρανὸς ἀμβατὸς εἴη nach dem Zusammenhang nur den Sinn haben kann: um den Göttern beizukommen. So bleibt für mich der von Nitzsch bemerkte Widerspruch dieser Verse gegen die vorhergehenden in Bezug auf die lokalen Bezeichnungen, der die Annahme wahrscheinlich macht, daſs 315. 316 später aus einer Gigantomachie eingefügt sind. Vgl. jetzt auch Mackrodt der Olymp in Ilias und Odyssee, Altonburg 1882 p. 18 ff., welcher sich ebenfalls gegen Lehrs, aber auch gegen

die Annahme einer Interpolation ausspricht. Die Namen dieser Riesenbrut erklärt man gewöhnlich also: *Ἀλωεύς* (305) der Tennemann oder Pflanzer; *Ὦτος* (308) von ὠθέω der Stampfer des Getreides; *Ἐφιάλτης* von ἐφάλλομαι der Kelterer der Trauben. Der ganze Mythus bezeichnet wahrscheinlich den Übermut der menschlichen Kultur, die von Ackerbau und Weinpflanzung ausgehend zu riesenhafter Gröfse emporwächst, aber bei ihrer Selbstüberhebung durch eine höhere Macht zu Grunde geht. Er erinnert an den Turmbau zu Babel. Nur in Bezug auf *Ὦτος* bemerkt Hugo Weber im Philol. XVII p. 167: 'Otos kann nimmermehr mit ὠθεῖν zusammengebracht werden, da niemals ein τ für ein ϑ eintreten kann.'

321—25. Eine attische Interpolation wird in diesen Versen angenommen von Bernhardy Grundrifs d. griech. Litterat.³ II, 1 p. 179, v. Wilamowitz-Möllendorff Homer. Untersuch. p.149. —
325. Wahrscheinlich ist der Vers ein späterer Zusatz schon wegen der beispiellosen Verkürzung *Διόνυσος* statt *Διώνυσος*. Vgl. Bergk commentatt. crit. spec. V p. 8 ff., der die Spuren einer doppelten Recension in diesen Versen verfolgt, Kirchhoff d. hom. Od. p. 229, Fick d. hom. Od. p. 309, v. Wilamowitz-Möllendorff Homer. Untersuch. p. 149 und Kydathen p. 225, Ludwich Arist. hom. Textkritik II p. 292. Wegen des Gottes selbst vgl. Nägelsbach Hom. Theol. II 26. Die Zeugnisse über das Leben dieser Sage erwähnt Nitzsch Beiträge zur Gesch. d. ep. Poesie p. 169. In L. Preller Ausgew. Aufsätze, herausg. von R. Köhler (Berlin 1864) p. 294 wird zu unserer Stelle folgendes bemerkt: 'Dia ist nicht Naxos, sondern eine kleine Insel vor Knossos. Nitzsch zu dieser Stelle hat die richtige Erklärung nicht gefunden. Sie liegt eben darin, dafs Ariadne sich schon dem Dionysos ergeben hatte, als Aphrodite sie mit heifser Liebe zu dem attischen Helden erfüllte: in welchem Zusammenhange die kretische Sage auch bei Hygin. P. A. II 5 erzählt wird, wo Dionysos die Liebe der Ariadne durch das Geschenk des bekannten Kranzes gewinnt und das Leuchten eben dieses Kranzes später dem Theseus wieder aus dem Labyrinth heraushilft: so dafs Ariadne also schon die Geliebte des Dionysos war. Dahingegen vom Tode der Ariadne durch den kretischen Dionysos auch in Argos erzählt wurde, wo man einen *Διόνυσος Κρήσιος* verehrte und zwar διότι *Ἀριάδνην ἀποθανοῦσαν ἔθαψεν ἐνταῦθα*, d.. h. in einem Tempel, wo man ein Grab der von ihm oder auf seinen Antrieb getöteten Ariadne zeigte: Paus. II 23, 8.' Vgl. aufserdem Welcker griech. Götterlehre II p. 591 ff., Preller griech. Mythol. I p. 423 f., ³ 559 f.

333. 334. *κηληθμός* übersetzt Quinctil. IV 2, 37 durch 'intentionis silentium', nach Gell. N. A. V 1 ist *κηληθμῷ* delinimentis aurium. Bei Gellius nämlich braucht Musonius diese Worte um zu beweisen: *admirationem, quae maxima est, non verba*

parere sed silentium. Vgl. auch C. W. Lucas quaest. lexil. p. 45.
— 333—384. Schon Nitzsch nahm Anstofs an der ganzen Partie und nach ihm haben dieselbe als späteren Zusatz verworfen Kayser hom. Abh. p. 16. 32, Düntzer hom. Abh. p. 139, Köchly de Od. carmm. III p. 14 f., Sittl Gesch. d. griech. Litt. I p. 111, Scotland im Philol. XXXXV p. 570. Vgl. auch Bergk griech. Litterat. I p. 690, Kirchhoff d. hom. Od. p. 225 f., v. Wilamowitz-Möllendorff Hom. Untersuch. p. 143, Kammer die Einheit p. 532 ff., welcher 335—61 verwirft. Über die auffallende Art, wie Arete hier geflissentlich in den Vordergrund gestellt wird, sowie über die Stellung der Arete überhaupt vgl. auch F. Susemihl in Fleckeisens Jahrbb. 1868 Bd. 97 p. 101 ff.

339. Statt des überlieferten μή schreibt Kirchhoff μιν, was er (d. hom. Od.) p. 229 begründet, und ihm sind Hinrichs und Cauer gefolgt.

343. Der Vers fehlt hier in mehreren guten Handschriften, weshalb ihn F. A. Wolf, Bekker, Nauck und andere athetiert haben. Aber dazu scheint ein zwingender Grund nicht vorhanden zu sein.

357. Nauck bemerkt: *versus aut corruptus aut spurius.* Ich habe mit Bekker und W. C. Kayser die vom Marc. 613 gebotene Lesart πομπὴν δ' ὅτρ. statt der gewöhnlichen, von Ameis, La Roche und Nauck beibehaltenen πομπήν τ' ὅτρ. aufgenommen, weil das Gedankenverhältnis der beiden von εἰ abhängigen Sätze adversativ ist. Darauf führt auch die Analogie von δ 97. 98 und ϑ 340—342. Anders fafst die Stelle L. Lange der homer. Gebrauch der Partikel εἰ I p. 359 f.

359. Die einfach naive Bemerkung, dafs die aus der Ferne Heimkehrenden gern etwas mitbringen, zeigt sich auch bei den Griechen in Xen. Anab. V 6, 30: ἐπεὶ κτήσαιτο ἱκανά, ὥστε τοὺς ἑαυτοῦ οἰκείους ὠφελῆσαί τι. Und Schillers Wilhelm Tell IV 3 sagt: 'Sonst wenn der Vater ausging' usw. Zum Folgenden vgl. auch Haake der Besitz und sein Wert p. 8.

364. Nach der begründeten Ansicht von J. La Roche Didymus p. 25 hat Aristarch hier πολλούς, Zenodot dagegen πολλά gelesen. Vgl. Ludwich Arist. hom. Textkritik I 590. Das πολλά hält Düntzer die hom. Beiwörter p. 29 hier für notwendig, indem er πολυσπερέας durch 'zahlreiche' übersetzt. Aber dieser hier allerdings notwendige Begriff ist eben in πολλούς enthalten, πολυσπερής dagegen heifst wie B 804 und überall bei den Späteren vielverbreitet.

365. Einen andern Versuch die schwierige Stelle zu erklären giebt Adam in den Blätt. f. d. bayersch. Gymn. 1871 p. 157 ff.

368. Über ὡς ὅτε ohne Verbum (ε 281. τ 494. B 394. Δ 462. M 132. N 471. 571. Σ 219. Ψ 712, vgl. ρ 358.) vgl. L. Lange der homer. Gebrauch der Partikel εἰ I p. 440. Über den Gedanken

unsers Verses vgl. Nägelsbach Hom. Theol.² p. 5 Note**. — In 369 vermutet Kirchhoff d. hom. Od. p. 229 einen späteren Zusatz und ihm ist Hinrichs gefolgt.

374. θέσκελος wird nur in der Bedeutung 'übernatürlich, wunderbar' von Sachen gebraucht. G. Hermann zu Aesch. Agam. 571 bemerkt darüber: 'θέσκελος quod non alibi, quod sciam, apud tragicos invenitur, neminem praesertim in Aeschylo morabitur. Constat autem ea voce admirabilia et incredibilia significari,' mit Beifügung der Stellen Γ 130. Ψ 107. λ 374. 610. Über die Zusammensetzung des Wortes vgl. Lobeck Elem. I p. 309, Döderlein Hom. Gloss. § 422, G. Curtius Etym. II p. 95,⁴ 461.

381. ἀγορεύειν, statt des gewöhnlichen ἀγορεῦσαι, geben Eustathius, pr. Harl., Vind. 133, also die besten Quellen.

385. ἄλλῃ, statt des gewöhnlichen ἄλλην, giebt Aristarch, weil hier nicht wie ξ 35 die Distribution des Objekts zur Hauptsache des Gedankens gehört. Das ἄλλυδις ἄλλῃ findet sich noch ε 369. ι 458. Ν 279. Über ἄλλυδις vgl. G. Autenrieth Terminus in Quem p. 30.

386. γυναῖκες θηλύτεραι wie λ 434. ο 422. ψ 166. ω 202. Θ 520, und θεαὶ θηλύτεραι θ 324, und θήλεια θεός Θ 7. Lobeck Elem. II p. 362 meint: 'γυναῖκες θήλειαι sive θηλύτεραι est quod nos dicimus zarte Frauen, ut Sophocles quoque accepit γυνὴ δὲ θῆλυς οὖσα κοὐκ ἀνδρὸς φύσιν' Soph. Trach. 1062.' Aber man darf die Stelle des Sophokles nicht ohne weiteres mit dem homerischen Ausdruck identificieren. Sodann scheint für Homer der Gedanke an das 'zarte Geschlecht' zu sentimental zu sein. Hierzu kommt das Wort selbst, über welches A. W. von Schlegel Krit. Schr. I p. 92 mit Recht bemerkt: 'Zartheit in der körperlichen Bildung hätte der Grieche eher auf jede andere Art bezeichnet; und wird geistige Bildung darunter verstanden, so ist Gedanke und Ausdruck noch unhomerischer.' Düntzer zu 434 erklärt: 'θηλύτερος, Weiterbildung von θῆλυς, blühend, wie unser schön, stehendes Beiwort.' Aber da haben wir auch wieder erstens die Anschauungsweise von dem 'schönen Geschlechte', und zweitens den Übelstand, dafs ein 'stehendes Beiwort' 'blühend' oder 'schön' für die weiblichen Psychen der Unterwelt geradezu spöttisch oder ironisch klänge, bei den Frauen der Oberwelt aber die bejahrten und Greisinnen ausschliefsen würde, wozu wir an keiner Stelle ein Recht haben. Endlich würden wir auch mit der Bezeichnung 'zart' oder 'schön' nicht auskommen, wo das Wort auf Tiere übertragen ist: ὄις Κ 216. ι 439. κ 527. 572. Αἴθη Ψ 409. ἵπποι Β 767. Ε 269. Λ 681. Τ 222. δ 636. φ 23. σύες ξ 16. Döderlein Hom. Gloss. § 2352 hält bei γυναῖκες die Bedeutung 'weiblich' fest, vgl. Lobeck de Epithetis otiosis p. 361: 'Veteres hoc ad schema referunt, quod χαριεντισμόν vocant, neque negari potest, hanc ad-

iectionem attributi omnium oculis occurrentis nativam prisci sermonis simplicitatem prae se ferre.' Über die Ableitung von ϑῆλυς vgl. G. Curtius Etym. I No. 307. II p. 316, [4] p. 252 f. Am meisten empfiehlt sich mit Bezug auf *T* 97 die Deutung 'die schwachen Frauen' im Gegensatz zu dem stärkeren Männergeschlechte: vgl. γυναῖκας ἀνάλκιδας *E* 349. γυναικὸς ἦ οὐκ οἶδεν πολεμήϊα ἔργα *H* 236. Ἀχαιΐδες, οὐκέτ' Ἀχαιοί *B* 235. *H* 96. γυναικὸς ἄρ' ἀντὶ τέτυξο *Θ* 163. ὥς τε γυναῖκα *X* 125. ὡς εἴ με γυνὴ βάλοι *Λ* 389, und andererseits ἀντιάνειραι von den kriegerischen Amazonen *Γ* 189. *Z* 186. Mit dieser Deutung harmoniert die Stelle des Soph. Trach. 1062 γυνὴ δὲ θῆλυς οὖσα κοὐκ ἀνδρὸς φύσιν. Ebenso Eur. Med. 901 γυνὴ δὲ θῆλυ κἀπὶ δακρύοις ἔφυ.

388. J. Bekker hat die treffende Konjektur ὅσσοι statt ὅσσαι, welche Dindorf, W. C. Kayser, Nauck, Cauer aufgenommen haben, näher begründet in den homer. Blätt. II p. 235. Zweifel gegen die Ursprünglichkeit von 388 f. äufsert Düntzer hom. Abh. p. 138.

390. Da in der folgenden Partie, bei dem Zusammentreffen mit den Helden vor Troja, das Bluttrinken gar nicht erwähnt wird, so hält Kammer die Einheit p. 534 vgl. 495 ff. V. 390 in der gewöhnlichen Fassung ἐπεὶ πίεν αἷμα κελαινόν für unecht. Dem kommt die Beobachtung Kaysers (zur Stelle bei Faesi) zu Statten, dafs dem alten Scholiasten, welcher die Frage aufwarf, wie die Erkennung vor dem Genusse des Blutes möglich gewesen sei, die gewöhnliche Lesart unbekannt sein mufste. Er sieht daher in dieser eine Konjektur derjenigen, welche die Schwierigkeit dieses thatsächlichen Verhältnisses beseitigen wollten, und liest nach dem Vindob. 133 ἐπεὶ ἴδεν ὀφθαλμοῖσιν. In gleicher Weise urteilen v. Wilamowitz-Möllendorff homer. Untersuch. p. 151 und Seeck die Quellen d. Od. p. 185, während Hinrichs bei Faesi für wahrscheinlicher hält, dafs 390 frühzeitig nach 615 umgeformt sei, vgl. auch Scotland im Philol. XXXXV p. 591. Kammer sieht übrigens gerade in dieser Partie, der die Vorstellung des Bluttrinkens fehlte, das älteste Stück der Unterweltsscene.

391. In diesem Verse findet v. Wilamowitz-Möllendorff p. 151 das Pronomen ὅ γε störend und empfiehlt zu lesen κλαίεν δὲ λιγέως. — 393. Statt des überlieferten οὐδέ τι fordertc Döderlein Emend. Hom. (1858) p. 13 οὐδ' ἔτι, dem Cauer zuzustimmen geneigt ist unter Vergleich von σ 403.

399—403 wurden von Aristophanes verworfen: vgl. Carnuth Ariston. p. 106. Ludwich Arist. hom. Textkritik I p. 590 nimmt an, dafs auch Aristarch diese Athetese billigte. — V. 403 ünderte Fr. A. Wolf nach ω 113 das überlieferte μαχεούμενον in μαχεούμενοι (Vratislav. A hat μαχούμενοι), was W. C. Kayser aufgenommen hat. Da, wie Σ 265 zeigt, μάχεσθαι περὶ πτόλιος ἠδὲ γυναικῶν auch vom Angreifenden gesagt werden kann, so bedarf es keiner Konjektur.

410. οὐλόμενος erklärt G. Curtius in den Stud. V p. 218 auf lautlichem Wege als Partic. praes., so dafs dasselbe von dem Aor. ὀλέσθαι ganz zu trennen wäre; sonst vgl. Classen Beobachtungen p. 60 ff. — Den folgenden Vers bezeichnet Nauck als verdächtig und Kirchhoff d. hom. Od. p. 230 verwirft denselben.

414. Friedländer in Fleckeisens Jahrb. Suppl. III p. 459 hat hier eine Lücke angenommen mit den Worten: 'ubi nisi versum post 415 excidisse sumemus, necesse erit principium versus 414 (οἵ ῥά τε) pro vitioso habeamus' unter Zustimmung von Nauck und Kirchhoff d. hom. Od. p. 230. Über die sonst nach Θ 306. Π 407 angenommene Ellipse von κτείνονται bemerkt G. Autenrieth: 'Die Ellipse erscheint mir sehr hart; doch herrscht der Gedanke des κτείνεσθαι, θάνατος und φόνος so stark vor (fast in jedem Verse ein Wort dafür), dafs man gleichsam hinterher noch über jene Ellipse beruhigt wird.'

420. δάπεδον vom Estrich des Männersaals wie χ 309. 455. ω 185. Vgl. Döderlein Hom. Gloss. § 2343. Aus unserer Stelle läfst Aeschylos Agam. 1063 die Kassandra πέδον ῥαντήριον sehen. Diese Kassandra aber ist erst in der spätern Dichtung zur unglücklichen Unglücksseherin geworden.

423. Zu dem lokalen ἀμφ' ἐμοί vgl. ϑ 527. κ 518. Β 782. Δ 493. Ι 470. Τ 284. πρός mit dem Dativ steht überall mit Verben der Bewegung verbunden, so dafs es mit γαίῃ 'an die Erde' oder 'zur Erde' bedeutet. Die Verbindung ποτὶ γαίῃ βάλλειν ist die regelmäfsige: vgl. β 80. ε 415. η 279. ι 284. Α 245. Χ 64. Zu χεῖρας βάλλον vgl. βάλλειν mit δάκρυ δ 114. 198; mit κάρη Θ 306. Ψ 697 und die Note zu ε 316. — Ameis erklärte: 'Zur Erde (sinkend) erhob ich die Hände (als Flehender zur Versöhnung) und liefs sie zur Erde fallen (aus Kraftlosigkeit)'. In dieser Erklärung ist sprachlich die doppelte Beziehung von ποτὶ γαίῃ in hohem Grade bedenklich, sachlich aber nach dem Vorhergehenden unwahrscheinlich, dafs noch der Moment zu denken sei, wo Agamemnon eben tödlich getroffen niedersinkt, das Geschrei der Kassandra aber als ein Angstgeschrei vor dem sie erst bedrohenden Streich zu fassen sei. Danach wird es auch unwahrscheinlich das Erheben der Hände von einem Versöhnungsversuch zu verstehen, man könnte höchstens mit Giseke die allmähliche Entstehung der Gesänge der Ilias p. 159 f. denken, dafs er die Hände erhebe, um um Mitleid zu flehen für Kassandra. Aus diesen Gründen habe ich die Ameis'sche Erklärung aufgeben zu müssen geglaubt. In der Auffassung von ποτὶ γαίῃ und des Participiums ἀείρων befinde ich mich im wesentlichen in Übereinstimmung mit Giseke; über die Ameis bedenkliche Wortstellung ist im Anhange zu ϑ 520 das Nötige bemerkt. Vgl. jetzt auch v. Wilamowitz-

Möllendorff Hom. Untersuch. p. 157, welcher die Unverständlichkeit der Verse aus der ungeschickten Nachahmung einer Vorlage erklärt. — Zum Gedanken vgl. Vergil. Aen. IV 688 illa gravis oculos conata attollere rursus deficit.

424. Zur Verbindung ἀποθνήσκειν περὶ φασγάνῳ vgl. Θ 86. Ν 441. 570. Σ 231. Φ 577. Ψ 30. μ 395. Soph. Ai. 828.

428. La Roche bemerkt: ἐν πολλοῖς οὐ φέρεται Schol. H. Vind. 133, vgl. Ludwich Arist. hom. Textkritik I p. 591: 'die für die Athetese angeführten Gründe scheinen auf Aristarch (Aristonikos) zurückzugehen.' Der Vers stört hier, zur Milderung des vorhergehenden harten Urteils angebracht, den kräftigen Gedanken, der an Hesiod. Op. 375. 703. Kohel. 7, 27 erinnert. Dazu bemerkt G. Autenrieth: 'Da übrigens in 427 ein offenbarer Abschluſs liegt, so ist wohl 429 ff. als spätere Ausmalung zu betrachten: es ist psychologisch ganz begründet, daſs Agamemnon mit einem solchen „überhaupt" über das ganze Geschlecht in seinem Grolle urteilt'. Indes ist es andererseits ebenfalls psychologisch, wenn jemand einen bittern Gedanken nicht aus der Seele loswerden kann, daſs er denselben sogar beim Abschluſs noch einmal vorbringt.

435—40 oder bis 442 (443?) wurden von Aristophanes verworfen: Ludwich Arist. hom. Textkritik I p. 591, welcher annimmt, daſs Aristarch die Verse ebenfalls verwarf. Vgl. zu 454—56.

452. Das οὐδέ περ findet sich bei Homer nur hier unmittelbar vereinigt, wie καί περ nur η 224. Zu υἱὸς ἐνιπλησθῆναι mit dem im Versanfange nachdrücklich hervorgehobenen ὀφθαλμοῖσιν vgl. Valckenaer zu Eur. Hipp. 1327 und Vulpi zu Catullus 64, 220 p. 299. So in der Nachahmung bei Verg. Aen. I 713. VIII 265. 617 ff.

454—456. Im Harlei. und Vind. 133 steht bei Vers 452 das hierher gehörige Scholion: οὐδὲ οὗτοι ἐφέροντο ἐν τοῖς πλείστοις ὡς μαχόμενοι τοῖς προκειμένοις: vgl. Ludwich Arist. hom. Textkritik I p. 591. Ich bin daher in der Athetese hier Bekker gefolgt. Denn diese Rückkehr des Agamemnon zur Warnung und Verdächtigung, nachdem er so eben die treue Penelope als Gegenbild zur Klytämnestra gefeiert hat, ist ungehörig. Wahrscheinlich indes enthalten 435 bis 453 die Vermischung einer doppelten Recension, so daſs man mit Bäumlein (Z. f. d. AW. 1857 p. 46) die Verse 444 bis 453 durch Klammern auszuscheiden hat (was Düntzer gethan hat, welcher übrigens Hom. Abh. p. 145 V. 427—453 ausscheiden wollte, auch Nauck scheinen 444—453 suspecti), worauf 454 sich an 443 passend anschlieſst. Dafür entscheidet sich auch Christ in d. Jahrbb. f. Philologie 1881 p. 439 und führt die Interpolation auf den Einfluſs des Kyklos zurück, da nach Proklos in den Kypria ausführlich erzählt war, wie

Menelaos, Nestor (und Agamemnon?) mit List den Odysseus für den Feldzug gewannen, vgl. V. 447 f. v. Wilamowitz-Möllendorff Hom. Unters. p. 155 nimmt die Dittographie an: entweder 434, 435—43, 454—56, 457—60 oder 434, 444—453, 457—460; die letztere Fassung ist ihm die originale. Dindorf hat die Athetese auf 435 bis 440 beschränkt, und Kiene die Epen des Homer p. 114 empfiehlt die Ausscheidung von 435—443. Nitzsch Sagenpoesie p. 155 f. verwirft 441—443, 454—456, Scotland im Philol. XXXV p. 591 f. 441—451, 454—56, Kammer die Einheit p. 534 f. überdies 457—464. In der Venediger Handschrift (M. 613) stehen die Obeli bei 435 bis 442, so dafs sich nach dieser Quelle die Athetese wohl auf 435 bis 443 bezieht. Hierzu bemerkt J. La Roche in der 'Unterrichts-Zeitung für Österreich' 1864 p. 208 folgendes: 'So wird in der ersten Recension der treulosen Helena die treue und verständige Penelope entgegengehalten, in der andern die Handlungsweise der Helena als eine in dem treulosen Charakter des Weibes begründete bezeichnet und Odysseus zur Vorsicht bei der Rückkehr ermahnt, wozu auch ν 383 ff. stimmt.' Vgl. auch Seeck die Quellen d. Od. p. 191 f. und Kirchhoff d. hom. Od. p. 230.

456. Als Parallelstellen vgl. besonders: ὁρᾶτ', ἄπιστον ὡς γυναικεῖον γένος Eur. Iph. T. 1298 und ὡς ἐστ' ἄπιστον ἡ γυναικείη φύσις bei Menander. Unsern Vers citiert auch der Schol. zu Eur. Med. 426.

461. οὐ γάρ που, im Vindob. 133 und bei Eustath., war nach dem Schol. H. die Lesart des Aristarch, welche Kayser bei Faesi aufgenommen hat. Übrigens wurde der Vers nach dem Schol. H. athetiert: Ludwich Arist. hom. Textkritik I p. 591. Vgl. dagegen Kirchhoff d. hom. Od. p. 230.

468—71 werden verworfen von Scotland im Philolog. XXXV p. 593.

473. Kirchhoff d. hom. Od. p. 230 hat den Vers eingeklammert.

474. Das τίπτε im Sinne von 'was in aller Welt' findet sich nur hier und wohl ι 403, sonst steht es überall wie α 225. An Stelle von μήσεαι vermutete Ameis μήδεαι, wie im Vindob. 56 mit übergeschriebenem σ. Nauck: μήσαο? Fick d. hom. Od. p. 96 stellt aus hymn. Apoll. 322 μήσεαι ἄλλο statt des überlieferten μήσεαι ἔργον her.

476. καμόντες bezeichnet nicht wie das später so gebrauchte κεκμηκότες die 'müden, entkräfteten' als dauernden Zustand, auch nicht die dem Tode vorausgegangene Vollendung der Mühe und Arbeit, die 'laboribus functi welche im Leben gelitten haben' (wie Nägelsbach will Hom. Theol.² VII 12 p. 375, vgl. ³ p. 170 und Anhang 205), sondern es steht ganz wie θανόντες aoristisch und bezeichnet nur das Eintreten der Sache, den entscheidenden Moment

des Todes, wie noch ω 14. Γ 278. Ψ 72. Vgl. Classen Beobachtungen p. 57 f., auch Autenrieth zu Nägelsbach Γ 278.

478. Die Kürze der ersten Silbe von υἱός ist durch οἶος, ἔμπαιος, ἐπεὶ ἦ und ähnliche Worte hinreichend gestützt, wenn auch υἱός, wie Spitzner zu B 566 bemerkt, in der Regel nur bei vorhergehendem Daktylus diese Verkürzung erleidet. Kirchhoff und Cauer dagegen schreiben ὑέ. Die Form Πηλῆος, statt des gewöhnlichen Πηλέος mit Synizese, ist an den drei Stellen und Α 489, wie Μηκιστῆος B 566. Ψ 678 nach dem Vorgange von Thiersch Gr. § 194, 46 b und von Bekker aufgenommen, da die Form Πηλῆος durch den Rhythmus besser empfohlen ist als Πηλέος. Überhaupt hat Bekker überall, wo metrische Rücksichten ins Spiel kommen, diejenige Form vorgezogen, für welche am meisten der Rhythmus spricht. Vgl. H. Rumpf in Fleckeisens Jahrb. 1860 Bd. LXXXI p. 585 f.

481 f. Vgl. Scotland im Philol. XXXXV p. 593 f., welcher 481 streicht und 482 f. ändert.

483. Bekker hat statt der gewöhnlichen Überlieferung μακάρτατος μακάρτερος, das sich im Stuttgart. 5 findet, geschrieben, und ihm sind Nauck, Kirchhoff und Cauer gefolgt. — προπάροιθε von der Zeit wie noch K 476. Λ 734. X 197. Vgl. Köchly zu Quint. Sm. I 758.

485. Das Simplex κρατεῖν (anders ἀνάσσειν 491) steht bei Homer entweder absolut oder mit einem Genetiv als Objekt. Zu Krüger Di. 47, 20, 3. Den hier und π 265 stehenden Dativ fassen andere, wie J. E. Ellendt Drei Homer. Abhandl. p. 40, als Objekt auf. Einfacher aber wird dieser Dativ in lokalem Sinne verstanden: so C. Capelle Dativi localis quae sit vis p. 23 und Johann Peters de usu et vi digammatis p. 30.

489. Über die Theten vgl. auch Riedenauer Handwerk und Handwerker in den homer. Zeiten p. 25 f.

492. An Stelle des überlieferten τοῦ vermutet Brugmann ein Problem der homerischen Textkritik p. 48 οὗ = ἐμοῦ.

498. Das statt des handschriftlich allein überlieferten οὐ γάρ gegebene εἰ γάρ war die Lesart des Zenodot. Wir erhalten dadurch schon hier einen Wunschsatz, der 501 in εἰ τοιόσδ' ἔλθοιμι aufgenommen wird, wie ähnlich γ 218 und δ 341 vgl. α 255. Diese von Nitzsch, Buttmann (Schol. p. 386), Bothe gebilligte Lesart ist auch von Düntzer, Nauck, Hinrichs und Cauer aufgenommen, und auch L. Lange der homer. Gebrauch der Partikel εἰ I p. 357 f. hält dieselbe für keineswegs verwerflich. Mit Recht bemerkt Nitzsch: 'Der Zusatz τοῖος ἐών u. s. w. und die Erinnerung an das, was der Sprechende ποτέ war und vollbrachte, schliefst sich dem Wunsche weit natürlicher an, als einer solchen schlichten Verneinung'.

508. Christ in den Sitzungsber. d. Kön. Bayer. Ak. philos.-

philol. Kl. 1884 p. 31 bezieht den Vers auf die kleine Ilias, da in derselben Diomedes den Philoktet, Odysseus aber den Neoptolemos abholte.

513. μαρνοίμεθα geben die meisten Hss. nach Analogie der bei Späteren erscheinenden Formen κρέμοιτο μέμνοιτο ὄνοιο. Vgl. Buttmann ausf. Sprachl. § 107 Anm. 35. Die seit Bekker aufgenommene Form μαρναίμεθα steht im Marc. 647, im Vindob. 5 μαρνάμεθ', vgl. La Roche. Am Schlufs des Verses geben die meisten Handschr. Ἀχαιοί, Eustath. und Marc. 647 χαλκῷ; mit jener von La Roche und Nauck aufgenommenen Lesart geht der antithetische Parallelismus zu φραζοίμεθα βουλάς 510 verloren.

519 ff. Gladstone Homer und sein Zeitalter, deutsch von Bendan p. 185 ff. vermutet, dafs Memnon selbst Keteier und der ursprüngliche Anführer der Keteier war und nach seinem Tode Eurypylos ihm gefolgt war, die Keteier aber identisch mit den Hittiten im nördlichen Syrien seien (Heth auf ägyptischen Denkmälern Kheta). Vgl. dagegen v. Wilamowitz-Möllendorff hom. Untersuch. p. 152 f., welcher auch als die Quelle für die Bestechung der Antioche die kleine Ilias aus Lysimachos (schol. Eur. Troer. 821, Or. 1392) erweist. — Fick d. hom. Od. p. 309 sieht in 522 einen späteren Einschub. Cobet Misc. crit. p. 352 vermutet nach Z 185 und μ 258 κάλλιστον δὴ τόν γε Ϝίδον statt κεῖνον δὴ κάλλιστον ἴδον.

525. „Ἀρίσταρχος οὐκ οἶδε τὸν στίχον." H. Vgl. Ludwich Arist. hom. Textkritik I p. 592. Es ist ein aus E 751. Θ 395 mit dem Ω 779 vorkommenden πυκινὸν λόχον gebildeter Vers. Die Leitung auf das Amt des Thürschliefsers zu beschränken, wäre hier unpassend. Hierzu kommt der mit Δ 392 und Ω 779 nicht harmonierende Gebrauch von πυκινόν und die unhomerische Metapher der Verba mit λόχον. Vgl. auch Fick d. hom. Od. p. 309 und dagegen Sittl die Wiederholungen p. 23 und Naber Quaestt. Hom. p. 116. — Im vorhergehenden Verse zu πάντα τέταλτο (Bekkers Änderung statt πάντ' ἐτέταλτο) vgl. J. La Roche in der Zeitschr. für die österr. Gymn. 1864 p. 90.

527. Anders K 390 ὑπὸ δ' ἔτρεμε γυῖα. Über den Plural des Verbum bei γυῖα vgl. Lobeck Path. elem. I p. 16. J. La Roche in der Zeitschr. f. d. österr. Gymn. 1859 p. 222 bemerkt indes: 'es ist wahrscheinlich ἕκαστος zu lesen, so dafs γυῖα wie K 390 Akkusativ der Beziehung ist.' Aber ähnlich sind Stellen wie σ 341. Σ 31 λύθεν δ' ὑπὸ γυῖα ἑκάστης. Κ 95 τρομέει δ' ὑπὸ φαίδιμα γυῖα.

531. ἐξίμεναι ist die Lesart aller Hss. und des Schol. zu N 286, Harl. ἐξιέναι eraso μ̄.; nur Eustathius erwähnt auch ἐξέμεναι 'ihn herauszulassen', was nach dem Schol. Harl. ἐμφαντικώτερον. Eine Parallele für die Lesart ἱκέτευεν ἐξίμεναι bietet ι 224. 225 ἐμὲ — ἕταροι λίσσοντ' ἐπέεσσιν τυρῶν αἰνυμένους ἰέναι

πάλιν. Nach dieser Stelle scheint es mir zweifelhaft, ob man bei ἐξίμεναι nur das Subjekt des regierenden Verbums zu denken hat, so dafs zu interpretieren wäre: dafs er hinausgehen dürfe, und nicht vielmehr allgemein: dafs wir hinausgingen. Bei den Verbis des Bittens, Flehens ist die Regel, dafs das Objekt dieser Verba für den abhängigen Infinitiv das Subjekt bildet; ist Subjekt und Objekt des regierenden Verbums zugleich bei der gewünschten Handlung beteiligt, so können, wie ι 224 f. zeigt, beide als Subjekte des Infinitivs gedacht sein; von da aus scheint es auch hier einfacher ἐμέ, das Objekt von ἱκέτευεν, zu einem 'wir' erweitert zu denken, als gegen alle Analogie das Subjekt für den Infinitiv aus dem Subjekt des regierenden Verbums zu entnehmen. Ist diese Auffassung begründet, so begreift sich, weshalb der Schol. die Lesart ἐξέμεναι als ἐμφαντικώτερον bezeichnet, welche auch Nieländer in den Jahrbb. f. Philol. 1876 p. 836 begründet hat. Der Feigheit der übrigen gegenüber tritt so die Kühnheit des Neoptolemos viel stärker hervor, sofern er damit von jenen sich völlig scheidet. Nitzsch Beiträge zur Gesch. der ep. Poesie p. 201 Anmerk. 91 betrachtet die ganze Stelle 522 bis 532 als 'eine unbedachtsame Interpolation.'

539. Über die Asphodeloswiese bemerkt Welcker griech. Götterl. I p. 800: 'Die Asphodeloswiese ist keineswegs der Anfang einer erfreulicheren Ansicht der Unterwelt, sondern wo Asphodelos als Unkraut wächst, da ist der Boden thonicht oder steinicht, das Land öde, wie stellenweise in der Umgegend Athens, obwohl man ihn auch unter Waldbäumen antrifft. Die Farbe der grofsen dicken Blätter und die Blüte, gelb, weifs und etwas veilchenblau, machen einen so eigentümlich widrigen Eindruck, dafs ich einem berühmten Botaniker, Herrn Brassier, die Bemerkung machte, diese Pflanze hätte sich in die Unterwelt geschickt, als ich von ihm vernahm, dafs sie auch gerade Asphodelos sei und noch jetzt so heifse.'

547. „ἀθετεῖ Ἀρίσταρχος. ἡ δὲ ἱστορία ἐκ τῶν κυκλικῶν." H. Vgl. Schömann Opusc. II p. 170 Anm. 81 und Nitzsch Beiträge zur Gesch. der ep. Poesie p. 238 Anm. 143. Christ in d. Jahrbb. f. Philol. 1881 p. 444 vermutet, dafs in dem Verse die von der der kleinen Ilias verschiedene, ältere, wahrscheinlich von Arktinos aufgenommene Form der Sage vorliege, und erklärt sich gegen die Athetese; ebenso Kirchhoff d. hom. Od. p. 231. Vgl. auch v. Wilamowitz-Möllendorff homer. Unters. p. 153 f. und Robert Bild und Lied p. 221.

550 f. sind von Nauck als verdächtig bezeichnet und von Kirchhoff d. hom. Od. p. 231 und Fick d. hom. Od. p. 309 verworfen.

565—627. Hier haben wir den Übergangsvers zu einer ganz andern Situation, die bis 627 sich erstreckt. Wir werden von dem Eingange der Unterwelt in das Innere versetzt. Die Situation des Odysseus an der Opfergrube, die Citation der Psychen ist aufgegeben und unvermerkt tritt eine allgemeine Schilderung des Totenreiches ein. Dabei haben sich die obigen leisen Anklänge, welche ein **Denken** und **Beurteilen** der Toten voraussetzen, wie namentlich 485, zu einer Vorstellung erweitert, die in dem Wesen der Psychen förmliche Abbilder ihres auf der Oberwelt geführten Lebens giebt. Die Alexandriner haben den Abschnitt für unecht erklärt, indem überliefert wird: *νοθεύονται, καίτοι οὐκ ὄντες ἀγενεῖς περὶ τὴν φράσιν*. Vgl. Carnuth Aristonic. p. 108, Ludwich Arist. hom. Textkritik I p. 593, die Angaben bei J. La Roche in der Zeitschr. für die österr. Gymn. 1862 p. 348 ff. Und so auch die Neueren; vgl. aufser Nitzsch noch Porson zu Eur. Or. 5 und J. La Roche Hom. Stud. § 97, 3 p. 216 Anm., Kirchhoff d. hom. Od. p. 231, Köchly de Od. carmm. III p. 20, Sittl Gesch. d. griech. Litt. I p. 111, Emerson de Hercule Homerico, München 1881 p. 17 ff., Scotland im Philol. XXXXV p. 595. Vgl. auch W. C. Kayser zur Stelle, Bergk griech. Litteraturgesch. I p. 691 f., Seeck die Quellen d. Od. p. 193. v. Wilamowitz-Möllendorff hom. Untersuch. p. 140 ff. verwirft 566—631, Kiene d. Epen d. Homer p. 114 f. die V. 565—600 mit Ausschlufs von 572—575, 'welche entweder ursprünglich oder anderweitig eingeschoben sein müssen'; in 601—27 unterscheidet derselbe p. 115 einen ursprünglichen Abschnitt 601 und 615—27 und einen jüngern 602—14. Fick d. hom. Od. p. 36 und 276 f. erkennt in dem Abschnitt 568—626 ein kleines Bruchstück einer zweiten Nekyia, dessen 'Sprache gut und alt'. Über 601—627 vgl. auch Düntzer hom. Abh. 136 f. Über die ganze Dichtung spricht eingehend v. Wilamowitz-Möllendorff a. O. p. 199 ff.

565. Bekker und andere schreiben hier *ὁμῶς* statt *ὅμως*. Über den Übergang in diesem Verse 'ein jäher Absturz aus dem Sentimentalen ins Naive' vgl. Schneidewin die homer. Naivetät p. 98.

569. Über das Verhältnis der Participia zu einander vgl. Classen Beobacht. p. 129 ff.

576—600. Über die hier dargestellten drei typischen Büfser vgl. Welcker griech. Götterlehre I p. 818 ff., Schmidt d. Ethik der alten Griechen I p. 97 f., v. Wilamowitz-Möllendorff Homer. Untersuch. p. 200 ff. Über die Tantalossage vgl. auch H. D. Müller Mythol. d. griech. Stämme II p. 150 ff.

577. Über *πέλεθρον* vgl. Hultsch Metrol. p. 31. Eine Parodie der Verse 576. 577 von Matron bei Athen. 3 p. 73.

583. In *προσέκλυζε* bei Sext. Empir. p. 407, 16. 665, 19, Lucian Amor. c. 53, Tzetzes Chil. 5, 490 sieht Nauck in d. Mélanges Gréco-Rom. IV p. 601 die ursprüngliche Lesart, statt des überlieferten *προσέπλαζε*.

588. Die Lesart κατὰ κρῆθεν ist die Aristarchische. Bekker hat hier und Π 548 aus einigen Handschr. κατ' ἄκρηθεν aufgenommen mit der Note: 'cf. κατ' ἄκρης O 557 et G53. X 411.' Vgl. auch Lobeck Path. Elem. I p. 628, Döderlein Hom. Gloss. § 737.

592. ῥίψασκε statt des überlieferten ῥίπτασκε verbesserte Kirchhoff und ihm ist Cauer gefolgt.

596. Über die malerischen und bedeutsamen Rhythmen vgl. die ausführliche Erörterung von Dionys. Hal. de comp. verb. sect. 20 p. 165. Anders Lucilius bei Cic. Tusc. I 5: *Sisyphu' versat | saxum sudans nitendo.* Voss, der alte Meister sonder gleichen, hat beides erkannt und beides wiederzugeben versucht: 'Angestemmt arbeitet er stark mit Händen und Füfsen, | ihn von der Au' aufwälzend zum Berge.'

597. κραταιίς, von κραταιός gebildet, ist die höhere Macht, die jedesmal die Kraftanstrengung des Sisyphos auf wunderbare Weise vereitelte, also die 'Wucht' in sinnlicher Belebtheit gedacht. Auch Goethe gebraucht öfters von der Gottheit die Ausdrücke 'das Mächtige' oder 'das Waltende' oder 'das Allwaltende'. Vgl. auch zu μ 124.

598. Ähnlichen Sinn geben die στίχοι ὁλοδάκτυλοι E 36. 71. Z 314. Σ 421. Φ 235. 244. Ψ 116. 238, und anderwärts, auch um die Behendigkeit efslustiger' Helden zu bezeichnen α 149. Ähnlich in der Aufregung Λ 30. 31. 32; und zur Darstellung der Lebhaftigkeit Λ 95 bis 99. Hier kann man nachahmend übersetzen: 'Wieder zur Ebne hinunter entrollte der tückische Steinblock.' In Friedrich August Gottholds Schriften von F. W. Schubert II p. 130 hat Gotthold, wie er selbst bemerkt 'den Homerischen Vers auch im Rhythmus aufs genaueste folgendermafsen wiedergegeben: Wieder hinunter entrollte zur Ebne trotzig der Felsen. Dafs ich trotzig als Adverb gebraucht habe, wird sich verteidigen lassen, da der Trotz des Felsen doch eben darin besteht, dafs er immer wieder hinabrollt.' Vgl. auch den zu 596 citierten Dionysius.

602. Herakles war der vorzüglichste und genialste Nationalheld, und wenn einer, der Cid der Griechen; vgl. Nitzsch Beiträge zur Gesch. der ep. Poesie p. 137. Daher bildet er passend den Schlufs des Gesanges. Ähnlich urteilt Bergk griech. Litt. I p. 692. Übrigens wurden die Verse 602. 603 athetiert und ebenso wie 604 dem Onomakritos zugeschrieben: vgl. La Roche Annot. crit. und Carnuth Ariston. p. 110, dazu Kirchhoff d. hom. Od. p. 232 f., Köchly de Od. carmm. III p. 20. Auch W. Jordan Homers Od. übersetzt p. 532 sieht in 602—4 eine noch spätere Einschaltung.

604. Im Schol. Harl. wird überliefert: τοῦτον ὑπὸ Ὀνομακρίτου ἐμπεποιῆσθαί φασιν, ἠθέτηται δέ, worüber Nitzsch p. 336 und

W. Dindorf zu den Scholien handeln. Vgl. auch K. Lehrs Epimetr. zu Arist. [2] p. 448 und G. Bernhardy Gr. Litter. II [3] p. 109. Daſs diese Scholien zu 602 f. und 604 nicht auf Aristarch zurückgehen, bemerkt Ludwich Arist. hom. Textkritik I p. 593 f. Das χρυσοπέδιλον ist ein homerisches ἅπαξ εἰρημένον. Ebenso der Plural ἐν θαλίῃς, wofür 6 Codd. bei La Roche θαλίῃ haben.

605. Man beachte die Rhythmen und den langen O-Laut, wodurch das klangvolle Rauschen der aufgeschreckten Vögel sinnlich für das Ohr gemalt werden soll. In dieser ganzen Schilderung erscheint Herakles wie eine plastische Bildsäule oder wie eine Leben atmende Figur auf einem Gemälde. Die Züge sind vielfach übereinstimmend mit den Darstellungen des Herakles in der äginetischen Giebelgruppe. Vgl. Fr. Thiersch Epoch. p. 249.

— 606. Zum Vergleich ἐρεμνῇ νυκτὶ ἐοικώς vgl. Schirlitz über die Darstellung der Nacht bei Homer in d. Verhandl. d. 35. Philologenversammlung p. 75 f.

607. Statt der einstimmigen Überlieferung ἔχων schreiben Düntzer und Kirchhoff aus Konjektur ἔχεν und ihnen ist jetzt auch Cauer gefolgt. Hinrichs bei Faesi vermutet 608 ἑῴκει statt ἐοικώς, welches vielleicht von dem ἐοικώς 606 nachgezogen sei. Ameis sah in den gehäuften asyndetischen Participien die Anwendung des affektvollen Epiphonems und verglich K 437. 547. Vgl. Lehrs de Arist. p. 385, [2] 369. Krüger Di. § 45, 1, 4. Über das Epiphonem bei den Römern vgl. Moritz Seyffert im Kommentar zu Cic. Lael. XI 37 p. 250 f.

608. Es ist dies die einzige Stelle der Odyssee, wo ein Partic. fut. sich nicht an ein Verbum der örtlichen Bewegung anschlieſst; in der Ilias finden sich solcher vier: vgl. Classen Beobacht. p. 79 f.

609. Bekker giebt ἀμφιπερί, worüber Lehrs in Fleckeisens Jahrb. 1860 p. 513, de Aristarch. [2] 395 bemerkt, daſs er diese 'sehr bedenkliche und alleinstehende Präposition anzuerkennen kein Recht' sieht. Vgl. auch zu ϑ 175.

611. Nach Fick vgl. Wörterb. [2] p. 359 unter gharap vgl. [3] I p. 81 ist χαροπός kein Kompositum, sondern abzuleiten von gharap funkeln, einer Weiterbildung von ghar glühen, = funkelnd, feurig. Vgl. jetzt über das Wort auch Veckenstedt Gesch. d. griech. Farbenlehre p. 146 ff., welcher dasselbe auf das Hellblaue im Auge und zwar als Widerschein deutet. — Zu den Darstellungen auf dem Schwertgehänge des Herakles vgl. Helbig d. hom. Epos p. 285, [2] 393 f.

612 wird von Kirchhoff d. hom. Od. p. 233 und Köchly de Od. carmm. III p. 20 als aus der Theogonie 228 eingeschwärzt verworfen. Ebenso urteilt Furtwängler die Bronzefunde aus Olympia p. 59: 'Der Vers folgt völlig unpassend auf die mit der

Kunst ganz übereinstimmende Schilderung des Tierfrieses; der Vers stammt aus Hes. theog. 228, wo er, Geburten der Eris aufzählend, völlig an seiner Stelle ist.' Dagegen sprach Helbig d. hom. Epos p. 288, ist aber in der 2. Auflage p. 393 Furtwänglers Ansicht beigetreten. Vgl. auch v. Wilamowitz-Möllendorff hom. Untersuch. Nachträge p. VIII f.

613 f. Aken die Tempora und Modi p. 38 Anmerk. 1 erklärt: 'Kein Gedanke, daſs, wer dieses Werk gefertigt, noch ein anderes fertigen sollte, d. h. eines Mannes Leben ist reichlich dadurch beschäftigt.' Der Gedanke wäre ansprechend, wenn man aus 614 mit der von Kayser aufgenommenen, jetzt aber von Hinrichs verworfenen Lesart ὅς κείνῳ τελαμῶνι ἑὴν ἐγκάτθετο τέχνην den Gedanken gewinnen könnte: der in jenem Tragriemen seine Kunstfertigkeit niederlegte d. i. an denselben seine ganze Kunstfertigkeit setzte. Indes wird diese Auffassung einmal durch die nicht abzuweisende Parallele von δ 684, wo das Participium unter der Einwirkung des vorhergehenden μή steht und das Ganze einen Wunschsatz bildet, unwahrscheinlich; ferner dadurch zweifelhaft, daſs, wenn das Participium τεχνησάμενος bereits das Subjekt für τεχνήσαιτο enthielte, der folgende Vers überflüssig wäre; andrerseits läſst der vermöge des Asyndetons so enge Zusammenhang mit dem Vorhergehenden (vgl. das betonte σμερδαλέος und die schrecklichen Darstellungen auf dem Wehrgehänge selber) in den Worten mehr eine Darstellung des Eindrucks, den das Wehrgehänge auf das Gemüt des Beschauenden übte, erwarten. Aus diesen Gründen habe ich auch die von Ameis nach Nitzsch gegebene Erklärung aufgegeben, welche lautete: 'nicht möge (sollte) er, nachdem er dies künstlich verfertigt, nicht auch etwas anderes verfertigen: er könnte seinem Ruhm nur schaden!' und die von Faesi-Kayser, Düntzer gegebene aufgenommen. Vgl. übrigens auch Ludwich Arist. hom. Textkritik I p. 594.

617. Verdacht gegen diesen Vers spricht Kirchhoff d. hom. Od. p. 233 aus.

624. κρατερώτερον bei ἄεθλον, wie sonst bei ὑσμίνῃ, φύλοπις, δεσμός, hier auch zugleich, weil Herakles εἰς Ἀΐδαο πυλάρταο κρατεροῖο 277 kam. So die Hss. ersten Ranges statt des seit Wolf gewöhnlichen χαλεπώτερον. Vgl. auch 582. 593. — Bekker verbesserte τοῦδέ γε statt des früheren τοῦδέ τι.

631. Der Vers ist als ein patriotisches Einschiebsel des Peisistratos von Hereas bei Plutarch Thes. 20 bezeichnet, wenn anders Hereas als Megarenser Glauben verdient. Vgl. Gladstone Hom. Stud. von Schuster p. 92, Kirchhoff d. hom. Od. p. 233, Lehrs de Arist. ² p. 446 und v. Wilamowitz-Möllendorff Homer. Untersuch. p. 140 f., welcher die Athetese mit überzeugenden Gründen bekämpft.

634 f. Verdacht gegen die Ursprünglichkeit dieser beiden Verse spricht W. Jordan Homers Od. übersetzt p. 532 aus, vgl. dagegen Kirchhoff d. hom. Od. p. 233 und v. Wilamowitz-Möllendorff Homer. Unters. p. 140. Als Entlehnung aus E 741 bezeichnet 634 Sittl d. Wiederholungen p. 22. Über das Gorgoneion vgl. Helbig d. hom. Epos p. 286 ff., [2] 388 ff.

640. Gewöhnlich wird hier, auch von Bekker, Nauck, Kirchhoff, Hinrichs der Nominativ εἰρεσίη gelesen, so daſs in auffälliger Weise ein rein abstrakter Begriff in sinnlicher Belebung erscheint; vgl. Döderlein Hom. Gloss. § 565. Doch den Dativ, der hier schon als die schwierigere Lesart vorzuziehen ist, geben τὰ παλαιὰ τῶν ἀντιγράφων bei Eustathius, und dies wird auch durch die Bemerkung im Vind.: ἀντὶ καλλίμῳ οὔρῳ bestätigt.

μ.

1—22. Nach Bergk griech. Litteraturgesch. I p. 688 gehören diese Eingangsverse noch zu der erst später mit der Odyssee verbundenen Hadesfahrt und das alte Gedicht beginnt wieder mit V. 23, welcher ursprünglich an κ 498 sich anschloſs. — Über die Ausscheidung der Erzählung von der Bestattung des Elpenor vgl. Seeck die Quellen d. Od. p. 195 f.

4. Der Plural ἀντολαί findet sich auch bei Herod. IV 8. VII 58. 70. Ebenso δυσμαί, worüber Blomfield im Glossar zu Aesch. Pers. 237 zu vergleichen ist, und andere Beispiele bei Chr. Bähr zu Herod. V 94. Zu Krüger Di. 44, 3, 1. 2. Der Gedanke unserer Stelle soll nach einigen bezeichnen, daſs Odysseus aus dem sonnenlosen Dunkel hier ins Gebiet der Tageshelle zurückkehre. Ähnlich Kammer d. Einheit p. 536. Aber dies war wohl schon auf der Meeresfahrt der Fall, nicht erst nach der Ankunft auf der Insel. K. Schwenck bemerkt darüber im Philol. XV p. 577 Anm. 2 folgendes: 'Die homerische Dichtung konnte die Sonne und das Tageslicht nicht in dem Hades, wie sie ihn beschreibt, während der Nacht ruhen lassen, denn sonst würde derselbe erleuchtet gewesen sein, daher nimmt sie eine Insel fern am Ende der Welt an, wo Helios und Eos, nachdem sie den Himmel durchwandert, Nachts ruhen, und woher sie nach dieser Ruhe am Morgen wieder an den Himmel hinauf ziehen. Eine genaue Erörterung, wie sie westlich zu dieser Insel kommen und an der Ostseite Morgens emporsteigen, liegt der Dichtung fern, denn von Systemen ist bei Homer nichts zu finden, und nur jede Sache für sich genommen richtig und anschaulich.' Ähnlich Welcker griech. Götterl. I p. 684, Preller griech. Myth. I p. 293. W. Jordan Homers Od. übersetzt p. 514 aber schlieſst aus der vorauszusetzenden nicht groſsen Entfernung der Kirkeinsel von der Lästrygonenstadt Lamos, bei der die fast nachtlosen langen Tage des

hohen Nordens angedeutet werden, sowie aus μ 3, der auf ungewöhnlich lange dauernde Sonnenaufgänge und Morgenröten zu deuten scheine, auf eine sehr nördliche Lage der Insel. Dagegen bemerkt Heimreich die Telemachie und der jüngere Nostos p. 20: 'Alles Sträuben und Händeringen der Interpreten hilft nichts; die Wohnungen und Tanzplätze der frühgeborenen Morgenröte und die Aufgänge der Sonne sind im Osten und sie auf eine Insel im fernen Westen zu verlegen ist mehr als wunderlich. Ich kann das nur durch eine Gedankenlosigkeit des Dichters erklären, der aus dem von ihm benutzten Argonautenliede ähnliche Verse im Gedächtnis hatte und für den Augenblick vergafs, dafs durch seine Fiktion, Odysseus sei auch nach Aeaea gekommen, die Aufnahme dieser vielleicht formelhaften Wendung in sein Gedicht unthunlich geworden war.' Christ in d. Jahrbb. f. Philol. 1881 p. 446 aber sieht in V. 3. 4 eine aus dem Argonautenmythos stammende Interpolation und vermutet, dafs es in dem ursprünglichen Texte einfach biefs: νῆσόν τ' Αἰαίην, ὅθι Κίρκης δώματα καλά, woran sich V. 5 schlofs. Auch Schmidt über Kirchhoffs Odysseestudien p. 48 f. hält die Verse für korrumpiert zu einer Zeit, wo die Aia des Aietes nicht mehr eine westliche Lage hatte, sondern bereits in den fernen Osten versetzt war. v. Baer über die homerischen Lokalitäten in der Od. p. 19 ff. setzt die Insel Aeaea ins schwarze Meer und zwar in den östlichen Winkel desselben und v. Wilamowitz-Möllendorff hom. Unters. p. 165 bemerkt: 'Es ist unmöglich Aiaia von Aia zu trennen. Da nun Aia als Ziel der Argofahrt fest lokalisiert ist, so ist dadurch auch Aiaia bestimmt.'

6—16 werden von Scotland im Philol. XXXXV p. 575 f. verworfen, so dafs an νῆα μὲν ἔνθ' ἐλθόντες ἐκέλσαμεν (5) sich οὐδ' ἄρα Κίρκην (16) schliefsen soll.

14. Diese Sitte, eine στήλη auf den Grabhügel zu setzen, erhellt ferner aus Λ 371. Π 457. 675. Ρ 434. Vgl. auch 1 Mos. 35, 20. Übrigens ist στήλη nicht eine 'Säule', sondern ein viereckiger *cippus*. Dies ist auch wegen der στῆλαι Ἡρακλέους zu beachten, und dadurch wird zugleich verständlich, was Lucian zu Anfang seiner ἀληθής ἱστορία von den Inschriften in Betreff des Dionysos und Herakles erzählt.

16. τὰ ἕκαστα, wie μ 165. ξ 375. Λ 706; sonst auch mit Bezug auf die angeredete Person ταῦτα ἕκαστα ξ 362. ο 487. Λ 550. Κ 432. Ψ 95.

25. Das Verhältnis des Futurums zu den vorhergehenden Imperativen ist näher erörtert von Hentze im Philol. XXVII p. 519 f.: vgl. Ζ 71. Ω 717. Entsprechend ist das Verhältnis des auffordernden Konjunktivs und des Futurums Η 29. 30. 290. 291. Ψ 9—11. Ω 601. μ 291—293. ν 13—15.

27. ἢ γαίας emendiert Fick d. hom. Od. p. 230 statt der Überlieferung ἢ ἐπὶ γῆς.

34. Scotland im Philol. XXXXV p. 595 will 34—36 in den einen Vers zusammenziehen: εἰσέ τε καί μ' ἐπέεσσι προσηύδα πότνια Κίρκη.

39. Als man die homerischen Märchen lokalisierte, wurden die Seirenen auf den Seirenusen am Busen von Poseidonia in Unteritalien, oder auch am Vorgebirge Peloron auf Sicilien angesiedelt. Übrigens waren die Seirenen schon den Alten ein gebräuchliches Bild, wo sie die Reize der sinnlichen Lüste beschrieben; vgl. Xen. Apomn. II 6, 10 ff. und 31, Hor. Ep. I 2, 23, Seneca epist. 30, 1 f. In Bezug auf das mythologische Wesen der Seirenen vgl. auch Stoll zu Antimachos Fr. 82. Der Name Σειρῆνες bedeutet (nach Christ Gr. Lautl. p. 257) 'die Tönenden', was Karl Schenkl in der Zeitschr. f. d. österr. Gymn. 1865 p. 225 sehr ansprechend also erläutert: 'An den Klippen, die sich stark zerklüftet in das Meer hinabsenken, erzeugt dasselbe, zumal wenn es vom Winde erregt wird, helle Klänge, die mit dem Rauschen des Windes zu eigentümlichen Melodien verschmelzen. Man darf sich hierbei nur an die Uhlandschen Verse erinnern:
Der Wind und des Meeres Wellen,
Gaben sie frischen Klang?
Das sind die hellen Stimmen, die den Schiffer an das Ufer locken, so dafs er nicht achtend der Klippen zu landen versucht und dieses Wagnis mit seinem Leben bezahlt. Das ist die Grundlage des Mythos von den Seirenen. Sie sind die Bilder der rauschenden Wellen und Winde, wie sie sich an den Klippen des Meeres brechen usw.' Hierzu noch die Notiz bei H. Köchly Verhandl. der Philol. zu Augsburg p. 48: 'Aus den süfsen Stimmen der Seirenen ist, beiläufig bemerkt, erst in diesem Jahrhundert die angebliche Volkssage von der Loreley gemacht worden.' Monographisch sind die Seirenen behandelt von H. Schrader die Sirenen nach ihrer Bedeutung und künstler. Darstellung, 1869, vgl. Fleckeisens Jahrbb. 1869, Bd. 99 p. 165 ff. Vgl. auch Bender die märchenhaften Bestandteile d. hom. Gedichte p. 31.

40. ὅτις σφέας εἰσαφίκηται ist hier und in den Parallelstellen π 228. ν 188. χ 415. ψ 66 die übliche Schreibweise, die aber in der Überlieferung nur schwach gestützt ist. Hierzu kommt, dafs die Pronomina σφισι (σφιν) und σφεας, wenn sie nicht mit Nachdruck gesetzt sind oder nicht im Gegensatz oder nach einer Präposition stehen, nach dem Wesen der Enklisis nicht auf der ersten Silbe den Ton haben können. Die bestbeglaubigte ältere Lesart ist ὅτέ σφεας εἰσαφίκηται. So Charax in Bekk. Anecd. p. 1154, Eustathius p. 1706, 35, Arkadios p. 145, 22, Schol. Harl. Vindd. 56 und 133, welche Angaben sämtlich aus Herodian geschöpft sind. Es wird nämlich diese Verbindung als ein Beispiel zweier Akute auf einem Pyrrichius vor σφεας angeführt. Daher ist nicht zweifelhaft, dafs die Alten diese Ver-

bindung vermittelst eines zu ergänzenden τίς verstanden haben, wie N 287. X 199. Wir dagegen werden ὅ τε lieber trennen und im Sinne von ὅς τε verstehen. Vgl. über alle diese Punkte die Angaben von J. La Roche in der 'Unterrichtszeitung für Österreich' 1864 p. 237 f. (und Hom. Textkritik p. 413), wo über die Verderbnis in manchen Handschriften bemerkt wird: 'Aus ΟΤΕΣΦΕΑΣ ist zunächst ὅτι σφέας, daraus ὅτις σφέας und aus letzterem ὅστις σφέας geworden, da die Abschreiber von der Betonung der Alten keine Kenntnis mehr hatten. Übrigens ist bei Arkadios p. 145, 22 das ὅς τε σφέας in ὅτέ σφεας zu berichtigen. Denn hätte dieser oder Herodian hier angenommen, dafs ὅτε für ὅς τε stünde, so würde die Regel ein anderes Beispiel verlangen, da die Alten bekanntlich die Konjunktion ὑφ' ἕν, das Pronomen getrennt schrieben; vgl. Herodian zu π 72. Indes hat M. Schmidt in seiner Ausgabe p. 166 ὅτί σφεας aufgenommen.'

41. Hier haben wir φθόγγος, dagegen 198 φθογγή, wie derselbe Wechsel der Formen bei πόθος und ποθή, bei βόλος und βολή, bei στρόφος und στροφή, bei χόλος und χολή, κοῖτος und κοίτη, φόνος und φονή, στέφανος und στεφάνη, ψάμμος und ψάμμη, τάφρος u. a. stattfindet. Vgl. Chr. Bähr zu Herod. IV 201, Bredow de dial. Herod. p. 53 sqq.

43. Zur Beseitigung des höchst anstöfsigen Wechsels des Numerus hatte Ameis nach W. C. Kayser z. St. παρίσταντ' οὐδὲ γ. vermutet. — V. 44 vermutet Nauck statt ἀλλά τε ansprechend ἀλλά ἕ.

45. Dagegen verbindet Leo Meyer gedrängte Vergleich. d. griech. u. lat. Deklin. p. 55 ἀμφ' ὀστεόφιν mit πυθομένων nach π 145: 'der rings um die Gebeine modernden Menschen', unter Zustimmung von Moller über den Instrumentalis im Heliand u. d. hom. Suffix φι p. 22.

49. Gewöhnlich werden die Worte ἀτὰρ αὐτὸς ἀκουέμεν αἴ κ' ἐθέλῃσθα eng verbunden und als Vordersatz zum Folgenden verstanden. Aber da ist die Wortstellung auffällig. Denn der Bedingungspartikel εἰ werden zwar einzelne mit Nachdruck hervorgehobene Wörtchen vorangestellt, aber nirgends ein den Hauptbegriff des Gedankens enthaltender Infinitiv. Vgl. die zu ϑ 408 und ρ 223 citierten Stellen. Hierzu kommt, dafs αἴ κ' ἐθέλῃσθα in dem Sinne 'wenn du willst' sonst überall elliptisch steht und seine Ergänzung aus dem Zusammenhange erhält. Es ist daher mit C. W. Nauck die Interpunktion geändert, wodurch zugleich der ganze Gedanke schärfer hervortritt und mit Vers 160 harmoniert. Das Asyndeton bei δησάντων gehört zu den Fällen, von welchen bei Nägelsbach im Exc. XIV, 9 und bei Krüger Di. 59, 1, 4 und 7 gehandelt wird. — Vers 53 ist wie 163 εἰ δέ κε gesagt, nicht αἴ δέ κε, weil αἴ κε bei Homer niemals durch dazwischen gesetzte Wörtchen getrennt wird. V. 53 und 54 wurden

von Aristophanes athetiert; dafs auch Aristarch die Athetese billigte, hält Ludwich Arist. hom. Textkritik I p. 595 für wahrscheinlich; gegen die Athetese Kirchhoff d. hom. Od. p. 234.

57. Bekker in den Hom. Blätt. II p. 1 vermutet statt ὁπποτέρῃ — ὁππότερῃ und ihm ist Cauer gefolgt.

61. Über die Plankten vgl. Bender die märchenhaften Bestandteile d. hom. Gedichte p. 32 f., über das Verhältnis derselben zu den Symplegaden und der Argonautensage Kirchhoff d. hom. Od. p. 288 und dagegen Schmidt über Kirchhoffs Odysseestudien p. 50 ff., Niese die Entwickelung der hom. Poesie p. 239 ff. Zum Ursprung der Sage Breusing in d. Jahrbb. f. Philol. 1886 p. 85. — C. W. Nauck im Archiv für Philol. VIII (1842) p. 549 Anm. 8 will den Eigennamen Πλάγκται mit zurückgezogenem Accent geschrieben wissen.

62. Zu πέλειαι τρήρωνες, ταί τ' ἀμβροσίην Διὶ πατρὶ φέρουσιν vgl. Plutarch Sept. sap. conv. 13 p. 156^f und dazu Wyttenbach. Man versteht unter diesen Tauben das Pleiadengestirn, bei dessen Aufgang Ende Aprils die Getreideernte beginnt; vgl. zu ε 272. Als Anlafs zur Bildung des Mythos vermutet Roscher Nektar und Ambrosia p. 28 die von den Alten gemachte Beobachtung, dafs Baumhonig und Blumenhonig (der Honig ist ihm das Substrat der Ambrosia) nicht vor dem Aufgange der Pleiaden entstehen; die Quellen der Ambrosia, wie des Nektars aber sind in einem im äufsersten Westen gelegenen Göttergarten zu suchen. Und die in V. 64 erwähnte Sache erklärt man daraus, dafs von den Pleiaden nur sechs Sterne hell leuchten, der siebente aber verdunkelt ist; vgl. Aratos Phaen. 257 f., Welcker griech. Götterl. I p. 69, Preller griech. Myth. I p. 311. Über die Tauben bei Homer vgl. auch Hehn Kulturpflanzen und Haustiere p. 238 ff. — Übrigens sucht Kammer die Einheit p. 540 ff. V. 62—72 als Interpolation zu erweisen, indem er die πέτραι 59 und die σκόπελοι 73 für identisch hält, unter Zustimmung von Niese a. O. p. 205 f. Düntzer hom. Abhandl. p. 141 verwirft 62—65, ebenso Fick d. hom. Od. p. 315. Nauck bezeichnet 62—65 als suspecti und 69—72 als: spurii? Ebenso verwirft Christ in den Jahrbb. f. Philol. 1881 p. 446 V. 61—65 und 69—72 als aus dem Argonautenmythos stammende Interpolationen und W. Jordan Homers Od. übersetzt p. 532 f. V. 61—72. Vgl. dagegen Kirchhoff d. hom. Od. p. 288 und andrerseits Schmidt über Kirchhoffs Odysseestudien p. 50 ff., welcher die Identität der Plankten und der Symplegaden bestreitet.

68. Gegen die im Kommentar gegebene Erklärung der πυρὸς θύελλαι bemerkt Breusing in d. Jahrbb. f. Philol. 1886 p. 86: 'Dafs sich, wie μ 219 der καπνός auf den Brodem, so μ 68 das πῦρ auf das Feuern der Brandung bezieht, liegt für den Seemann auf der Hand.'

69. Andere geben hier die Konjektur von A. Matthiä κείνη unter Vergleichung von τῇ 62. 66. 98. Da aber κείνῃ mit τῇ nicht identisch ist, und da hier im Anfang des Verses 66 τῇ mit Emphase vorausgeht, so würde κείνῃ einen hier nicht vorhandenen Gegensatz erfordern: ein solcher ist ν 111 vorhanden. Dagegen bemerkt J. La Roche in der 'Unterrichts-Zeitung für Österreich' 1864 p. 238: 'der Augustanus hat κείνῃ [dies ist in seiner krit. Ausgabe nicht bemerkt] und am Rand γρ. κείνην, und dies halte ich trotz der vorhandenen Lokalbestimmung τῇ für richtiger, da die Hinweisung auf das folgende Nomen wegen des bei Ἀργώ stehenden Attributs πᾶσι μέλουσα ganz bedeutungslos ist.' Aber πᾶσι μέλουσα gehört so eng zu Ἀργώ, dafs es mit diesem gleichsam in einen Begriff verschmilzt.

75. ἐρωέει statt des überlieferten ἐρωεῖ empfehlen Ahrens im Philol. VI p. 29 und Wackernagel in Bezzenbergers Beiträg. IV p. 284 und so hat jetzt Cauer geschrieben.

77. οὐδ' ἐπιβαίη ist Aristarchs Lesart, die auch im Vind. 133, Vind. 50, Vratislav. A. steht. Gewöhnlich las man hier οὐ καταβαίη, was aber mit ἀμβαίη wenigstens durch Partition eines doppelten οὔτε, wie 434, oder eines οὔτε und οὐ verbunden sein müfste; denn ein οὐδέ mit nachfolgendem asyndetischen οὐ in zwei derartigen Satzgliedern ist aus Homer nicht nachweisbar. Zu 78 bemerkt Nauck: spurius?

85. Über Skylla und Charybdis vgl. Bender die märchenhaften Bestandteile der homer. Gedichte p. 33 ff. — Nach Körner die homerische Tierwelt, Berlin 1880 p. 86 ff. hätte ein grofser Kephalopode, von dem Homer durch Seefahrer, wahrscheinlich phönizische Handelsleute gehört habe, den Anlafs zur Sage von der Skylla gegeben. — v. Baer über die homerischen Lokalitäten in d. Od. p. 16 setzt Skylla und Charybdis in die Meerenge von Konstantinopel. Schöner in der Allgemeinen Zeitung 1885 Beil. zu Nr. 281 macht auf eine Lokalität bei Capri aufmerksam, die genau der Schilderung der Skylla und Charybdis entspreche.

86—88. Über diese schon von den Alten erkannte Interpolation vgl. Düntzer in Zeitschr. f. d. Gymn. 1864, XVIII p. 155 = Hom. Abhandl. p. 452 und Carnuth Aristonic. p. 114. Gegen die Athetese spricht Hinrichs zur Stelle.

89. ἄωροι wird von Aristarch durch ἄκωλοι und πλεκτανώδεις erklärt, wozu andere den Zusatz ἐκ μεταφορᾶς τῶν ἀώρων καὶ μὴ πεπείρων καρπῶν beifügen. Eustathius erwähnt als Erklärung des Apollonios von Rhodos: ἀώρους τοὺς συνεσταλμένους νοεῖ. Zu der im Kommentar gegebenen Erklärung vgl. K. Lehrs Popul. Aufs. p. 77, mit dem auch G. Curtius Etym. 1 No. 522,⁴ p. 357 übereinstimmt, wiewohl Lobeck Elem. II p. 75 sq. anderer Ansicht ist. Eine neue Erklärung des Wortes giebt Hugo Weber im Philol. XVII p. 165, wo er folgendes bemerkt: 'richtig

ist Classens Bemerkung, daſs ἄ-ωρ-ο-ς, welches durch Verlängerung des Stammes und Anhängung des Suffixes -o aus ἀείρω gebildet ist, als Epitheton die beweglichen nach allen Seiten um sich greifenden Füſse des Untiers bezeichnet.' — Autenrieth im Wörterbuch [4] p. 65 erklärt das Wort aus ἄ-ϝοροι, ὁρᾶν: unsichtbar.

101. Die τελεία στιγμή am Versende mit Nicanor, von dem wir in Q die Notiz haben: μετὰ τὸ στίξαι τελείως εἰς τὸ Ὀδυσσεῦ, τὸ „πλησίον ἀλλήλων" ὡς ἀπὸ ἄλλης ἀρχῆς προφερόμεθα καὶ στίζομεν εἰς τὸ ἀλλήλων. λείπει δὲ τὸ εἰσί, πλησίον ἀλλήλων εἰσίν. Vgl. Friedländer zu Nicanor p. 25. So auch Aulin de usu epexegesis p. 22. Düntzer und Kayser haben 102 statt πλησίον nach einer schon alten Lesart (vgl. La Roche und Nauck zur Stelle) πλησίοι gegeben mit Vergleichung von ε 71. κ 93. Aristophanes las wahrscheinlich πλησίῳ: Ludwich Arist. hom. Textkritik I p. 595.

105. Das homerische τρίς haben Verg. Aen. III 566 f. und Ovid ex Ponto IV 10, 27 f. in ihren Nachahmungen beibehalten. Die Sache wird eingehend erläutert von H. J. Heller im Philol. XV p. 356 f. Daſs übrigens das in den Handschriften bei Vers 104 stehende Scholion [ὑποπτεύει Καλλίστρατος ὡς μαχόμενον τοῖς ἔπειτα] hierher zu 105 gehöre, erweist La Roche in der 'Unterrichts-Zeitung für Österreich' 1864 p. 238, und erkennt Ludwich Arist. hom. Textkritik I 596 an, vgl. auch Kirchhoff d. hom. Od. p. 235, welcher 105 als Einschiebsel verwirft. Ihm ist Hinrichs gefolgt. Über den von den Alten gefundenen Widerspruch zwischen dieser Stelle und 438—41 und ein darauf bezügliches Fragment des Krates von Mallos vgl. A. Ludwich in d. Berliner Philol. Wochenschrift 1888 No. 45 und 46.

111—126 werden von Düntzer hom. Abh. p. 457 verworfen, 124—27 von Fick d. hom. Od. p. 315. — 111 = δ 375. 394. 464. ι 522. κ 270. 336. 382. λ 79. 138. 163. 435. 462. 477. 504. — Düntzer folgt hier G. W. Nitzsch, indem er aus den Scholien, der Hamburger Handschrift, auch Vindob. 133. Vind. 50 in marg. Vratislav. A bei La Roche, ἀτυζόμενος 'betrübt' aufgenommen hat, was ψ 42. Ο 90. Χ 474 in anderer Verbindung vorkommt, mit der Bemerkung: 'Die Lesart ἀμειβόμενος ist nach der langen Belehrung, die ihm einen Verlust von sechs Gefährten in sichere Aussicht stellt, weniger passend.' Aber die stehende Formel dürfte gerade in derartigen Versen ihr Recht behaupten.

113 f. Eine abweichende Erklärung giebt L. Lange der hom. Gebrauch der Partikel εἰ I p. 423 und II 506.

117. In den übrigen acht Stellen nämlich, wo ὑποείκειν vorkommt: π 42. Δ 62. Λ 204. Ο 211. 227. Π 305. Τ 266. Ψ 602. ist der Vokal der Präposition nicht elidiert: denn εἴκειν war ursprünglich digammiert. Auch hier hat Friedländer θεοῖς ὑποείξεαι vorgeschlagen, ebenso Cobet Misc. crit. p. 274 θεοῖς ὑποϝείξεαι.

Über die Bedeutung vgl. J. La Roche über den Gebrauch von ὑπό bei Homer p. 44.

124. Über βωστρεῖν vgl. Lobeck Paral. p. 450 und Rhem. p. 150. — 124—26 wurden athetiert: Ludwich Arist. hom. Textkritik I p. 596.

127—41 werden von Düntzer hom. Abh. p. 140 verworfen. In 129—136 glaubt auch Niese d. Entwicklung d. hom. Poesie p. 172 einen späteren Zusatz zu erkennen; Fick d. hom. Od. p. 315 scheidet 134 f. aus. 140 f., die in manchen Handschriften fehlen, sind nach Kirchhoff d. hom. Od. p. 235 nur irrtümlich hierher geraten aus λ 113 f. und von Hinrichs ausgeschieden.

129. Statt der Überlieferung τόσα δ' οἰῶν empfiehlt Menrad de contract. et syniz. p. 58 f. τόσα μήλων. •

130. Über den Mythos von den Rindern des Helios vgl. Bender die märchenhaften Bestandteile d. hom. Gedichte p. 35. Der Mythos ist seit Aristoteles (vgl. Römer in Sitzungsber. d. Kön. Bayr. Akad. philos.-philol. Kl. 1884 p. 307) allegorisch gedeutet und zwar wurden die Zahlen auf die Wochen und auf die 350 Tage und Nächte des Mondjahrs bezogen, wobei man für die Kühe als Tageszeit und für die Schafe als Nachtzeit auch κ 85. λ 35 zur Vergleichung herbeizog. Vgl. Welcker gr. Götterl. I p. 405. Vielleicht haben selbst Φαέθουσα 'die Leuchtende', Λαμπετίη 'die Strahlende', welche 375 die Frevelthat anzeigt, und Νέαιρα 'die Neue' eine allegorische Beziehung gehabt. Auch Nägelsbach Hom. Theol. [2] p. 4 wagt nicht hier 'Überbleibsel uralter Symbolik zu verkennen.' Und H. Köchly Akad. Vorträge und Reden I p. 19 bemerkt bei Gelegenheit mit Recht: 'der hesiodische Redaktor selbst hegt von diesem tieferen Sinne ebenso wenig eine Ahnung, als der homerische Dichter von der ganz unzweifelhaften Bedeutung von Zahl und Eigentümlichkeit der Herden des Sonnengottes.' Man kann noch zur Vergleichung hinzufügen, dafs nach altindischer Anschauung in den Veden die Strahlen der Sonne 'Kühe' genannt werden.

141. Statt des überlieferten νεῖαι empfiehlt Nauck Mélanges Gréc.-Rom. IV p. 99 hier und λ 114 νέεαι.

147. Die von Ameis und andern über diesen Vers ausgesprochene Athetese ist von Kammer die Einheit p. 417 f. und Breusing die Nautik der Alten p. 122 mit überzeugenden Gründen zurückgewiesen.

156. An Stelle der Überlieferung ἀλλ' ἐρέω μὲν ἐγών schrieb Bekker ἀλλὰ Ϝερέω μ. ἔ., Menrad de contract. p. 146 vermutet: ἀλλὰ μὲν ἐκϜερέω.

157. Es ist dies die einzige Stelle, wo κέν im Finalsatze bei ἵνα sich findet, während dasselbe sonst nur in Verbindung mit ὄφρα und ὡς erscheint. Weber Entwicklungsgeschichte der Absichtssätze, Würzburg 1884, I p. 36 ff. sieht darin eine zuletzt

eingetretene Übertragung aus den Sätzen mit ὄφρα κε und ὥς κε, ein Werk der Analogie. Dagegen will Keil de particularum finalium Graec. vi principali et usu Hom., Halle 1880 p. 27 f. ὄφρ' oder ὥς statt ἵνα korrigiert wissen. Nauck und Cauer haben an Stelle von ἤ κε — ἤ κεν geschrieben ἠέ und ἢ καί. Weiter kommt die in den besseren Handschriften sich findende Lesart φύγοιμεν in Betracht, welche La Roche aufgenommen hat, während die neueren Herausgeber den Konjunktiv φύγωμεν vorgezogen haben, welchen auch Naber quaestt. Hom. p. 96 verlangt. Alle diese Fragen sind behandelt im Anhang zu Ξ 245 und Σ 308.

163 f. wurden von Aristophanes und Aristarch athetiert, wie 53 f.

166. τόφρα δέ im Sinne von 'inzwischen aber' oder 'unterdessen aber' zu Anfang des Satzes nach einer vollen Interpunktion findet sich noch γ 303. 464. δ 435. ε 246. 258. ζ 171. ϑ 438. ι 47. κ 449. μ 245. ψ 289. ω 365. Κ 498. Ν 83. Ο 525. Ρ 79. Σ 338. Φ 139.

168 f. Die Abhängigkeit der Stelle von ε 391 f. erweist v. Wilamowitz-Möllendorff Homer. Untersuch. p. 118. — 170. Die Erklärung von ἱστία μηρύσαντο ist gegeben nach Breusing die Nautik der Alten p. 58 und 91.

174. Über τυτϑά vgl. J. La Roche Hom. Stud. § 34, 24. Das χερσὶ στιβαρῇσι ist hier wie Ψ 686 gestellt, in den übrigen fünf Stellen δ 506. ϑ 84. σ 335. Μ 397. Ψ 711 bildet es den Versschluſs. Zu κηροῖο τροχόν vgl. Plut. de aud. poetis 1 p. 15^d, Luc. epist. Sat. 32. Auch das folgende ἐπ' οὔατα πᾶσιν ἄλειψα 177 wird oft citiert oder benutzt; vgl. Dio Chrys. XII 36 p. 390, XXXIII p. 20, Luc. Charon 21, Plut. a. O., Basilius Magnus de legendis libris gentilium 2.

176 wird von Köchly de Od. carmm. II p. 7 verworfen, vgl. auch Nitzsch.

184. Über πολύαινε vgl. Döderlein im Hom. Gloss. § 999 und zu Λ 430. Citiert wird der Gedanke von Xenophon Apomn. II 6, 11 und eine Übersetzung der ganzen Stelle haben wir bei Cicero de finibus V 18.

196. Statt des überlieferten δέον verlangt Cobet Misc. crit. p. 349 nach dem Aristarchischen διδέντων μ 54 auch hier δίδεν.

200. Weil nur hier die attische Form ὦσιν vorkommt, die Variante πᾶσιν bei Eustathius p. 1707, 39 aber 'schwerlich jemand gefallen wird': so vermutet G. Curtius Erläuter. zur Schulgr. p. 66, ^{2} 70, daſs das Hemistichion 'einst' ᾧ σφὶν ἐπ' οὔατ' ἄλειψ' gelautet habe. Vgl. Hinrichs bei Faesi zur Stelle, welcher ὅν und οὔατ' schrieb, ebenso Cauer. Dagegen Nauck und Kirchhoff ὄν und οὔασ'.

208. Das handschriftlich überlieferte πώ will La Roche zu

ϑ 538 in πώς verändert wissen und Cauer hat dies in den Text genommen.

209. Nach den urkundlichen Zeugnissen, zu denen auch die Citate bei Apollonius lex. p. 64, 1 und Cicero ep. ad Att. VII 6, 2 gehören, ist dies ἔπει als die alte Lesart der Vulgata zu betrachten statt des gewöhnlichen ἔπι mit einer höchst auffälligen Dehnung des Schlufsvokals. So urteilt auch J. La Roche in der 'Unterrichts-Ztg. für Österreich' 1864 p. 239: 'Am besten begründet ist ἔπει, welches schon früh falsch verstanden, in ἔπει und ἔπι geändert wurde. Die gleiche Aussprache der beiden Laute begünstigte die Änderung.' Ameis erklärte, gestützt auf Z 321: 'dies hier (der Dampf und die Brandung und das Getöse) bereitet nicht ein gröfseres Übel', allein diese Erklärung, an sich wenig ansprechend, findet auch in Z 321 nur geringe Stütze, da die angenommene Bedeutung bereiten an beiden Stellen doch in wesentlich verschiedenem Sinne steht. Nach dem übrigen Gebrauch des Aktivs in Verbindung mit Präpositionen ist die Grundbedeutung: in Bewegung sein, geschäftig sein, danach liegt es näher und ist ansprechender hier mit Suhle, Kayser u. a. zu verstehen: kommt heran, naht. Gegen ἔπει, welches eine very violent personification of κακόν ergebe, und für ἔπι spricht W. Leaf in the Journal of philology XIV p. 242 f., wo derselbe ἔπειν und ἔπεσθαι ausführlich behandelt. — Übrigens sieht Kirchhoff die Komposition der Odyssee p. 133 = d. hom. Od. p. 314 in V. 209 bis 212 den Zusatz des Bearbeiters, der eine Beziehung auf ι herstellen wollte: vgl. dagegen Düntzer Kirchhoff, Köchly etc. p. 59, Heimreich die Telemachie und der jüngere Nostos p. 21.

213. Vgl. ν 179. Β 139. Ι 26. 704. Μ 75. Ξ 74. 370. Ο 294. Σ 297. Bekker hat hier überall ἐγὼ ϝείπω gegeben, mit Beistimmung von J. La Roche über den Hiatus und die Elision p. 9 f. ἐγώ ist urkundlich besser begründet als ἐγών: Lange Observ. crit. (Oels 1843) p. 12 zu Β 139, J. La Roche in der Zeitschr. f. d. österr. Gymn. 1863 p. 328, hom. Textkritik p. 232, J. Savelsberg de digammo p. 41 sq.

218. Nauck in d. Mélanges Gréco-Rom. V, 2, 106 empfiehlt βάλλε', ἐπεί statt βάλλεν, ἐπεί zu schreiben.

220. Der Singular σκοπέλου, wofür andere seit Wolf σκοπέλων lesen, war Aristarchs Lesart: Ludwich Arist. hom. Textkritik I p. 596 und hat in den Handschriften hinreichende Stützen. Für den Singular spricht der hier befolgte Rat der Kirke 108 und 223, wo nur von der Skylla die Rede ist, der Charybdis gar nicht gedacht wird, während der Gegensatz zu τούτου καπνοῦ allerdings das allgemeine σκοπέλων erwarten läfst. Den vorhergehenden Vers gebrauchte Lucian de conscr. hist. 4, wozu K. F. Hormann p. 28 zu vergleichen ist.

226—234 werden von W. C. Kayser verdächtigt, 'weil sie

uns ein unnützes und fast lächerliches Bravourstück des Helden geben, welches nur dazu geeignet war die Unbefangenheit der Gefährten zu beeinträchtigen'. Ebenso urteilt Düntzer in der Zeitschr. f. d. GW. 1864 p. 158 ff. = Homer. Abhandl. p. 457 ff. und verwirft 224—233. — V. 231 bezeichnet Nauck als: spurius?

230. Über νηῦς πρῶρα vgl. Ameis im Mühlhäuser Programm von 1861 p. 35. Anderer Natur sind die Stellen, wo die Species zum Genus oder der Teil zum Ganzen appositiv hinzutritt, worüber zu ν 87.

233. Über ἠεροειδής vgl. jetzt Breusing in d. Jahrbb. f. Philol. 1885 p. 91 f. Das Wort bezieht sich nach ihm auf die Durchsichtigkeit des Seewassers: 'Das Wasser der See ist in dünnen Schichten so durchsichtig, wie es nur die Luft sein kann. Aber wie diese auf weite Entfernungen die Gegenstände blau färbt, weil sie selbst blau ist, so auch das Seewasser in tiefen Schichten. Und wenn die Lichtstrahlen wieder aus der Tiefe hervortauchen und auf einen Felsen fallen, so geben sie diesem einen bläulichen Schein, gerade wie die Luft die fernen Berge blaut; es ist das die ἠεροειδής πέτρη μ 233.'

238. Dieselbe Prägnanz Hiob 2, 12: 'sprengten Erde auf ihr Haupt gen Himmel' statt 'warfen Erde gen Himmel und sprengten sie auf ihr Haupt.' So mit C. W. Nauck. Vers 237 bis 243 sind eine allgemeine Schilderung, die der Dichter im voraus zur notwendigen Verständigung der Hörer gegeben hat. Verworfen werden dieselben von Düntzer in d. Zeitschr. f. d. GW. 1864 p. 156 f. = Homer. Abhandl. p. 453 f. — Bekanntlich hat Schiller in dem Gedichte 'der Taucher' diese homerische Stelle nachgeahmt.

241. An Stelle des überlieferten φάνεσκε vermutet W. Jordan Homers Od. übersetzt p. 534 χάνεσκε als ursprüngliche Lesart.

243. Den Nominativ κυανέη giebt der Schol. Q: ἀντὶ τοῦ κυανιζομένη ὡς „φοίνικι φαεινός" Η 305. Ο 538, in welchem Scholion ohne Zweifel Aristarch spricht: vgl. Ludwich Arist. hom. Textkritik I p. 597. Ferner wird κυανέη bestätigt durch Vind. 133 und 5 andere Codd. bei La Roche, Cramer Anecd. Par. III 271, 4; 301, 1, Epim. Hom. 315, 29 (316, 8), Et. Gud. 440, 40. Vgl. auch Verg. Aen. VII 31 multa flavus harena. Andere wie auch Bekker geben den Dativ κυανέῃ, der grammatisch kaum zu erklären ist. Über die Bedeutung von ψάμμος vgl. Lobeck Parall. p. 396 not. 8. Auch A. Schuster in Mützells Z. f. d. GW. 1861 p. 718 bemerkt über κυανέη: 'das ist eine ungleich poetischere Weise im Gebrauch der Farbenausdrücke, eben weil hier die Phantasie ungleich mehr anregt.' Vgl. auch J. La Roche in der Zeitschr. f. d. österr. Gymn. 1863 p. 336.

252. Ahrens Beiträge zur griech. u. lat. Etymologie I p. 129

möchte δόλον κάτα schreiben statt δόλον κατά und verstehen: in listiger Weise.

258. Nauck schreibt statt des handschr. ἐμοῖς — ἐγώ unter Verweisung auf Epim. Hom. p. 175, 22.

265. Bekker hat aus Eustathius μυκηθμόν gegeben, wahrscheinlich um mit βληχήν Symmetrie und Analogie zu schaffen. Über αὐλιζομενάων vgl. Ahrens αὐλή und villa p. 16.

266. Statt οἰῶν τε βληχήν vermutet Menrad de contract. et syniz. p. 59 ἠδ' ὀΐων βλ.

268 = 273. Den Singular ἥ ἐπέτελλεν bieten an beiden Stellen, statt des gewöhnlichen οἳ ἐπέτελλον, die zuverlässigsten Hss. Vind. 133, p. Harl., Vrat., sicher auch die des Eustathius, da dieser 275 ebenso wie pr. Harl. und Vrat. ἔφασκεν las. Daraus schliefst Seeck die Quellen d. Od. p. 197, 1, dafs 267, wie 272 eine Interpolation des Bearbeiters sei. Vgl. Scotland im Philol. XXXXV p. 577, auch Kirchhoff d. hom. Od. p. 234 und Niese d. Entwickelung d. hom. Poesie p. 169, welcher 264—318 für einen späteren Zusatz hält. Düntzer hom. Abh. p. 140 verwirft dagegen 268 f. und 273 f. — Über den Sinn von πολλά bei Verben handelt J. La Roche Hom. Stud. § 32, 12.

281. Über die Prägnanz von ὕπνος zu ξ 366. Vgl. auch zu ζ 2. Über ἀδηκότας Lobeck zu Buttmanns Ausf. Sprachl. II p. 99 und zu der im Kommentar gegebenen Erklärung Göbel in d. Zeitschr. f. d. Gymnasialwesen 1875 p. 651. Der Schlaf, dieser 'Bruder des Todes', wird in älterer Vorstellung nicht als Begriff der Erquickung, sondern nach dem unmittelbaren Eindruck der sinnlichen Anschauung als eine Wolke, als eine überwältigende Macht oder niederdrückende Fessel gedacht. Daher auch ὕπνῳ δεδμημένοι oder δαμέντες Κ 2. Ω 678. ψ 17. Ξ 353. Vgl. zu δ 295 und ν 79.

297. Der Vers ist wie Χ 229 gebildet. Nach J. E. Ellendt Drei Homerische Abhandl. (Leipzig 1864) p. 22 soll hier das Aktiv βιάζετε nur aus metrischem Grunde gewählt sein. Aber das hätte der Dichter mit Leichtigkeit vermeiden können, wenn er nach ι 410 βιάζεσθ' οἷον ἐόντα sagte, wie Zenodot nach Porsons Berichtigung wollte und Düntzer im Texte hat, obgleich βιάζετε einstimmig überliefert ist. Übrigens glaubt J. La Roche über den Hiatus p. 20, dafs hier βιάζετε οἷον die ursprüngliche Lesart gewesen sei, und hat so geschrieben, wie auch Nauck.

299. Menrad de contract. et syniz. p. 59 vermutet πῶύ τι μήλων statt der Überlieferung πῶυ μέγ' οἰῶν.

313. ζαῆν ist die Lesart des Aristarch. Über die Form vgl. Lobeck Parall. p. 158 sqq. und p. 543. Die Form erklärt Th. Ameis de Aeolismo Homerico, Halle 1865 p. 41 f. aus dem Äolischen, wo sich ζαῆν = ζαεσ-α-ν, ζαεαν ergiebt, vgl. auch Bezzenberger in seinen Beiträgen VII p. 74. Anders urteilt v. Wila-

mowitz-Möllendorff Hom. Unters. p. 117 f., indem er annimmt, dafs ζαήν genau so entstanden sei, wie εὐρύοπα Ζῆν: 'Der falsche Akkusativ ist durch die Vertauschung mit dem richtigen Nominativ aus einer andern Stelle hineingeraten: ε 368 steht ἄνεμος ζαής.'
314f. wurden nach Sittl Gesch. d. griech. Litt. I p. 110 gedankenlos aus ι 68 f. hinzugesetzt, weil μ 313 sich mit ι 67 deckte, obgleich nicht Sturm, sondern ein lange anhaltender Wind sich erhebt. Vgl. v. Wilamowitz-Möllendorff Hom. Unters. p. 117 und V. 400.
318 ist von Fick d. hom. Od. p. 315 als ganz müfsig und durch νυμφέων ionischen Ursprung verratend verworfen. — 321 schreibt Fick d. hom. Od. p. 231 μήλων τῶνδε βόων τ' statt der Überlieferung ἔστιν, τῶν δὲ βοῶν, ohne diese Korrektur seien 319 —324 als jüngerer Zusatz zu streichen.
326. Über εἰ μή ohne Verbum vgl. die eingehende Erörterung von L. Lange der homer. Gebrauch der Partikel εἰ, II p. 555 ff.
330—352. In diesem Abschnitt sieht Niese die Entwickelung d. hom. Poesie p. 172 eine spätere Zudichtung.
332. Der Vers ist aus δ 369 mit Unrecht hierhergekommen, wiewohl Eustathius bemerkt, dafs man zuweilen auch Seevögel mit Angelhaken gefangen habe, was Breusing in d. Jahrbb. f. Philol. 1887 p. 11 bestätigt. Der Vers steht aber mit φίλας ὅτι χεῖρας ἵκοιτο in keiner geeigneten Verbindung und stört den folgenden Nachsatz. Den vorhergehenden Vers citiert Julian or. IV p. 192[d].
V. 335—337 bezeichnet Nauck als verdächtig.
338. Vgl. zu κ 31. Nitzsch in Fleckeisens Jahrb. 1860 p. 868 f. (auch Beiträge zur Gesch. der ep. Poesie p. 119 f.) bemerkt über unsern Abschnitt folgendes: 'Hier folgt, den Umständen nach im engsten Anschlufs an das eben vorhergegangene, wie derselbe Eurylochos, der zum Anlanden genötigt hat, die Gefährten zum Schlachten heiliger Rinder verführte. Ist er vorher durch Odysseus Vorstellungen überstimmt worden, jetzt in dessen längerer Abwesenheit gewinnt er die Gefährten bei der drohenden Hungersnot. Die Beschreibung seiner Rede und des ganzen Herganges beim Schlachtopfer wird nach der bedrängten Lage auf das genaueste gegeben. Aber diese vorweg gegebene Schilderung hat der Dichter nicht etwa in unbedachter Neigung zum dramatischen Leben und zur Anschaulichkeit gemacht, nein, sie erhält sofort ihre Erklärung und Rechtfertigung. Odysseus erzählt: aufgewacht sei er in dem Augenblicke, da schon das Opfer gebrannt und der Fettgeruch sich verbreitet habe (369). Als er sich dem Schiff genähert (die Rinder waren von der unfern liegenden Weide geholt, 353—355): „trat ich an jeden heran und schalt, doch ein Mittel zur Rettung | konnten wir nicht ausfinden, da

tot schon lagen die Rinder [392. 393]." Diese Worte erklären es genugsam, wie dem Odysseus die ganze Geschichte des begangenen Frevels bekannt geworden. Er kam zu den opfernden und schalt sie einen nach dem andern, und wie es heifst „ein Mittel konnten wir nicht finden", so versteht man: die gescholtenen haben sich verantwortet, und wie Odysseus wohl selbst den Eurylochos als den Urheber vermutet hat, so haben auch die andern ihn angeklagt; es hat also überhaupt viele Besprechung des Vorgangs gegeben, und wer will da abgrenzen, was von demselben und von der Opferhandlung dabei zur Erwähnung gekommen ist und was nicht?' Ähnlich Schmidt über Kirchhoffs Odysseestudien p. 33 ff. gegen Kirchhoff d. hom. Od. p. 302 ff.

345. Über εἴ κε mit dem Optativ vgl. L. Lange der homer. Gebrauch der Part. εἰ, II p. 493 ff. Ohne Grund verlangt Naber quaestt. Hom. p. 107 ἀφικώμεθα statt des überlieferten ἀφικοίμεθα und Nauck hat so geschrieben.

346. 'Bemerkenswert ist, dafs mit einziger Ausnahme des athenischen Erechtheums in der Ilias nur asiatische Tempel erwähnt werden. Es scheint daraus hervorzugehen, dafs der Gebrauch von Gotteshäusern orientalischen Ursprungs sei und allmählich nach Westen vordringend die landesübliche Form von Gotteshainen in Griechenland verdrängt habe': Bader die Baukunst in der Odyssee, Eutin 1880 p. 5. Derselbe nimmt darnach für diese Stelle an, dafs die Mannschaft des Odysseus, aus dem Orient heimkehrend, dem Gotte das gelobt, was sie in der Ferne als das Herrlichste und eines Gottes besonders Würdige kennen gelernt hatte, und in diesem aufsergewöhnlichen Gelübde das Äquivalent erkennt für den frevelhaften Eingriff in den Besitz des Gottes. Vgl. auch Helbig das hom. Epos p. 312 ff., ² 419 ff.

355. Über βοσκέσκοντο vgl. Lobeck Parall. p. 19. Wegen der Stellung der Epitheta ἕλικες καλαὶ βόες εὐρυμέτωποι vgl. zu δ 1.

356. Über δὲ nach der Parenthese vgl. Krüger zu Thuk. VIII 29, 2. Es fehlt dies bei Krüger Di. 69, 17, 1. Die Sache berührt auch Eustathius mit: ὅτι περιττὸς κεῖται ὁ δὲ σύνδεσμος, welche Notiz von Aristonikos herstammt. — 357. τέρην vom Stamme τερ (τείρω, tero) ist wie teres eigentlich 'gedreht', geht daher auf das rundliche, glattrunde, schwellende, jugendlich frische. Vgl. Anton Göbel in der Zeitschr. f. d. österr. Gymn. 1857 p. 401 ff.

— 363. ὕδατι. Über diese Mafsregel der Not vgl. Hermann gottesd. Alt. § 25, 18, auch Steudener antiquar. Streifzüge p. 28.

369. Da Aristonikos für diesen Sprachgebrauch zweimal (zu Σ 222 und zu δ 442) als Beispiel θερμὸς ἀϋτμή anführt, so hat W. C. Kayser im Philol. XVII p. 354 mit höchster Wahrscheinlichkeit vermutet, dafs Aristarch hier ἀμφήλυθε θερμὸς ἀϋτμή gelesen habe, dafs dagegen die Lesart unserer Handschriften ἡδὺς ἀϋτμή als die Vulgata anzusehen sei. Und in der That

paſst das Epitheton ϑερμός vortrefflich, um die Frevelthat als eine eben erst geschehene zu kennzeichnen, während ἡδύς für die vorliegende Situation keine Beziehung auf Odysseus hat.

370. Gewöhnlich deutet man die handschriftliche Lesart μετ' ἀϑανάτοισι 'zu den Unsterblichen'. Aber mit Recht bemerkt Bekker im Berliner Monatsbericht 1861 p. 846 (Hom. Blätter I p. 283) folgendes: 'μετά an und mit Verben des Redens und Sprechens zeigt uns den Redenden mitten unter seinen Zuhörern', mit Anführung mehrerer Beispiele. Bekker hält es für wahrscheinlich, daſs hier statt μετ' ursprünglich μέγ' gelesen worden sei, was Düntzer, W. C. Kayser, Cauer sich angeeignet haben. Auch ich bin Bekker jetzt gefolgt. Wäre μετά wirklich die ursprüngliche Lesart, so lieſse sich die Präposition nur vermöge einer kühnen Anwendung des nicht seltenen proleptischen Gebrauchs erklären, wofür ι 335. 369. χ 204 und bei Verben des Sprechens χ 67 vgl. mit 62, ρ 467 mit 466, Ζ 375 anzuführen sind. Vgl. auch Ty. Mommsen Entwicklung einiger Gesetze für den Gebrauch der griech. Präpositionen p. 31.

383. Die Stellen, wo ein Konjunktiv, wie hier, sich an ein Futurum anschlieſst, sind erörtert von Hentze im Philol. XXIX p. 131 f. Vgl. auch Delbrück der Gebrauch des Konjunktivs und Optativs p. 24 und 124. Cobet Misc. crit. p. 313 f. aber will lesen: δύσομαι εἰς Ἀίδεω καί κ' ἐν νεκύεσσι φαείνω.

390. Aristarch hat den ganzen Abschnitt von 374 bis 390, welcher die im Olympos spielende Scene enthält, mit dem Obelos bezeichnet: vgl. die Scholien zu Γ 277 und zu ε 79, Carnuth Aristonic. p. 116 f., Ludwich Arist. hom. Textkritik I p. 598. Mit Recht sagt Nitzsch in Fleckeisens Jahrb. 1860 p. 866 (jetzt: Beiträge zur Gesch. der ep. Poesie p. 116 Anm. 172): 'die Vergleichung dieser Scholien mit dem zu μ 374 läſst die Gründe des Kritikers erkennen; der alles sehende Helios bedurfte des Boten nicht, und Hermes hat die Kalypso nach ε 88 noch niemals vorher besucht.' Derselbe bemerkt aber Beitr. zur Gesch. der ep. Poesie p. 115: 'Das war eine himmlische Kunde, welche der Mensch Odysseus so wenig an sich besitzen konnte, als Achilleus Α 396 eine solche anders als durch seine göttliche Mutter hat, während Glaukos Ρ 163 von des Zeus Sorge für Sarpedon (Π 666 bis 683) nichts weiſs. Es bedurfte also hier einer mittelbaren Mitteilung aus der Götterwelt. Diese ist an den Erzähler Odysseus, nach μ 389 f., zunächst durch Kalypso geschehen, welche sie von Hermes hatte. Die Wahrscheinlichkeit dieser Angabe läſst sich nur insoweit vertreten, als Hermes es ist, welcher die auf der Erde angesiedelten Nymphen, die Göttinnen mit den Olympiern in Verbindung setzt' usw. Und nachher: 'nur die genaueren Umstände, da Hermes der Kalypso Mitteilung gemacht, durften und mochten vielleicht auch die Zuhörer des Gedichts

nicht untersuchen, nachdem ihnen Zeus in seiner Vertretung der Götterrechte bei der Klage des Helios ihrem Glauben gemäfs erschienen war.' Verworfen ist die Scene als spätere Zudichtung von Niese die Entwickelung d. hom. Poesie p. 172 (und zwar 366—96). Dagegen gründet Kirchhoff Komposition der Odyssee p. 107 ff. = die homer. Odyssee p. 292 ff. auf diese und andere Stellen die Vermutung, dafs der Inhalt der Bücher $\varkappa - \mu$ uns jetzt in einer späteren Bearbeitung vorliege, durch welche die ursprünglich in dritter Person gehaltene Erzählung in die Form eines Berichtes in erster Person umgesetzt sei, vgl. dazu W. Hartel in der Zeitschr. f. d. österr. Gymn. 1865 p. 318 ff., Bergk Griech. Litt. I p. 524, Niese die Entwickelung d. hom. Poesie p. 183, Schmidt über Kirchhoffs Odysseestudien p. 14 f. 28 ff., Sittl Geschichte d. griech. Litterat. I p. 106 und andererseits v. Wilamowitz-Möllendorff homer. Untersuch. p. 126, Seeck die Quellen d. Odyssee p. 168.

396. Ähnliche Märchenzüge bei Herod. IX 120, ferner die im Brattiegel singenden Fische und anderes in deutschen Volksmärchen. Zum vorhergehenden Verse vgl. Propertius IV 12, 29: *Lampeties Ithacis verubus mugisse iuvencos.*

399. Cobet Misc. crit. p. 361 schlägt statt ϑῆκε nach K 71 und σ 136 vor zu schreiben ἧκε.

407. Statt ἔϑει vermutet Menrad de contract. et syniz. p. 134 ἔϑεϛ'. — ἐπὶ χρόνον, wie ξ 193. ο 494. B 299; sonst ohne die Präposition der blofse Akkusativ, der noch durch πολύν oder ὀλίγον oder δηρόν verdeutlicht wird. Vgl. J. La Roche Hom. Stud. § 5, 1. Analog ist ἐπ' ἠῶ καὶ μέσον ἧμαρ η 288, und ἐπὶ δηρόν I 415. Zu Krüger Di. 68, 42, 1.

419. ἀποαίνυμαι wie noch ξ 309. ϱ 322. N 262, dagegen ἀπαίνυμαι Λ 582. Ο 595. P 85.

420. Die folgende Partie 420—448 verdächtigt Kammer die Einheit p. 547 ff. als die raffinierte Erfindung eines Rhapsoden. Dazu vgl. Rothe de vetere quem ex Od. Kirchhoffius eruit νόστῳ p. 14, Seeck die Quellen der Odyssee p. 143. Niese die Entwickelung d. hom. Poesie p. 170 verwirft 426—446 als späteren Zusatz, vgl. dagegen v. Wilamowitz-Möllendorff homer. Untersuch. p. 129.

422. Durch die gegebene Erklärung werden die von Kammer p. 548 erhobenen Bedenken sich erledigen. Da die Zerstörung der ἴκρια nicht besonders erwähnt ist, so mufs dieselbe als die selbstverständliche Folge des Abreifsens der Schiffswände übergangen sein; das Hinschlagen des Mastes zum Kiel hat aber die Zerstörung der ἴκρια zur Voraussetzung, da der Mast 410 auf das hintere Verdeck gefallen war, und erweist sich somit als unmittelbare Folge der Ablösung der Schiffswände. Auf diesen engen Zusammenhang beider Vorgänge weist ohne Zweifel die anaphо

rische Voranstellung der Adverbia ἀπό und ἐκ. Kammers Zweifel werden jetzt vollends beseitigt durch die lichtvolle Erklärung des ganzen Vorgangs bei Breusing die Nautik d. Alten p. 52 ff., dem jetzt die Ausführungen im Kommentar zu 409. 410 und 423 entnommen sind. — Im folgenden schien das Gedankenverhältnis eine Änderung der Interpunktion zu erfordern. Der Satz mit αὐτάρ bereitet den folgenden mit τῷ ῥα vor, darnach ist vor αὐτάρ mit Punkt, hinter τετευχώς mit Kolon interpungiert.

435. In ἀπήωρος ist die Verlängerung der Pänultima auffällig, weil anomal gegen die Formen μετήορος παρήορος συνήορος τετράοροι. Man vergleicht indes ἄωρτο Γ 272, κατηωρεῦντο und ἀπηωρεῦντο Hes. Sc. 225. 234, δυσαήων ν 99. Vgl. auch Sonne in Kuhns Zeitschr. XIII p. 440. Übrigens bezeichnet Nauck 435. 436 als verdächtig.

439. Ameis wollte, da ἦμος sonst überall den Vers beginnt, am Schlufs von 438 nach ἦλθον interpungieren und dann ἦμος δ' ὄψ' ἐπὶ δόρπον κτέ. lesen. — Die Echtheit der Verse 439 bis 441 wurde schon von den alten Kritikern bezweifelt, weil sie mit Vers 105 in Widerspruch ständen. 'Mit anderu scheint Aristarch diese Verse athetiert zu haben, während Kallistratos sie für echt hielt, aber V. 105 für unecht:' Ludwich Arist. hom. Textkritik I p. 598. Von Neueren haben der Athetese zugestimmt Düntzer hom. Abhandl. p. 455 f., Schnorr von Carolsfeld Verborum collocatio Hom. p. 54 unter Berufung auf Hoffmann Quaestt. Hom. I p. 72. Vgl. auch den Anhang zu 105.

445. 446. „νοθεύονται δύο" H. Q. Vgl. Ludwich Arist. hom. Textkritik I p. 598. Ameis bemerkte dazu: 'Wahrscheinlich sind diese Verse Spätlinge, kompiliert aus μ 223. Π 256. ι 286 von denjenigen, welche das Wunder erklären wollten, dafs Skylla den Odysseus nicht ebenso wie seine Gefährten verschlungen habe. Aber die Verse sind hier auffällig, teils weil Skylla, nach μ 198 ff. zu schliefsen, nicht bis zur Charybdis hinüberreichen konnte, teils weil die Erwähnung des Zeus mit μ 124 nicht zusammenstimmt, teils weil γάρ in solcher Beziehung, wie es hier steht, sonst noch eine Andeutung wie τῷ 'dann' bei sich hat.' Vgl. indes Hinrichs bei Faesi.

447—53. Einen späteren Ursprung dieser Schlufsverse nehmen an Kayser hom. Abh. p. 8. 16. 30. 32 und Kirchhoff d. hom. Od. p. 236.